ANALECTA BIBLICA
INVESTIGATIONES SCIENTIFICAE IN RES BIBLICAS

─────────── 153 ───────────

STEFANO BITTASI, S.I.

Gli esempi necessari per discernere

Il significato argomentativo della struttura
della lettera di Paolo ai Filippesi

EDITRICE PONTIFICIO ISTITUTO BIBLICO - ROMA 2003

Vidimus et approbamus

Napoli, Pontificia Facoltà dell'Italia Meridionale
30 Maggio 2002

Jean-Noël Aletti, S.I.
Ettore Franco
Antonio Pitta

IMPRIMI POTEST
Romae, die 11 settembris 2003

R.P. Stephen Pisano, S.J.
Rector Pontificii Instituti Biblici

IMPRIMATUR
Dal Vicariato di Roma, 16 settembre 2003

✠ Luigi Moretti
Vescovo tit. di Mopta
Segretario Generale

ISBN 88-7653-153-X
© E.P.I.B. – Roma – 2003
Iura editionis et versionis reservantur

Editrice Pontificio Istituto Biblico
Piazza della Pilotta, 35 - 00187 Roma, Italia

INDICE

INDICE	V
ABBREVIAZIONI	IX

CAPITOLO 1: 3,1: L'inizio della "ripetizione" — 1

1. I problemi e il dibattito esegetico — 2
    1.1. 3,1a: Τὸ λοιπόν, ἀδελφοί μου, χαίρετε ἐν κυρίῳ — 2
    1.2. 3,1b: τὰ αὐτὰ γράφειν ὑμῖν ἐμοὶ μὲν οὐκ ὀκνηρόν, ὑμῖν δὲ ἀσφαλές. — 4
2. Quali sono le "stesse cose" di cui Paolo parla? — 7
3. 3,1b come un nuovo inizio — 13

CAPITOLO 2: Il primo percorso della lettera: 1,1 - 2,18 — 17

1. Il *praescriptum* epistolare: 1,1-2 — 18
2. Ringraziamento e Preghiera: 1,3-11 — 20
    2.1. La funzione di 1,3-11 — 20
    2.2. La relazione tra Paolo e i Filippesi in 1,3-11 — 24
    2.3. 1,9-11 nella funzione di *propositio* della lettera — 27
3. La vicenda di Paolo: 1,12-26 — 33
    3.1. 1,12-18bα: La vicenda di Paolo è a vantaggio del vangelo — 35
    3.2. 1,18bβ-26: La vicenda di Paolo è a vantaggio dei Filippesi — 37
    3.3. La vicenda di Paolo è a vantaggio di Paolo stesso — 47
4. L'esortazione di 1,27-30 — 48
5. L'*exemplum* di Gesù Cristo: 2,1-18 — 53
    5.1. L'esortazione di 2,1-4(5) — 54
    5.2. Il brano cristologico di 2,(5)6-11 — 62
    5.3. L'esortazione di 2,12-18 — 74

CAPITOLO 3: Il secondo percorso della lettera: 3,1 – 4,23	85
1. L'*exemplum* di Paolo: 3,2-16	85
1.1. L'esortazione e la sua giustificazione di 3,2-3	90
1.2. La scelta di identità di Paolo: 3,4-14(15)	98
1.3. L'esortazione di 3,15-16	116
2. L'esortazione di 3,17-4,1	120
2.1. Il contenuto di 3,17-4,1	121
2.2. La relazione tra 3,20-21 e 2,6-11	133
2.3. Il parallelismo tra 3,17-4,1 e 1,27-30	137
3. Esortazioni particolari ai destinatari: 4,2-9	139
3.1. 4,2-3: L'unità comunionale	143
3.2. 4,4-7: Gioia e Pace	144
3.3. 4,8-9: La relativizzazione dei modelli etici contemporanei a Paolo	147
4. Il ringraziamento finale: 4,10-20	151
4.1. Le diverse letture di 4,10-20	152
4.2. Una lettura argomentativa di 4,10-20	160
4.3. La corrispondenza tra 1,3-11 e 4,10-20: l'indizio di una struttura chiastica dell'intera lettera?	167
4.4. Una considerazione	174
5. Il *postscriptum* epistolare: 4,21-23	175
CAPITOLO 4: Il centro della lettera: 2,19-30	177
0. Una necessaria nota	177
1. Varie proposte di lettura di 2,19-30	179
1.1. 2,19-30: una "forma" epistolare?	179
1.2. Le letture retoriche di 2,19-30	184
1.3. Alcune valutazioni	185
2. Un'analisi di Fil 2,19-30	186
2.1. 2,19-24: Timoteo	186
2.2. 2,25-30: Epafrodito	192
2.3. Alcune prime considerazioni complessive su 2,19-30	199
3. La funzione di 2,19-30 nel tessuto della lettera	207
3.1. Filippesi: una lettera esortativa di amicizia	207

INDICE	VII
3.2. Il motivo di un'architettura epistolare	209
CONCLUSIONE Le conseguenze di una lettura	219
RI-APERTURA Ciò che più conta	225
BIBLIOGRAFIA Commentari	233
Studi	236
INDICE DEGLI AUTORI	269

ABBREVIAZIONI

ABD	D. N. FREEDMAN (ed.), *Anchor Bible Dictionary*, New York (Doubleday) 1992.
ANRW	W. HAASE (ed.), *Aufstieg und Niedergang der römischen Welt*. 2. *Principat*, Berlin-New York (Walter de Gruyer) 1984.
AusBR	*Australian Biblical Review*
BD	F. BLASS – A. DE BRUNNER, *Grammatica del Greco del Nuovo Testamento*, Brescia (Paideia) 1982.
Bib	*Biblica*
BJRL	*Bulletin of the John Rylands University Library of Manchester*
BSac	*Bibliotheca Sacra*
BT	*The Bible Translator*
BZ	*Biblische Zeitschrift*
CBQ	*Catholic Biblical Quarterly*
CEI	CONFERENZA EPISCOPALE ITALIANA, *La Sacra Bibbia*, 1974.
DENT	*Dizionario Esegetico del Nuovo Testamento*
EQ	*Evangelical Quarterly*
EstAgust	*Estudios Agustinianos*
EstBib	*Estudios Bíblicos*
ETL	*Ephemerides Theologicae Lovanienses*
ÉTRel	*Études Théologiques et Religieuses*
Exp	*The Expositor*
ExpTim	*The Expository Times*
FNT	*Filologia Neotestamentaria*
GLNT	F. MONTAGNINI – O. SOFFRITTI – G. SCARPAT (a cura di), *Grande Lessico del Nuovo Testamento. Traduzione italiana del TWNT*.
Greg	*Gregorianum*
HorBibT	*Horizons in Biblical Theology*

HTR	Harvard Theological Review
Int	Interpretation
JBL	Journal of Biblical Literature
JETS	Journal of the Evangelical Theological Society
JSJ	Journal for the Study of Judaism in the Persian, Hellenistic and Roman Period
JSNT	Journal for the Study of New Testament
JTS	Journal of Theological Studies
LS	Louvain Studies
NRT	Nouvelle Revue Théologique
NT	Novum Testamentum
NTS	New Testament Studies
PRS	Perspectives in Religious Studies
PSV	Parola Spirito e Vita
RB	Revue Biblique
RechSR	Recherches de Science Religieuse
RheinMus	Rheinisches Museum für Philologie
RevExp	Review and Expositor
RevSR	Revue des Sciences Religieuses
RHPhR	Revue d'Histoire et de Philosophie Religieuses
RivBib	Rivista Biblica Italiana
RSB	Ricerche Storico-Bibliche
SBL	Society of Biblical Literature
SO	Symbolae osloenses
StRel	Studies in Religion
StTh	Studia Theologica
TGeg	Theologie der Gegenwart
ThPhil	Theologie und Philosophie
TLZ	Theologische Literaturzeitung
TrinJ	Trinity Journal
TrinJ NS	Trinity Journal nova series
TrinSemR	Trinity Seminary Review
TWNT	G. KITTEL – G. FRIEDRICH (edd.), Theologisches Wörterbuch zum Neuen Testament.
TynB	Tyndale Bulletin
TZ	Theologische Zeitschrift
ZNW	Zeitschrift für die neutestamentliche Wissenschaft
ZTK	Zeitschrift für Theologie und Kirche

Capitolo 1

3,1: L'INIZIO DELLA "RIPETIZIONE"

Si ha solitamente desiderio (magari inconscio, il più delle volte implicito) di spaventare o di intimidire il lettore quando si cominciano delle riflessioni *in medias res*. Questo perché si comincia con il presupposto che se si vuole seguire il lavoro, da subito (!), occorre averne una "competenza". In parte è così. La natura stessa di un testo che presenta i risultati di una ricerca prevede dal lettore una competenza almeno minimale dell'oggetto di tale ricerca. Nel nostro caso l'intera lettera di Paolo ai Filippesi. Tuttavia non è questo che mi ha mosso ad un approccio così immediato, senza molti preamboli.

Data la natura stessa della lettera, da sempre in questione per quanto riguarda il suo essere unitaria o composita, e dato l'approccio retorico-argomentativo attraverso il quale proporrò la mia analisi, mi è sembrato importante partire dal versetto che costituisce, da una parte, il centro "geografico" del testo e, dall'altra, la più sicura "prova" di ogni sostenitore dell'impossibilità di una lettura unitaria di esso. Molto del dibattito esegetico riguardo a Fil, infatti, si è snodato attorno a questo versetto[1]:

Τὸ λοιπόν, ἀδελφοί μου, χαίρετε ἐν κυρίῳ.
τὰ αὐτὰ γράφειν ὑμῖν ἐμοὶ μὲν οὐκ ὀκνηρόν, ὑμῖν δὲ ἀσφαλές.

La posizione di quest'espresione nel testo, il suo contenuto, il suo carattere ellittico hanno fatto sì che questo versetto abbia rappresentato quella che potremmo definire la *crux exegetica* dell'intera lettera. Co-

---

[1] « Phil 3:1 not only lies at the center of Paul's letter to the Philippians; it lies at the center of the debate over the literary integrity of Philippians», J. T. REED, «Philippians 3:1 and the Epistolary Hesitation Formulas: The Literary Integrity of Philippians, Again», *JBL* 115 (1996), 72.

minciare allora da qui mi sembra importante per una prima serie di prese di posizione che permetteranno in seguito di orientare la ricerca.

1. I PROBLEMI E IL DIBATTITO ESEGETICO

Vediamo brevemente quali sono i problemi in gioco:

1.1. 3,1a: Τὸ λοιπόν, ἀδελφοί μου, χαίρετε ἐν κυρίῳ

Τὸ λοιπόν sembra avere un valore conclusivo, corrispondente alle espressioni italiane *pertanto, concludendo dunque, per il resto* e simili. Anche in 2Cor 13,11[2] e in Ef 6,10 questa espressione porta la lettera verso la conclusione. Eppure nel nostro caso siamo arrivati soltanto a metà della lettera. Così, molti autori trovano qui conferma per vedere in Fil la presenza di due o più lettere riunite redazionalmente[3]. Altri invece immaginano un cambiamento repentino di Paolo (o una ripresa della dettatura dopo qualche tempo) che avrebbe deciso dapprima di concludere la sua lettera per poi continuarla[4]. Altri ancora vi leggono una transizione tra due parti o tra due diversi argomenti della lettera.

---

[2] Particolarmente segnalato data la particolare similarità nell'uso del sintagma: Λοιπόν, ἀδελφοί, χαίρετε [...] καὶ ὁ θεὸς τῆς ἀγάπης καὶ εἰρήνης ἔσται μεθ' ὑμῶν.

[3] Questo sarebbe confermato dal brusco cambio di tono, che si ha in 3,2. Si passerebbe infatti dall'invito alla gioia di 3,1a alla violenta requisitoria contro degli avversari di 3,2. Un vigoroso e abbastanza esaustivo *status quaestionis* sul valore e i significati proposti per l'espressione di 3,1 e per la valenza nei confronti del testo che precede e del testo che segue, in V. KOPERSKI, «Textlinguistics and the Integrity of Philippians. A Critique of Wolfgang Schenk's Arguments for a Compilation Hypothesis», ETL 68 (1992), 339-346 e 359-362 (si deve notare come la discussione riguardo al valore di 3,1 e 3,2 costituisca la "sostanza" della feroce critica della Koperski alle ipotesi espresse dal commentario di W. SCHENK, *Der Philipperbrief des Paulus*, Stuttgart (Kohlhammer) 1984). Si veda anche la risposta di W. SCHENK, «Der Philipperbrief oder die Philipperbriefe des Paulus? Eine Antwort an V. Koperski», ETL 70 (1994), 121-131.

[4] Un significativo esempio di questa visione è M. BOCKMUEHL, *The Epistle to the Philippians*, London (A&C Black) 1997, 175-176: « 3.1 is indeed a kind of conclusion following from what precedes, but it stands on its own. After this Paul begins a new section, whether by design or in a change of plans [...] [with the] freedom to say, 'Ah, and one more thing ... That reminds me ...' Yet that may be precisely what he does in 3.2. [...] On this reading, then, Paul's initial train of thought is interrupted after 3.1,

Quest'ultima visione è la prevalente tra coloro che sostengono con forza una lettura unitaria della lettera. C'è anche da dire che la maggioranza degli utilizzi dell'espressione nelle lettere paoline (1Ts 4,1; 1Cor 1,16; 4,2; 7,29; 2Ts 3,1; cfr. anche At 27,20) mostra per questa un suo valore transizionale e non conclusivo. Τὸ λοιπόν conduce da un argomento ad un altro, spesso dando risalto a qualche elemento di rilievo[5]. Importanti sono stati al riguardo gli studi di Margaret E. Thrall[6] che ha dimostrato con sufficiente forza di convinzione che λοιπόν può essere utilizzato come particella transizionale per introdurre o una conclusione logica di tutto un ragionamento (e sarebbe il caso per 2 Cor 13,11) o un nuovo argomento nella progressione del pensiero (così in particolar modo per 1Ts 4,1 e 2 Ts 3,1). L'utilizzo dell'articolo τό non sembra modificarne il significato.

Non si può allora dedurre, dalla semplice analisi dell'espressione, se siamo di fronte ad una conclusione o ad un inizio. Mi sembra di poter dire che, in quanto tale, l'uso avverbiale di τὸ λοιπόν può essere interpretato unicamente in base al suo contesto. Ma proprio questo pare essere il problema principale. Infatti il contesto non porta ad una soluzione in modo definitivo.

Un seconda difficoltà nell'interpretazione dell'espressione, nasce poi dalla possibilità di leggere unitariamente 3,1a e 3,1b, ovvero di dover legare 3,1a a ciò che precede e 3,1b a ciò che segue[7].

---

which remains an unfinished conclusion. For one reason or another, it gives way to a further thought, which may well be triggered by these words themselves or by continuing reflection about the preceding subject matter ».

[5] Assumo questa osservazione da R. FABRIS, *Lettera ai Filippesi. Struttura, Commento e Attualizzazione*, Bologna 1983, 97 n.7: « Non si può escludere che con questa introduzione si voglia richiamare l'attenzione su quello che è fondamentale o essenziale (cf. 1Cor 7,29) ».

[6] M. E. THRALL, *Greek Particles in the New Testament. Linguistic and Exegetical Studies*, Leiden (Brill) 1962, 25-28.

[7] Cf. in particolare la trattazione che ne fa J.-B. EDART, *L'Épître aux Philippiens, Rhétorique et Composition Stylistique*, Paris (Gabalda) 2002, 214-216, leggendovi addirittura la possibilità per 3,1a e 3,1b di una diversa composizione redazionale: « Ce verset est composite. Il serait formé de la reprise d'un verset appartenant à la première rédaction (3,1a) et d'un élément composé par le rédacteur final du texte » (p. 214). At-

Comprensione del contesto e interpretazione delle espressioni sembrano così due fasi ermeneutiche legate in una sorta di "circolo" che rischia di produrre un corto-circuito interpretativo che rende ogni soluzione altamente aleatoria.

1.2. 3,1b: τὰ αὐτὰ γράφειν ὑμῖν ἐμοὶ μὲν οὐκ ὀκνηρόν, ὑμῖν δὲ ἀσφαλές

Il secondo problema, parzialmente connesso al primo è a cosa esattamente si riferisca il testo nell'espressione τὰ αὐτὰ γράφειν. Quali sono le τὰ αὐτὰ che Paolo intende scrivere? Si tratta di cose già dette a voce da Paolo alla comunità nella sua precedente presenza in mezzo a loro, oppure dobbiamo leggere quest'espressione all'interno del contenuto della lettera? Ma anche qui non è chiaro a cosa ci si intenda riferire. È l'ordine-invito a gioire che costituisce una ripetizione di quanto già espresso in 2,18 e 2,28, oppure ci si sta riferendo a qualche cosa che seguirà come ripetizione di un già detto sopra?

Come si intuisce, dietro ognuna di queste domande troviamo molte possibili soluzioni interpretative, tutte suffragate da molti indizi probanti. Eppure non siamo ancora alla fine delle difficoltà[8].
Perché, infatti, il processo di scrittura di *queste cose* dovrebbe comportare una *fatica* per Paolo e una *sicurezza* per i Filippesi? Anche qui le proposte sono varie e ciascuna trova forza all'interno della scelta interpretativa del singolo esegeta.

Mi sembra allora evidente che risulta altamente problematica ogni soluzione basata unicamente su basi filologico-linguistiche, sintattiche o, ancora, legate alla lettura retorica[9] del contesto, dal mo-

---

traverso poi il parallelo con At 25,26 si afferma addirittura da questo versetto una comprova dell redazione lucana di Fil (cf. p. 221).

[8] G. F. HAWTHORNE, *Philippians*, Waco (Word Books) 1983, 124: « In reality v. 1b is quite enigmatic, and one cannot be absolutely certain about its meaning ».

[9] Non intendendo qui l'accezione tecnica del termine, quanto semplicemente l'interpretazione parziale del contesto basata sullo sviluppo del pensiero svolto.

mento che per ognuna di esse si possono proporre letture che hanno pari plausibilità.

Un recente approccio alla questione ha invece rovesciato i termini del problema. Jeffrey T. Reed[10] ha infatti proposto di leggere l'espressione di 3,1b alla luce dei materiali epistolari ellenistici, scoprendovi una *formula di esitazione* epistolare. Questa contiene sempre una forma di ὀκνέω, normalmente al negativo, e spesso una forma di γράφω. Tale formula può comparire all'inizio, alla fine oppure nel corpus della lettera, « thus, no strict rule presents itself »[11]. La sua funzione fondamentale è di rammentare al destinatario che il mittente non è negligente, vuoi per qualche evento concreto accennato nel contenuto della comunicazione epistolare[12], vuoi nella relazione stessa tra mittente e destinatario[13]. Così, Reed può affermare che:

> The main function of epistolary hesitation formulas is to maintain relationship between sender and recipient either (i) by *requesting* the recipient to write about his or her situation and needs or to carry out some set of instructions or (ii) by *notifying* the recipient that the sender will write again in the future or will carry out some task for the recipient. [14]

La formula, specialmente quando l'espressione è al negativo[15], « non esito a », indicherebbe allora un artificio retorico che permette al

---

[10] J. T. REED, *A Discourse Analysis of Philippians. Method and Rhetoric in the Debate over Literary Integrity*, Sheffield (Sheffield Academic Press) 1997. Cf. anche J. T. REED, «Philippians 3:1».

[11] J. T. REED, *Discourse Analysis*, 238.

[12] Cf. per es. *P.Cair.Zen.* 1.59034.15 (257 a.C.): « Venni ad Alessandria e ho esitato ad incontrarti riguardo a queste faccende [ὀκνοῦντός σοι περὶ τούτων ἐντυχεῖν], ma ho fatto per te le altre cose, che mi avevi chieste, così che non sono stato capace di venire subito ... ». Un altro interessante esempio in *PSI* 7.837.15 (III-IV d.C.): «Non esito più e non esiterò altre volte a ... ». Esempi citati in J. T. REED, «Philippians 3:1», 66-71.

[13] Cf. per es. *P.Mich.* 8.491.14 (II d.C.): « Se troverò qualcuno, ti scriverò, anzi, non esiterò a scriverti [οὐ μὴ ὀκνήσω σοι γράφειν], citato in J. T. REED, «Philippians 3:1», 71.

[14] J. T. REED, *Discourse Analysis*, 263.

[15] οὐ - μή + una qualche forma di ὀκνέω.

mittente di "scusarsi" o "giustificarsi" per qualche cosa che è avvenuto, avviene o avverrà, vuoi all'interno della comunicazione epistolare, vuoi agli eventi cui la lettera si riferisce[16]. Il dover ripetere più volte qualche cosa all'interno di una singola lettera, oppure il dover ripetere in una lettera qualche cosa già espresso o chiesto precedentemente è una delle funzioni possibili della formula di esitazione.

Mi pare essere questo esattamente il caso di Fil 3,1b in cui, al centro della lettera, Paolo comunica di non esitare [ἐμοὶ μὲν οὐκ ὀκνηρόν] a scrivere *le stesse cose* ai destinatari, e che questo fatto è per loro motivo di certezza - sicurezza [ὑμῖν δὲ ἀσφαλές]. È questa, in parte, la stessa conclusione cui perviene Reed, facendo notare il particolare costrutto di 3,1b:

τὰ αὐτὰ γράφειν { ἐμοὶ μὲν οὐκ ὀκνηρόν,
ὑμῖν δὲ ἀσφαλές.

> Paul is using μέν ... δέ to indicate two implications of 'writing the same things', one with respect to himself and the other with respect to the Philippians. This also accounts for the grammatical *similarity* of the terms, namely, they are both negated words. [...] If ὀκνηρόν means 'hesitating, causing hesitation', then it may be more fitting to translate ἀσφαλές as 'trustworthy, unfailing' – a use of the term sometimes describing friends – or 'not liable to fall, immovable, steadfast'. [17]

Non sono certo che la proposta di Reed relativamente a ἀσφαλές sia la migliore. Molto dipende infatti dalla domanda su cosa Paolo qui si stia retoricamente "giustificando" con i Filippesi. In altre parole, diventa rilevante una riflessione sul contenuto di τὰ αὐτά, al termine della quale si potrà poi meglio comprendere sia la motivazione della

---

[16] È, nonostante su basi differenti, anche l'opinione di B. S. MACKAY, «Further Thoughts on Philippians», *NTS* 7 (1960/61), 164: «It is altogether reasonable to suppose that he had repeatedly warned the Philippians against the 'Judaizers', and that *he is apologizing in iii.1 for giving this warning again*» [sott. mia].

[17] J. T. REED, *Discourse Analysis*, 252-253.

formula di esitazione, sia il significato dei vari termini utilizzati da Paolo.

2. QUALI SONO LE "STESSE COSE" DI CUI PAOLO PARLA?

Paolo "non esita" a ripetere ai suoi destinatari un messaggio destinato ad aumentare la loro certezza-sicurezza. Se questo è evidente dall'espressione utilizzata, meno chiaro è invece il contenuto di questa ripetizione. A questa domanda gli interpreti hanno dato varie risposte che si muovono attorno a due prospettive differenti: la prospettiva che chiamerei *extra-epistolare* (nella lettera si ripeterebbe qualche cosa comunicato in un precedente momento ai destinatari), e quella *intra-epistolare* (che limita cioè la propria riflessione alla forma e ai contenuti intrinseci della lettera).

Nella prima prospettiva, alcuni ritengono che Paolo si riferisca a questioni dibattute in una precedente lettera non più esistente[18] mentre altri, appoggiandosi su 3,18 (πολλοὶ γὰρ περιπατοῦσιν οὓς πολλάκις ἔλεγον ὑμῖν, νῦν δὲ καὶ κλαίων λέγω, τοὺς ἐχθροὺς τοῦ σταυροῦ τοῦ Χριστοῦ) vedono in 3,1 l'inizio di insegnamenti già trasmessi da Paolo durante la sua precedente visita a Filippi[19]. Non manca chi riconosce

---

[18] O anche in diverse lettere precedenti: cf. M. R. VINCENT, *Critical and Exegetical Commentary on the Epistles to the Philippians and to Philemon*, Edinburgh (T&T Clark) 1897, 91; J. H. MICHAEL, *The Epistle to the Philippians*, London (Moffat) 1928, 132; I-J. LOH – E. A. NIDA, *A Translators Handbook on Paul's Letter to the Philippians*, Stuttgart (UBS) 1977, 89; J.-F. COLLANGE, *L'Épître de Saint Paul aux Philippiens*, Neuchâtel (Delachaux & Niestlé) 1973, 110. Questi autori ritengono importante l'uso di γραφεῖν nella sottolineatura di uno *scrivere ancora le stesse cose*.

[19] È l'opinione, tra gli altri di D. E. GARLAND, «The Composition and Unity of Philippians. Some Neglected Literary Factors», NT 27 (1985), 164-165: « It is my opinion that we have in 3:1 the beginning of a digression where Paul repeats things that he has already spoken of before in his ministry among the Philippians, namely his condemnation of Jewish boasts of superiority, his reminiscences about his life as a devout Pharisee, and the nature of righteousness through faith in Christ as opposed to righteousness based upon the law. [...] In chap. 3, Paul is not giving the readers new information nor trying to convince them of something about which they disagreed. He writes of things that they already know and with which they concur. The aim is not to change their ideas but their attitudes and behaviour »; T. E. POLLARD, «The Integrity of

possibili entrambe le alternative[20]. Un'interessante proposta è suggerita da Victor P. Furnish[21] che afferma: « The possibility is that the apostle is expecting first Epaphroditus (ii. 25-30) and later Timothy (ii. 19-23) to convey 'the same' warnings and directives *orally* when they visit the Philippians in person »[22]. Si tratterebbe di un gioco fra la lettura della lettera compiuto da Timoteo o Epafrodito alla comunità di Filippi, accompagnata dal loro insegnamento orale. In questo senso si sarebbe davanti ad una *ripetizione di stesse cose* [23].

Philippians», NTS 13 (1966-67), 62: «It would be natural that Paul, in his instruction of the Christians in Philippi while he was with them, should have warned them about the persecution that was likely to follow their embracing of the new faith. It would be natural too that Paul should feel it necessary to repeat his warning to them, especially in view of the situation into which Jewish antagonism had brought him ». Di questa opinione è la maggioranza degli esegeti e quasi tutti i maggiori commentari: J. GNILKA, *La lettera ai Filippesi*, Brescia (Paideia) 1972; P. T. O'BRIEN, *The Epistle to the Philippians*, Grand Rapids (Eerdmans), 1991; M. SILVA, *Philippians*, Grand Rapids (Baker) 1992; G. FEE *Paul's Letter to the Philippians*, Grand Rapids (Eerdmans) 1995; R. FABRIS, *Lettera ai Filippesi – Lettera a Filemone*, Bologna (EDB) 2000.

[20] Come F. B. CRADDOCK, *Philippians*, Atlanta (John Knox) 1985, 54: « All we can say is that the Philippians had access to discussions unavailable to us; therefore, repetition to them is entirely new to us. After all, though, the letter is to them, not to us ». Così anche C. W. DAVIS, *Oral Biblical Criticism. The Influence of the Principles of Orality on the Literary Structure of Paul's Epistle to the Philippians*, Sheffield (Academic Press) 1999, 124, che proponendo una lettura psicologizzante legata al professionista sempre in viaggio afferma: « Even in modern Western society, professional speakers who travel a great deal use the same speech numerous times. It is not unusual for speakers to forget what points or illustrations they have used with certain audiences. [...] It is to be expected that Paul, when thinking of his past communications with the Philippians, would remember problems he had discussed with them and how he has phrased his responses to them. In an oral setting, where it is necessary to hear things repeated many times in order to have command over the material, he would naturally want to say 'the same things' again and to do so in as much the same way as possible ».

[21] V. P. FURNISH, «The Place and Purpose of Philippians III», NTS 10 (1963/64), 80-88.

[22] V. P. FURNISH, «Place and Purpose», 86.

[23] Così anche R. JEWETT, «Conflicting Movements in the Early Church as reflected in Philippians», NT 12 (1970), 383 n. 1 e R. P. MARTIN, *Philippians*, London (Tyndale) 1967, 124. C. OSIEK, *Philippians Philemon*, Nashville (Abingdon Press) 2000, 80: « So, the "same things" must have to do with what is coming, and what will be familiar to them

3,1: L'INIZIO DELLA RIPETIZIONE

Nella seconda prospettiva si muovono coloro che preferiscono ritenere la lettera come un fatto comunicativo unitario e, in qualche modo "chiuso". Τὰ αὐτά di 3,1b viene letto in questo caso all'interno stesso della lettera. Si ricercano quali siano quelle *stesse cose* che Paolo ha già comunicato nei primi due capitoli che vengono ripetute nei seguenti due. Anche qui le ipotesi non mancano di varietà.

Molti[24] guardano al contesto immediato e vedono qui un riferimento al ripetersi dell'esortazione a *gioire*. Tuttavia, proprio partendo dal testo, paiono di tutto rilievo le critiche a questa ipotesi, dal momento che τὰ αὐτά è plurale e non singolare e molto difficilmente si adatta al semplice invito a gioire[25].

Altri mettono piuttosto in evidenza dei contenuti già presenti nella lettera senza che sia necessario rifarsi a contesti prossimi: J. B.

---

because they so often heard those things from Paul himself and anyone else who represented him, such as Timothy or Epaphroditus ».

[24] Tra i maggiori commentari, M. DIBELIUS, *An die Thessalonischer I-II; An die Philipper*, Tübingen (Mohr-Siebeck) 1937; E. LOHMEYER, *Die Briefe an die Philipper, an die Kolosser, und an Philemon*, Göttingen (Vandenhoeck & Ruprecht) 1930; W. MICHAELIS, *Der Brief des Paulus an die Philipper*, Leipzig (A. Deichertsche Verlagsbuchhandlung D. Werner Scholl) 1935; F. F. BRUCE, *Philippians*, Peabody (Hendrickson) 1989²; G. F. HAWTHORNE, *Philippians*. M. BOCKMUEHL, *Philippians*, 181: « Paul understands joy in the Lord to be *inherently* 'safe' (*asphales*), by definition a bulwark against all manner of dangers. [citando poi numerosissimi passi sul legame tra *gioia* e forza-sicurezza, si sofferma sul suggerito parallelo tra Fil 3,1 e Ne 8,10]. È questa anche l'opzione di J. T. REED, *Discourse Analysis*, 254.256: «Paul's repeated exhortations to rejoice are a *cause of steadfastness for them*. Unfortunately, Paul does not specify how rejoicing will produce steadfastness. [...] A significant burden of proof, then would seem to rest on those arguing for a cataphoric or extra-textual interpretation. *Paul's repeated [(1.4, 18); 2.17-18, 28, 29; 4.4, 10] exhortation to rejoice is ... for them, a cause of steadfastness* » [sott. dell'autore].

[25] Critica ben esposta da G. FEE, *Philippians*, 292-293. Certamente sembra tuttavia eccessiva l'osservazione di F. B. CRADDOCK, *Philippians*, 54: « Of course we would like to know whether Paul's repeating himself is a reference to a letter now lost or to teaching delivered orally when he was with them. [...] Paul is certainly not repeating anything said elsewhere in this letter. This section strikes like a storm upon the serene landscape of the reminder of the letter ».

Lightfoot[26] propone di vedervi i dissensi accennati in 1,27-2,18 e riproposti in seguito; Duane F. Watson propone invece di vedervi un richiamo alle diverse connotazioni del confronto con gli avversari[27]. Più che in riferimento a particolari contenuti qualcuno propone di vedervi un'aggiunta redazionale di collegamento tra diverse lettere paoline alla comunità di Filippi di fronte al ripetersi dei medesimi sintagmi in queste[28].

Non manca poi chi toglie ogni contenuto all'espressione, collocandola semplicemente sul versante della funzionalità retorica[29].

Un'ultima possibilità di lettura del versetto è emersa in questi ultimi anni alla luce di una comprensione globale del testo di Fil. Un esempio di questo approccio si ha con Peter Wick[30] che legge Fil come un'unica lettera composta secondo lo stile biblico del *parallelismo*. Così

---

[26] J. B. LIGHTFOOT, *Saint Paul's Epistle to the Philippians*, London (Macmillan) 1869, 126. Questo autore separa nettamente 3,1 da 3,2, così da non collegarsi a ciò che segue nel testo.

[27] D. F. WATSON, «A Rhetorical Analysis of Philippians and Its Implications for the Unity Question», NT 30 (1988), 86: « The tonal shift is anticipated in 3:1 and is expected in light of the proposition of 1:27-30 and its restatement in 2:12-13. In the proposition, fear of opponents, their destruction, and their part in inflicting suffering and conflict are explicated. In the restatement of the proposition, these are alluded to».

[28] J.-B. EDART, *Philippiens*, 218: « Le pluriel induit un ensemble d'éléments nécessairement moins définis en tant qu'ensemble. [...] C'est le caractère répétitif de l'énoncé des sujets développés qui importe et non leur identité stricte avec ce qui a été dit jusqu'ici. Il faut donc nous attendre, non à une reprise à l'identique de formules ou de thèmes évoqués précédemment, mais plutôt à un ensemble d'allusions repérables par la reprise de syntagmes ».

[29] Cfr. A. PITTA, «Lettera ai Filippesi», in L. PACOMIO - F. DALLA VECCHIA - A. PITTA (edd.), *La Bibbia Piemme*, Casale Monferrato (Piemme) 1995, 2846 che vede 3,1 come conclusione di tutto ciò che precede: « Questa sezione epistolare si chiude con l'accenno alla lettera stessa: Paolo sembra concludere dicendo che non è necessario aggiungere altro a quanto ha già detto: ovviamente si riferisce ancora alla presentazione dei due "apostoli": Timoteo ed Epafrodito ». Questa funzione di richiamo dell'attenzione dei destinatari ad un già affermato, viene altrove descritta come *aposiopesi*: A. PITTA, *Lettera ai Galati*, Bologna (EDB) 1997, 105.

[30] P. WICK, *Der Philipperbrief: Der formale Aufbau des Briefs als Schlüssel zum Verständnis seines Inhalts*, Stuttgart (Kohlhammer) 1994, in modo particolare 39-63.

la lettera sarebbe strutturata in due metà che si corrisponderebbero nei vari blocchi tematici di cui sono formate. Le due metà della lettera si corrisponderebbero secondo uno schema a1-b1-c1-d1-e1 / a2-b2-c2-d2-e2. Al centro della lettera[31] si trova proprio 3,1b che sarebbe da leggersi come una vera e propria chiave per comprendere l'intera struttura di Fil: « Paulus zeigt an entscheidender Stelle, wie er diesen Brief respektive diese Riede konzipierte »[32]. A conferma di questa intuizione sta il significato più normalmente utilizzato dell'espressione τὰ αὐτά, non solo in greco, ma anche nelle lettere paoline[33]. Secondo Wick, qui Paolo segnalerebbe dunque che *lo scrivere le stesse cose (un'altra volta) non è per lui* ὀκνηρός, *ed è* ἀσφαλές *per i Filippesi*. Si tratta allora dell'enunciazione esplicita di quel parallelismo sopra accennato secondo il modello biblico-semitico. La motivazione di questo starebbe nella prospettiva *didattica* dell'intera lettera: « Er ... erwähnt in 3,1b explizit seine didaktische Erwägung dass, wenn er dieselben Dinge mehrmals sagt, die Philipper dadurch stark gemacht werden »[34]

Questa intuizione di Wick riguardo al ruolo di 3,1b non è solitaria. Altri infatti, pur non condividendo una simile lettura del

---

[31] Ci viene anche fornito il dato che: « Ohne den Hymnus, dessen Funktion noch geklärt werden muss, stehen 671 Wörter im ersten Teil des Philipperbriefes 663 Wörtern im zweiten Teil gegenüber. Die beiden Hälften des „Makro"-Parallelismus sind praktisch gleich lang ». Cf. P. WICK, *Philipperbrief*, 54.

[32] P. WICK, *Philipperbrief*, 57.

[33] Si veda in particolare Rom 2,1 dove τὰ αὐτά si riferisce a tutto ciò che è stato detto in 1,18-32. Si deve notare a questo proposito l'esplicitazione di ciò in 1,32 e 2,2-3 con l'utilizzo di τὰ τοιαῦτα. Cf. anche 1Ts 2,14 e Ef 6,9 (anche se, « in Eph 6,9 ist es schwieriger zu sehen, auf was diese Wendung sich bezieht », P. WICK, *Philipperbrief*, 56 n. 141).

[34] P. WICK, *Philipperbrief*, 177. Vale secondo me la pena riportare l'intero passo riassuntivo delle motivazioni di una struttura parallela per Fil: « Meine Meinung nach hat Paulus den kunstvollen parallelen Aufbau aus drei Gründen gewählt. Er selber erwähnt in 3,1b explizit seine didaktische Erwägung dass, wenn er dieselben Dinge mehrmals sagt, die Philipper dadurch stark gemacht werden. Der zweite Grund wird ein Schönheitskriterium sein. Paulus wollte das, was er sagte, auch schön ausdrücken. Das Lob der Philipper, das mit Elementen der Prunkrede durchzogen ist, wird durch die Parallelstruktur im Brief besonders schön entfaltet. Drittens vermute ich, dass Paulus mit der feingegliederten Parallelismusstruktur dem ganzen Brief, obwohl Prosa, doch ein hymnisch preisendes Gepräge geben wollte »

parallelismo della lettera, vedono l'espressione di 3,1b non in riferimento a *qualche* elemento contenutistico della lettera, ma all'intero contenuto dei primi due capitoli che verrebbe, in qualche modo, ribadito nei seguenti due.

Sono senz'altro di questa opinione coloro che, in qualche modo vedono in Fil delle macro strutture, come Philippe Rolland[35], per il quale Fil si comporrebbe di due metà che ruotano specularmente attorno a 3,1b[36], o come A. Boyd Luter e Michelle V. Lee[37], che propongono una lettura chiastica della lettera attorno a 2,17-3,1a, con 3,1b come primo versetto del 'ritorno' chiastico del testo.

Così anche coloro che prestano maggiore attenzione non ai fatti formali o retorici, quanto agli aspetti contenutistici della lettera. Tra di essi David A. Black[38], che parla di 3,1 come di un « transitional element »[39] e che afferma che « the thrust of 3:1-4:9 is the same as that of 1:12-2:30 »[40], ma soprattutto Troels Engberg-Pedersen[41] che, dopo aver mostrato nel dettaglio gli elementi della seconda parte che riprendono la prima afferma:

> ... it appears that Philippians is made up of two closely comparable portions of text: 1:12-2:18 and 3:2-4:9, where the latter should be understood as a repetition of the former, a repetition, moreover, that Paul himself announces. [In questo modo] the basic structure of Philippians is that of two halves that mirror

---

[35] P. ROLLAND, «La structure littéraire et l'unité de l'Épître aux Philippiens», *RevSR* 64 (1990), 213-216.

[36] P. ROLLAND, «La structure», 216 : « Tout s'explique si Paul, ayant presque achevé sa lettre, s'est rendu compte qu'il lui fallait redoubler ses mises en garde et ses conseils. Or, il nous dit ... qu'il éprouve le besoin de se répéter : 'Vous écrire les mêmes choses ne m'en coûte pas, et pour vous c'est une sûreté' (3,1) ».

[37] A. B. LUTER – M. V. LEE, «Philippians as Chiasmus: Key to the Structure, Unity and Theme Questions», *NTS* 41 (1995), 89-101

[38] D. A. BLACK, «The Discourse Structure of Philippians: A Study in Textlinguistics», *NT* 37 (1995), 16-49.

[39] D. A. BLACK, «Discourse Structure», 40.

[40] D. A. BLACK, «Discourse Structure», 41-42.

[41] T. ENGBERG-PEDERSEN, *Paul and the Stoics*, Edinburgh (T&T Clark) 2000.

one another with 3:1 acting as pivot. 3:1 as a whole functions as
a *Pauline bridge*. [42]

3. 3,1b COME UN NUOVO INIZIO

Tutto questo dibattito attorno ad un unico versetto rende evidente come ci sia una stretta connessione tra la sua comprensione e lo sguardo complessivo sulla struttura della lettera, sulla sua *architettura*[43]. Da qui dunque è possibile partire per cercare di configurare una proposta che renda ragione, non solo dal punto di vista formale, ma anche da quello del significato, di un andamento retorico presente in Fil.

Tre sembrano essere le acquisizioni emergenti in maniera abbastanza certa dal dibattito:

α) l'utilizzo di τὰ αὐτά al plurale non può essere inteso per indicare *un* solo elemento che Paolo ripete;

β) gli studi epistolografici di Reed mettono in evidenza come la *formula di esitazione* epistolare sia un modello coerente per leggere le espressioni di 3,1 e, da ciò, la forte possibilità che siamo di fronte ad una *transizione* da 2,30 (o da 3,1a) a 3,2. In questo senso l'effetto di rottura di tono che si avverte con 3,2 viene assorbita dall'avere messo epistolarmente e retoricamente un punto fermo in un nuovo inizio argomentativo;

γ) solo l'ottica di *ripetere* ciò che è già stato affermato globalmente, giustifica l'*apologia* di Paolo di 3,1b; il perché cioè non esiti a farlo e sia un bene per i destinatari.

Partendo di questi tre asserti, possiamo così tradurre 3,1:

---

[42] T. ENGBERG-PEDERSEN, *Paul and the Stoics*, 84-85 e 317 n. 20.

[43] Termine felicemente utilizzato da R. MEYNET, *Jésus passe*, Roma – Paris (PUG Ed. – Éd. du Cerf) 1999, 11.

Così allora, fratelli miei, rallegratevi nel Signore; non esito ora a ripetervi le stesse cose così che voi ne siate maggiormente convinti.

Riguardo all'enfasi del significato "cognitivo" di ἀσφαλές, mi sembrano importanti le osservazioni di Victor P. Furnish, che ha mostrato significativamente come, sia nel NT che nel greco ellenistico, vi sia una preponderanza tra gli usi di ἀσφαλές dell'utilizzo del termine in riferimento alla maggiore, più certa, conoscenza di dati, piuttosto che in riferimento ad una sicurezza di tipo affettivo (comportante allora una certa stabilità o fiducia)[44].

Il ripetersi di Paolo avrebbe allora una finalità prettamente argomentativa, dimostrativa. Si riparte in qualche modo da 3,1 per rimettere in moto l'argomentazione nel mostrare le medesime cose da una diversa angolatura.
Sarà qui utile poi sottolineare che bisogna essere molto attenti quando si utilizza la categoria di *ripetizione* in una prospettiva retorica o strutturale. Si è infatti tentati di sottoporla alla rigidità delle formule con le quali immediatamente la si "incapsula", vedi il *parallelismo* o il *chiasmo*. Ora, avremo modo di constatare come Paolo sappia utilizzare gli strumenti linguistici, vuoi delle figure che dei generi retorici, per proporre il proprio messaggio, senza tuttavia lasciarsi imprigionare da essi. Così vedremo che nel caso della lettera ai Filippesi non si tratta solo di una *ripetizione* di contenuti, ma anche di una *ripetizione* degli strumenti argomentativi attraverso cui veicolarli. E questo senza che sia necessaria la rigidità di un *macro-chiasmo* della lettera, proposta come abbiamo visto anche da alcune recenti letture. Non si ribadirà mai abbastanza che – come del resto gli stessi manuali di retorica hanno sempre consigliato – non ogni fenomeno di *ripetizione* e di *reversio* deve per forza confluire in un *chiasmo*[45]. Così come la *descri-*

---

[44] V. P. Furnish, «Place and Purpose», 85: « Granted this range of possible meanings, the use of ἀσφαλής in Phil iii.1 seems most closely related to that in the passages listed under (2): *certain, dependable knowledge* ».

[45] Si veda a questo proposito B. Mortara Garavelli, *Manuale di Retorica*, Milano (Bompiani) 1988, 247-249.

zione dei fenomeni linguistici e letterari che Paolo di fatto propone non deve necessariamente essere una *definizione* categoriale degli stessi "a norma" di manuale!

Il meccanismo della *ripetizione* è particolarmente significativo, poi, se fosse verificabile un'ipotesi di lettura della lettera come *lettera di esortazione*. La *ripetizione* è infatti senz'altro uno dei suoi tratti retorici caratteristici[46]. Se si vuole esortare o incitare qualcuno a un comportamento (o ad un φρονεῖν come nel nostro caso, come vedremo) tra i vari modi per farlo vi è il mostrare, da diverse angolature, il "bene" di praticarlo e il "male" del caso contrario. Così la *ripetizione* è senz'altro al cuore di un'argomentazione paracletica[47].

Vedremo in un secondo momento come la lettera ai Filippesi unisca in sè le caratteristiche della *lettera di amicizia* e della *lettera esortativa*. Ciò che interessa qui mostrare è come 3,1 sia veramente lo snodo di due sviluppi (1,3-2,18 e 3,2-4,20) che hanno lo stesso fine argomentativo.

---

[46] L. G. PERDUE, «The Social Character of Paraenesis and Paraenetic Literature», *Semeia* 50 (1990), 24-25: « A variety of "subwords" is created involving special knowledge about roles, stages of life, and group behaviour, but normally subordinated to the overall symbolic world of the larger society. ***Repetition***, of course, continues in order to remind people of the authenticity of the constructed social reality and their places and responsibilities within its structure » [la sott. è mia].

[47] Sottolinea questo aspetto anche I. H. THOMSON, *Chiasmus in the Pauline Letters*, Sheffield (Sheffield Academic Press) 1995, 39, il quale fa notare come le dinamiche relative a macro-chiasmi siano particolarmente utilizzate quando « Paul is involved in the matter of *persuasion* as he tries to move his readers from their present position to where he wants them to be. The use of chiasmus is one of the means to that end of persuasion and this study shows how he uses it to great effect, often with consummate skill ». Come si nota, ci si muove all'interno della convinzione che ogni *reversio* sia chiastica. Ecco perché l'analisi che Thomson propone è tutto fuorché convincente quando propone esempi di *chiasmi* per il genere della *persuasione*! Eppure dimostra convincentemente che, se si esce dalla pretesa di trovare "chiasmi" formalmente proposti e ci si attiene ad uno studio delle *ripetizioni*, queste hanno particolare efficacia in ordine a persuadere!

> Commentators have equally puzzled at 3:1b. In the traditional manner of reading the letter, 3:1b connects neither with what precedes nor with what follows. But the sentence should be recognized as a *hortatory idiom of paraenetic letters*. One of the conventions of paraenesis is to assure readers that they do not really need the advice being proffered. What they are being told is not new, [...] Rather the advice is a reminder. [48]

Possiamo così accingerci ad analizzare i due percorsi che costituiscono i due sviluppi argomentativi della lettera: 1,1-2,18 e 3,2-4,23, per poi guardare più da vicino il centro della lettera: 2,19-30.

---

[48] S. K. STOWERS, «Friends and Enemies in the Politics of Heaven: Reading Theology in Philippians», in J. M. BASSLER (ed.), *Pauline Theology. Vol. 1*, Minneapolis (Fortress Press) 1991, 105-121.

Capitolo 2

Il primo percorso della lettera: 1,1 - 2,18

Se fosse un'opzione seriamente difendibile (come lo credo) che 3,1 rappresenti lo snodo di un "nuovo inizio" della lettera e presupponga una comprensione della seconda parte come *ripetizione* della prima, dobbiamo verificare come i percorsi delle due metà effettivamente si ripropongano l'un l'altro.

Analizzeremo quindi la prima parte in relazione al suo percorso logico-argomentativo. Prenderemo poi in esame la seconda parte, 3,1 - 4,23, mostrando come ripercorra la prima nel secondo percorso che Paolo propone ai Filippesi. Infine, ci soffermeremo su 2,19-30, mettendo in evidenza il carattere *centrale* di questa sezione.

Questa è la struttura schematica della prima parte della lettera:

1,1-2	*Praescriptum* epistolare	
1,3-11	*Exordium* - Ringraziamento	
1,9-11	*Propositio* della Lettera	
1,12-26	La vicenda di Paolo	
	1,12-18a	"a vantaggio del Vangelo"
	1,18b-26	"a vantaggio vostro"
1,27-30	Paolo e i Filippesi: esortazione	
2,1-18	L'*exemplum* di Cristo Gesù	
	2,1-5	esortazione
	2,6-11	Cristo
	2,12-18	esortazione

1. IL *PRAESCRIPTUM* EPISTOLARE: 1,1-2

Come tutte le lettere ellenistiche che conosciamo, la relazione epistolare viene esplicitata all'inizio del testo nel cosiddetto *praescriptum*. È ormai stata notata da vari la capacità di Paolo di utilizzare i canoni epistolografici, senza piegarsi meccanicamente ad essi: Paolo cioè rientra nei canoni, li utilizza ma è capace di *farne uso* per i suoi scopi[1]. Non sfugge a questo modo di procedere paolino neppure il *praescriptum* epistolare, che trova nelle sue finalità tradizionali di "inizio della comunicazione", di identificazione del mittente nell'esplicitazione della sua relazione con il destinatario (l'identità che chiamerei "funzionale" della comunicazione: il "chi sono io per te" unito dal "chi sei tu per me"), di *captatio benevolentiae*, un terreno fertile per pennellate utili ad indirizzare da subito temi e tono della lettera[2].
Se mettiamo a confronto Fil 1,1-2 con gli altri *praescripta* delle lettere paoline[3], ci sono alcuni elementi che colpiscono: l'attribuzione condivisa da Paolo e da Timoteo, suo co-mittente[4], di essere δοῦλοι Χριστοῦ

---

[1] Sarebbe troppo lunga la lista di coloro che mettono in evidenza questa peculiarità della capacità paolina a plasmare i modelli epistolografici e retorici secondo le proprie finalità argomentative. Segnalo semplicemente riguardo a questo il bell'articolo di J.-N. ALETTI, «Paul et la rhétorique», in J. SCHLOSSER (ed.), *Paul de Tarse*, Paris (Cerf) 1996, 27-50.

[2] J. T. REED, *Discourse Analysis*, 196-197: « Although a linguistically-sensitive analysis of Paul's salutation would caution against reading theologically pregnant concepts into what was often less meaningful to the communicative act – both the Graeco-Roman and Jewish salutation could be used as a simple 'greeting' – Paul's undeniable modification of convention suggests a calculated effort on his part to communicate something somewhat unique at the beginning of his letters. Unless this salutation is part of a pre-Pauline Christian tradition which had become widespread in usage, Paul created it and, although he probably employed more than one secretary, demanded its use in all his letters (demonstrating at least in part his control over the content and style of his letters). It was an essential component of the structure of his letters; and it again demonstrates that Paul chose to modify conventional epistolary conventions on one degree or another »

[3] Utili strumenti per farlo possono essere: A. PITTA, *Sinossi Paolina*, Cinisello Balsamo (Ed. San Paolo) 1994, 24-25; F. O. FRANCIS – J. P. SAMPLEY, *Pauline Parallels*, Philadelphia (Fortress Press) 1984², 1. 276.

[4] Cf. S. BYRSKOG, «Co-Senders, Co-Authors and Paul's Use of the First Person Plural», *ZNW* 87 (1996) 230-250.

Ἰησοῦ; la *titulatio* di ἐπίσκοποι καὶ διάκονοι all'interno del più generale ἅγιοι tra i destinatari; la sottolineatura della 'totalità' dei destinatari a cui Paolo si rivolge[5]. Anticipando qui temi e sottolineature che Paolo proporrà nel corso della lettera[6], questi tre elementi esplicitano fin dall'inizio le sue tonalità fondamentali.

Il primo elemento indica un chiaro riferimento al tema della "schiavitù"[7] come identità del cristiano, ad imitazione di Gesù Cristo. Nel proclamarsi δοῦλος invece che ἀπόστολος, Paolo pone subito un chiaro segno di autoidentificazione, e nel presentarsi δοῦλος non da solo, ma unendo a sé Timoteo[8], mostra che tale "schiavitù" non è un *privilegium* personale ma una dimensione condivisa e condivisibile. L'iniziale accenno, poi, alla totalità dei destinatari e la specificazione tra essi di coloro che avevano incarichi di responsabilità, qualunque fosse la loro reale identità all'interno della comunità[9], fa senz'altro

---

[5] Bisogna guardare a tutto 1,1-11 per notare l'enfasi particolare sulla *totalità* dei destinatari delle espressioni paoline, totalità che trova in 1,1 il suo inizio (πᾶσιν τοῖς ἁγίοις). L'espressione di questa totalità, in realtà, si trova anche nel *praescriptum* epistolare di Rom 1,7; 1Cor 1,2 e 2Cor 1,1 (unico caso in cui troviamo nel *praescriptum* τοῖς ἁγίοις πᾶσιν). Questo dato è stato sottolineato praticamente da tutti i commentatori, cominciando da J. B. LIGHTFOOT, *Philippians*, 83 e da M. R. VINCENT, *Philippians*, 3.

[6] M. BOCKMUEHL, *Philippians*, 48: « The letter opening became charged with theological force, being enrolled to communicate from the start something of the essence of the gospel ».

[7] Che il termine δοῦλος sia da riferirsi non alla dignità dell'uomo chiamato e mandato da Dio, sull'esempio dei grandi δοῦλοι della Bibbia (come qualcuno pure sostiene, ad es. J. GNILKA, *Filippesi*, 83 e R. FABRIS, *Filippesi* (2000), 43) ma alla esperienza sociale della schiavitù di cui ogni abitante di Filippi era consapevole, pare essere l'opinione più diffusa tra gli autori, considerando anche il ruolo della categoria di δοῦλος che la lettera propone.

[8] J.-F. COLLANGE, *Philippiens*, 38 : « Le mot a bien ici valeur péjorative. […] A des lecteurs en peine de «gloriole» (2,3), l'apôtre présente la condition chrétienne comme placée sous le signe d'une seule Seigneurie, celle de Christ Jésus (cf. 2,11), donc marquée du sceau de l'humilité ».

[9] Lunga sarebbe la bibliografia relativa alle ipotesi proposte riguardo all'identità di questi ἐπίσκοποι καὶ διάκονοι di Fil 1,1. Tra gli studi più recenti citerei qui soltanto T. C. SKEAT, «Did Paul Write to 'Bishops and Deacons' at Philippi? A Note on Philippians 1:1», *NT* 37 (1995), 12-15; L. BORMANN, *Philippi. Stadt und Christengemeinde zur Zeit des Paulus*, Leiden (Brill) 1995, 210-211.410-420; J. REUMANN, «Churchoffice in Paul,

pensare ad uno sfondo di "unità" comunitaria attorno alla tematica del "farsi schiavi, al servizio". Vedremo come ciò costituirà un orizzonte di riferimento per l'intera lettera[10].

2. Ringraziamento e Preghiera: 1,3-11

2.1. La funzione di 1,3-11

Il brano 1,3-11 pare essere ben delimitato dall'iniziale εὐχαριστῶ e dalla breve dossologia del v. 11, considerando anche il chiaro carattere tematico iniziale del v.12. Come tutte le epistole paoline[11], anche Fil comincia con un *exordium* che risponde alle tradizionali caratteristiche epistolari e retoriche dell'introduzione argomentativa.
La funzione epistolare di tale sezione infatti ha a che fare con l'esplicitazione della relazione che lega mittente e destinatari(o)[12]. Se

---

especially in Philippians», in L. M. WHITE – O. L. YARBROUGHT (edd.), *The Social Word of the First Christians*, Minneapolis (Fortress Press) 1995, 3-15.

[10] Cf. con la stessa intuizione D. PETERLIN, *Paul's Letter to the Philippians in the Light of Disunity in the Church*, Leiden (Brill) 1995, 21-30; M. BOCKMUEHL, *Philippians*, 55; G. F. HAWTHORNE, *Philippians*, 13: « ... to the concrete situation at Philippi: How is one to begin to attack selfishness and disunity? By subtly showing from the very beginning that in the Church seniority and high calling do not put one Christian leader above another (Paul and Timothy together are one – they are slaves of Christ Jesus) and that "church supervisors" are not above serving, but are by virtue of their office, called to serve (to be *diakonoi*) ministering to the needs of their fellows»; J.-F. COLLANGE, *Philippiens*, 38 : « Paul montre aux Philippiens (qui en avaient besoin) que les rapports entre collaborateurs au sein de l'Eglise ne sont pas d'autorité, de supériorité ou d'infériorité, mais d'égalité dans l'humilité. C'est pourquoi Paul et Timothée ne se présentent pas autrement que comme esclaves (δοῦλοι) de Jésus-Christ ».

[11] Solo in Gal 1,6-10 l'*exordium* retorico-epistolare non è nella forma del rendimento di grazie con un *prayer-report* ma è un *exordium* apostrofico: cf. A. PITTA, *Disposizione e Messaggio della lettera ai Galati. Analisi retorico-letteraria*, Roma (PIB) 1992, 86-87.

[12] La formulazione iniziale di voti augurali e di preghiere per i destinatari o di ringraziamenti per eventi accaduti al mittente o ai destinatari è frequente all'interno del *corpus* epistolare letterario o papiraceo che possediamo. Si vedano gli studi di A. J. MALHERBE, *Ancient Epistolary Theorists*, Atlanta 1988; J. L. WHITE, *Light from Ancient Letters*, Philadelphia (Fortress Press) 1986, 200-201; J. MURPHY O'CONNOR, *Paul et l'art*

una lettera nasce normalmente dalla distanza tra le due parti, una certa necessità di esplicitazione dello *status* emotivo ed affettivo è palese. Questo è tanto più vero quanto più i contatti fra le parti non hanno una frequenza "rassicurante". Se poi il motivo della lettera è legato ad una vicenda concreta (quale potrebbe qui essere la prigionia paolina[13],

---

épistolaire, Paris (Cerf) 1994; L. C. ALEXANDER, «Hellenistic Letter-Forms and the Structure of Philippians», *JSNT* 37 (1989), 87-101, specialmente 90-92.

[13] È una *quaestio vexata* la decisione per Fil riguardante il luogo della prigionia di Paolo. La collocazione di Fil tra le lettere scritte da Paolo dalla prigionia romana tra il 60 e il 62 d.C. è rintracciabile fin dalle antiche sottoscrizioni greche della lettera (manca solo nel papiro p[46], comunque ampiamente lacunoso per il testo di Fil) e dal *prologo marcionita* latino. Solo in epoca moderna e contemporanea si sono proposte altre soluzioni. Sono state perciò proposte due altre possibili prigionie paoline. La prima, quella di Cesarea Marittima (proposta per la prima volta nel XVIII sec.), va nella linea di una datazione meno recente per Filippesi a causa dell'enfasi missionaria di essa, inspiegabile secondo i sostenitori dell'ipotesi se Paolo fosse a Roma. Sostengono questa ipotesi E. LOHMEYER; J. J. GUNTHER, *Paul: Messenger and Exile*, Valley Forge (Judson Press) 1972; G. F. HAWTHORNE; A. PEREZ GORDO, «Dónde se escribió la carta a los Filipenses?», *EstAgust* 27 (1992), 483-517 (con ben quattro pagine fittissime di bibliografia riguardante direttamente questo dibattito!); R. RIESNER, *Die Frühzeit des Apostels Paulus: Studien zur Chronologie, Missionsstrategie und Theologie*, Tübingen (Mohr-Siebeck) 1994, 190; J. A. T. ROBINSON, *Redating the New Testament*, Philadelphia (Westminster Press) 1976, 57-61; C.-J. THORNTON, *Der Zeuge des Zeugen: Lukas als Historiker der Paulusreisen*, Tübingen (Mohr-Siebeck) 1991, 203-216. La seconda, in gran parte conseguenza della supposizione di trovarsi davanti ad uno scritto composto da tre o più lettere, è quella che ipotizza una prigionia paolina a Efeso. Un tale scambio epistolare doveva necessariamente avvenire tra luoghi più prossimi rispetto alla distanza Filippi-Roma o alla distanza Filippi-Cesarea (fra i 1300 e i 1500 km). Ecco allora spuntare la possibilità di una prigionia efesina, non attestata da alcuna documentazione ma ipotizzata dal possibile accenno di 1Cor 15,32 di una *lotta contro le belve* a Efeso ed eventualmente sottostante l'uso plurale di φυλακή in 2Cor 11,23 (cf. A. J. MALHERBE, «The Beasts at Ephesus», *JBL* 87 (1968), 71-80). Sostengono questa teoria, oltre a tutti coloro che leggono in Fil un "epistolario" e non "una" lettera, L. BORMANN, *Philippi. Stadt und Christengemeinde zur Zeit des Paulus*, Leiden (Brill) 1995, 121; G. S. DUNCAN, «Paul's Ministry in Asia – The Last Phase», *NTS* 3 (1956-57), 211-218; R. FABRIS, *Filippesi* (2000), 33-35; H. KOESTER, *Introduction to the New Testament*: vol. 2, *History and Literature of Early Christianity*, Philadelphia (Fortress Press) 1982, 130-135; J. MURPHY-O'CONNOR, *Paul: A Critical Biography*, Oxford (Clarendon) 1996, 220-222; N. T. WRIGHT, «Putting Paul Together Again. Toward a Synthesis of Pauline Theology», in J. M. BASSLER (ed.), *Pauline Theology. Vol. 1*, Minneapolis (Fortress Press) 1991, 183. Mi sembra comunque particolarmente significativa la battuta di G. D. FEE, *Philippians*, 35 n. 86: « The reasons for espousing an Ephesian provenance are often closely related to

la sua conseguente necessità di qualche forma di sostentamento, il coinvolgimento di terzi in questo processo), a maggior ragione il tono della relazione epistolare richiede una sua immediata esplicitazione.

Molti hanno notato in Fil 1,3-11 la peculiare prevalenza del campo semantico delle relazioni, giocato sui registri di una forte affettività reciproca[14]. I pronomi ἐγώ (7 volte: 1,3.4.7⁴.8) e ὑμεῖς (10 volte: 1,3.4.5.6.7³.8.9.10, di cui 4 con l'aggettivo πάντες: 1,4.7².8), caratterizzanti la relazione epistolare, sono accompagnati dalle espressioni positive del ringraziamento, della preghiera, della comunione, e dell'amore reciproco.

La funzione argomentativa dell'*exordium*[15] è legata inoltre ad una *captatio benevolentiae* che renda meglio disposti i destinatari alla ricezione dell'argomento che seguirà[16]. Questa funzione è definita dai manuali in maniera abbastanza chiara. Cicerone afferma infatti: «L'esordio è la parte [del discorso] che rende l'animo degli ascoltatori idoneo a recepire il resto del discorso»[17].

---

the issue of integrity and the need for a shorter distance for the sending of three brief letters within a short time frame. But **this is an example of one unlikely hypothesis building on another** » (mia la sottolineatura).

[14] In modo particolare si veda R. FABRIS, *Filippesi* (2000), 50; U. VANNI, «Verso la struttura letteraria della lettera ai Filippesi», in L. PADOVESE (ed.), *Atti del V Simposio di Tarso su s. Paolo Apostolo*, Roma (Ist. Francescano di Spiritualità. Pont. Ateneo Antoniano) 1998, 71; G. W. PETERMAN, «"Thankless thanks": the epistolary social convention in Philippians 4:10-20», TynB 42 (1991), 269-270; F. B. CRADDOCK, *Philippians*, 15.

[15] Vari sono i riferimenti all'*exordium* o *proemio* nella manualistica retorica classica. Ci basta qui citare ARISTOTELE, *Ret.* 1.1.1354b; 3.14.1414b-1415b e CICERONE, *De Inv.* 1.14.20; 1.15.20-1.17.25. Per più approfonditi riferimenti si può vedere H. LAUSBERG, *Elementi di retorica*, Bologna (Il Mulino) 1969, §43,1; B. MORTARA GARAVELLI, *Manuale di Retorica*, Milano (Bompiani) 1988, 64-68. Si può anche utilmente consultare A. PITTA, *Disposizione e Messaggio*, 56-57.

[16] Interessante la terminologia utilizzata da G. L. BLOOMQUIST, *The Function of Suffering in Philippians*, Sheffield (Sheffield Academic Press) 1993, 122: « The *exordium* of Philippians is a significant feature in Paul's *preparatio* of his audience for the instruction he will deliver ».

[17] CICERONE, *De Inv.* 1.14.20.

L'altra funzione fondamentale è l'esposizione incoativa (sempre comunque legata all'attenzione al destinatario, più che ad un ordine formale) delle tematiche principali di ciò che seguirà:

> Nei proemi ... vi è l'esposizione dell'argomento affinché l'ascoltatore possa prevedere ciò di cui tratta il discorso e la mente non resti sospesa [...] Il compito più necessario e specifico del proemio è quello di spiegare qual è lo scopo del discorso. [18]

Tutti i commentatori riconoscono questa funzione a Fil 1,3-11, specialmente coloro che ritengono di leggere in Filippesi un'unica lettera originaria[19]. In modo più dettagliato possiamo notare queste relazioni terminologico-tematiche con il resto della lettera[20]:

---

[18] ARISTOTELE, *Ret.* 3.14.1415a.

[19] Tra i commentatori: P. T. O'BRIEN, *Philippians*, 37-38.82.513-514; G. D. FEE, *Philippians*, 73; G. F. HAWTHORNE, *Philippians*, 14-15; M. BOCKMUEHL, *Philippians*, 23.57; R. FABRIS, *Filippesi* (2000), 48.53; A. PITTA, «Lettera ai Filippesi», 2839. Si vedano anche G. P. WILES, *Paul's Intercessory Prayers. The significance of the Intercessory Prayer Passages in the Letters of St Paul*, Cambridge (Cambridge University Press) 1974, 206-207; R. JEWETT, «The Epistolary Thanksgiving and the Integrity of Philippians», NT 12 (1970), 53; G. L. BLOOMQUIST, *The Function of Suffering*, 106.122; D. F. WATSON, «A Rhetorical Analysis», 63-64. Così anche J.-B. EDART, *Philippiens*, 63: « Cet *exordium* prépare la suite de l'épître en donnant comme des échantillons des thèmes développés ensuite », pur nel quadro della sua ipotesi di una natura composita della lettera.

[20] Affronterò in un secondo momento il particolare legame esistente tra 1,3-11 e 4,10-20.

- χαρά 1,4 → 1,25; 2,2.29; 4,1
  χαίρω 1,8 → 2,17.18.28; 3,1; 4,4.10
- κοινωνία 1,5 → 2,1; 3,10 (cf. anche κοινωνέω in 4,15)
  συγκοινωνός 1,7 → συγκοινωνέω 4,14
- (ευ) αγγέλιον 1,5.7 → 1,12.16.27; 2,22; 4,3.15
- πείθω 1,6 → 1,14.25; 2,24; 3,3
- φρονέω 1,7 → 2,2.5; 3,15.19; 4,2.10
- σπλάγχνα 1,8 → 2,1
  ἀγάπη 1,9 → 1,16; 2,1-2.12; 4,1
- ἐν Χριστῷ 1,1 → 1,13.26; 2,1.5; 3,14; 4,7.19.21
- ἡμέρας Χριστοῦ Ἰησοῦ 1,6.10 → 2,16; cf. 3,10-11.20-21
- *la prigionia di Paolo* 1,7 → 1,12-26
- *il dono dei Filippesi* 1,3 (e 1,7)[21] → cf. 2,26; 4,18

2.2. La relazione tra Paolo e i Filippesi in 1,3-11

La relazione *io-voi* di Paolo nei confronti dei Filippesi non è giocata unicamente sui binari della reciprocità bilaterale, ma è legata ad una terza relazione, quella con Dio; si viene a creare, cioè, quella *trilateralità* così particolare nelle lettere di Paolo[22]. In 1,3-6, infatti, con la duplice possibilità di lettura di 1,3[23], si apre una reciprocità tra il *ricor-*

---

[21] Come dirò sotto, sono infatti dell'opinione di leggere sia 1,3 che 1,7 alla luce della relazione di reciprocità tra Paolo e i Filippesi.

[22] Acuta mi pare essere l'analisi di questa relazione *trilaterale* nelle lettere paoline fatta da A. VANHOYE, «La composition de 1 Thessaloniciens», in R. F. COLLINS (ed.), *The Thessalonian Correspondence*, Leuven (University Press) 1990, 83: « Les relations interpersonnelles auxquelles l'épître s'intéresse avec passion ne sont pas bilatérales, mais trilatérales, le troisième côté étant constitué par "Dieu notre Père et Jésus Christ notre Seigneur" ». Non è una novità l'evidenza di un legame tra l'*exordium* di Fil e quello di 1Ts. Cf. per esempio G. D. FEE, *Philippians*, 1995, 98; G. L. BLOOMQUIST, *The Function of Suffering*, 123: « The *exordium* of Philippians has remarkable similarities with the *exordium* of 1 Thessalonians. [...] In both 1Thessalonians and Philippians it is in the *exordium* that we first discover Paul preparing his readers for what he is going to say. And in both cases these preparatory remarks have to do with suffering and Paul's confident expectation ».

[23] Mi riferisco all'espressione εὐχαριστῶ ... ἐπὶ πάσῃ τῇ μνείᾳ ὑμῶν di 1,3 che può grammaticalmente essere letta in due modi: *ringrazio ... per ogni vostro ricordo (di me),*

darsi di Paolo dei Filippesi e il *ringraziare, il pregare* per i Filippesi da parte di Paolo nella κοινωνία εἰς τὸ εὐαγγέλιον. Il riferimento "orizzontale" della relazione trova apertura al "verticale" nel ringraziamento a Dio e nella preghiera, e tutto questo per la *"koinonia* nel vangelo"[24]. Il riferimento di un arco temporale in 1,6 coinvolge direttamente nel percorso Dio[25] e Cristo Gesù.

Stesso processo si nota in 1,7-8. La relazione di reciprocità (con la stessa duplice possibilità grammaticale di lettura[26] incontrata in 1,3, ora proposta con altra terminologia in 1,7aβ[27]) si verifica nella κοινωνία

---

oppure *ringrazio ... in ogni (mio) ricordo di voi*. Sarebbe veramente troppo lungo e complesso proporre in questa sede lo *status questionis* su questo controverso versetto, reperibile del resto nei commentari o in R. L. OMANSON, «A Note on the Translation of Philippians 1:3-5», *BT* 29 (1978), 244-245. Si può vedere, per esempio P. T. O'BRIEN, *Philippians*, 58-61 che appoggia il primo tipo di lettura e G. F. HAWTHORNE, *Philippians*, 15-17 il secondo. La mia proposta di leggere qui ἐπί come causa e quindi tradurre *Ringrazio il mio Dio per l'intero vostro ricordarvi di me* nasce dallo scorrere linguistico della frase. L'evidenza che l'espressione εὐχαριστῶ ... ἐπί + dat. rivela *sempre* il motivo del ringraziamento, fa preferire la prima comprensione del testo alla seconda, che si appoggia invece sull'uso paolino di μνεία (anche se la modalità dell'utilizzo è qui comunque unica!), termine che giunge nella frase ad un punto in cui la comprensione mentale della sintassi per l'uditore-lettore è già avvenuta. Un dettaglio interessante: tutti i filologi di greco ellenistico da me consultati (ringrazio qui in modo particolare il dott. Alessandro Pardini dell'Università "La Sapienza" di Roma e la dott.ssa Francesca Beligni dell'Università di Ferrara), messi davanti all'espressione greca, hanno intuitivamente tradotto nel nostro stesso modo.

[24] Per un approfondimento alla comunione nell'azione evangelizzatrice, cf. L.-M. DEWAILLY, «La part prise à l'Évangile (Phil. I,5)», *RB* 80 (1973), 247-260; J. SCHLOSSER, «La communauté en charge de l'Évangile. A propos de Ph. 1,7», *RHPhR* 75 (1995), 67-76.

[25] Non espresso con il termine esplicito θεός ma chiaramente indicato dall'espressione ὁ ἐναρξάμενος ἐν ὑμῖν ἔργον ἀγαθόν ...

[26] Trovo particolarmente interessante che Paolo utilizzi sia in 1,3 che in 1,7 un modo grammaticalmente ambivalente per esprimersi. Scarsa padronanza paolina della lingua o la reciprocità è sottolineata al punto di poter "piegare la lingua": *io ricordo voi/voi ricordate me; io vi ho nel cuore/voi avete nel cuore me* ?

[27] διὰ τὸ ἔχειν με ἐν τῇ καρδίᾳ ὑμᾶς si apre alle due comprensioni: *per il vostro avere me nel cuore*, oppure, *nel mio avere voi nel cuore*. Non potendo aiutare granché la statistica degli usi dell'infinito con doppio accusativo (come pare abbastanza evidente dall'articolo di J. T. REED, «The Infinitive with Two Substantial Accusatives, An Ambiguous Construction?», *NT* 33 (1991), 1-27, interessante proprio perché dimostra

della carità nell'annuncio del vangelo che fa di Paolo un prigioniero, e viene "rilanciata" nel legame con Dio e Cristo Gesù.

Mi sembra così che 1,3-8 possa essere descritto attraverso questa disposizione del testo che mette graficamente in evidenza il ripetersi di uno stesso schema logico in 1,3-6 e 1,7-8:

L'agire di Paolo nella relazione con i Filippesi	³Εὐχαριστῶ τῷ θεῷ μου ἐπὶ πάσῃ τῇ μνείᾳ ὑμῶν ⁴πάντοτε ἐν πάσῃ δεήσει μου ὑπὲρ πάντων ὑμῶν,	⁷καθώς ἐστιν δίκαιον ἐμοὶ τοῦτο φρονεῖν ὑπὲρ πάντων ὑμῶν διὰ τὸ ἔχειν με ἐν τῇ καρδίᾳ ὑμᾶς,
La κοινωνία nel vangelo	μετὰ χαρᾶς τὴν δέησιν ποιούμενος, ⁵ἐπὶ τῇ κοινωνίᾳ ὑμῶν εἰς τὸ εὐαγγέλιον ἀπὸ τῆς πρώτης ἡμέρας ἄχρι τοῦ νῦν,	ἔν τε τοῖς δεσμοῖς μου καὶ ἐν τῇ ἀπολογίᾳ καὶ βεβαιώσει τοῦ εὐαγγελίου συγκοινωνούς μου τῆς χάριτος πάντας ὑμᾶς ὄντας.
Paolo, i Filippesi, Dio e Gesù Cristo	⁶πεποιθὼς αὐτὸ τοῦτο, ὅτι ὁ ἐναρξάμενος ἐν ὑμῖν ἔργον ἀγαθὸν ἐπιτελέσει ἄχρι ἡμέρας Χριστοῦ Ἰησοῦ·	⁸μάρτυς γάρ μου ὁ θεός ὡς ἐπιποθῶ πάντας ὑμᾶς ἐν σπλάγχνοις Χριστοῦ Ἰησοῦ.

---

inconsapevolmente l'inutilità di tale approccio per la comprensione), anche qui, come in 1,3, siamo davanti ad una duplice possibilità grammaticale. In questo caso, abbiamo una maggioranza di esegeti che scelgono di leggere Paolo come soggetto dell'affezione per i Filippesi (oltre alla maggioranza dei commentari, cf. J. T. REED, «The Infinitive», 10; S. E. PORTER, *Idioms of the Greek New Testament*, Sheffield (Sheffield Accademic Press) 1994², 197; ID., «Word Order and Clause Structure in New Testament Greek», *FNT* 6 (1993), 196-197). Tuttavia mi sembra di dover preferire l'altra comprensione, se non per motivi grammaticali, per ragioni di contesto e per ciò che precede il διὰ τό nel v. 7. Come afferma G. F. HAWTHORNE, *Philippians*, 23: « The context seems fairly neutral as well. Verse 8 may favor the interpretation, "*I have you in my heart*", but the content of v. 7 favors the opposite: Paul says, "I am justified in thanking God for you, rejoicing over you, having confidence in you, *because you* have me in your heart, and *because you* are partners with me in my imprisonment, etc." Since the construction is ambiguous and since it is yet necessary to make a choice between the two interpretations, the translation of the *NEB* is judged to best fit the facts — "because you hold me in such affection" ». A questo aggiungerei che il parallelismo strutturale con 1,3 che la mia lettura propone, favorisce una comprensione unitaria dell'andamento logico dei due versetti.

2.3. 1,9-11 nella funzione di *propositio* della lettera

In 1,9-11 si modifica il registro del ringraziamento, con l'esplicitazione del contenuto della *preghiera* di Paolo. Rimane cioè il legame *trilaterale*, ma l'ottica ora si sposta verso una méta alla quale i Filippesi sono orientati dalla preghiera paolina. La diversità di tono di 1,9-11 rispetto ai versetti precedenti[28] mette in guardia dal considerare questi versetti solo « the final element in the introductory thanksgiving paragraph of the letter and its climax »[29]. Utilizzando il formulario tipico della narrazione della preghiera[30], Paolo esprime verso quale prospettiva proietta i Filippesi attraverso la preghiera per loro.

> Cette prière est structurée par deux étapes. La première concerne l'œuvre espérée (l'accroissement de la charité) et ses conséquences pour l'agir des Philippiens (le discernement des meilleures choses) ; la seconde est la conséquence de cette capacité à discerner (être pur et irréprochable) et la fin ultime de tout ce processus : le jour du Christ. [31]

Viene da chiedersi se 1,9-11 sia veramente solo "la narrazione" della preghiera paolina oppure se il contenuto di questa preghiera non rappresenti, prospetticamente, anche il contenuto di ciò che Paolo esprimerà nella lettera che sta inviando. Se così fosse, questi versetti risponderebbero alla funzione di quella che i manuali di retorica chiamano *propositio* o πρόθεσις[32]. Naturalmente anche in questo caso, come del resto nella maggioranza degli enunciati tematici all'interno delle

---

[28] Il recente studio di J.-B. EDART, *Philippiens*, 53-54.56.59-60 mostra bene come 1,9-11 pur appartenendo all'*exordium* cominciato in 1,3, abbia un tono completamente differente dai versetti che precedono.

[29] P. T. O'BRIEN, *Philippians*, 72.

[30] È il *prayer report* della denominazione tecnica del mondo anglosassone o *Mneiamotiv* in quello tedesco.

[31] J.-B. EDART, *Philippiens*, 56.

[32] Cf. ARISTOLELE, *Ret.* 3.14.1415b; CICERONE, *De Inv.* 1.22.31-1.23.33; QUINTILIANO, *Inst. Or.* 4.4.1-4.5.28.

lettere paoline, Paolo non fa un'applicazione "scolastica" delle indicazioni manualistiche nel proporre il tema principale della lettera o i temi secondari all'interno delle argomentazioni. Così, pur mantenendo la tradizionale definizione di *propositio,* mi sembra importante sottolineare come questa dizione non vada intesa nel suo significato tecnico, legato allo svolgersi della *dispositio* retorica così come la troviamo regolata e normata manualisticamente. Credo si possa quasi affermare che esista una *tipicità* di Paolo di presentare le tematiche, attraverso una enunciazione che lanci l'argomentazione (quella che qui chiamiamo *propositio*), di volta in volta differente a seconda della diversa situazione epistolare che Paolo presenta. Mi sembra essere questo l'approccio proposto da Jean-Noël Aletti[33] nel delineare le caratteristiche della *propositio* nell'epistolario paolino (e si deve notare, non del ritrovare il "luogo" della *propositio* manualistica ad un certo punto della lettera!). Tali caratteristiche[34] mi sembrano descrivere anche il carattere di 1,9-11. Del resto, come abbiamo visto, se a livello lessicale tutto l'*exordium* si presenta come prolettico alle grandi tematiche della lettera, è solo con i versetti 9-11 che la finalità stessa del rivolgersi di Paolo ai Filippesi (qui nella preghiera a Dio[35]) viene presentata.

---

[33] J.-N. ALETTI, «Rm 1,18-3,20. Incohérence ou cohérence de l'argumentation paulinienne?», *Bib* 69 (1988), 47-62; ID., «La présence d'un modèle rhétorique en Romains : Son rôle et son importance», *Bib* 71 (1990), 1-24. Dopo questi due articoli la proposta e la conseguente applicazione dei risultati sono confluiti in vari studi successivi dello stesso autore e di altri. Si veda ad esempio A. PITTA, *Disposizione e Messaggio*, 89.

[34] Tre generali e una solo possibile: brevità, varietà nelle formulazioni stilistiche, carattere incoativo e prolettico del suo contenuto, possibilità che la *propositio* sia di fatto una *partitio*: J.-N. ALETTI, «La présence», 9-10.

[35] L'obbiezione che 1,9-11, essendo un "motivo di ricordo", non possa costituire *per tale fatto* un annuncio della/e tematica/che della lettera, caratterizzato dalla brevità e dal carattere prolettico del contenuto mi pare del tutto non corrispondente alla realtà di qualunque composizione argomentativa. Ipotizziamo che un sacerdote volesse scrivere a due fidanzati la vigilia del matrimonio. Dopo i ringraziamenti a Dio per il loro cammino e per la loro amicizia, questi scrive: *prego il Signore perché la vostra vita di coppia sia sempre orientata all'amore autentico e in questa linea avvenga il discernimento per le vostre scelte.* La lettera prosegue mettendo in evidenza consigli e esortazioni per la loro vita di coppia. Ebbene, un tale "motivo di ricordo" non sarebbe al contempo l'annuncio del tema della lettera?

Anche se con approcci diversi, un gran numero di commentatori propone questa possibilità interpretativa per i nostri versetti[36]. In effetti, 1,9-11 si presentano davvero, non tanto a livello lessicale[37], quanto nella dinamica espressa dal movimento dei versetti e dai contenuti espressi[38], come « full of items that anticipate the content of the

---

[36] Colui che maggiormente si avvicina alla nostra ipotesi di lettura di questi versetti nel loro ruolo 'incoativo' ci pare essere D. A. BLACK, «Discourse Structure», 28-29: « Thus Paul's prayer in 1:9-11 borders on exhortation in that it encapsulates his purpose in writing: to encourage the Philippians toward greater unity and amity. The problem faced by Paul in writing the letter is thus alluded to already in the body opening ». Cf. anche J.-F. COLLANGE, *Philippiens*, 48; R. FABRIS, *Filippesi* (2000), 57; M. BOCKMUEHL, *Philippians*, 66. Interessante notare che D. F. WATSON, «A Rhetorical Analysis», 64, il quale identifica in 1,27-30 la *propositio* della lettera, afferma, relativamente a 1,9-11: « More importantly, as demonstrated fully below, the prayer of vv. 9-11 anticipates the major proposition of the rhetoric in 1:27-30 that the Philippians' manner of life be worthy of the gospel, and the development of this proposition in 2:12-18 ». Alcuni invece banalizzano assai la portata dei nostri versetti, come ad esempio G. HELEWA, «Carità, discernimento e cammino cristiano. Una lettura di Fil 1,9-11», *Teresianum* 45 (1994), 363-404.

[37] Notiamo infatti nei nostri versetti una concentrazione di vocaboli rari nel Nuovo Testamento. Tuttavia il valore semantico di essi (l'amore, la conoscenza, la capacità di discernimento dinanzi alle scelte, con che cosa giungere al momento escatologico) manifesta certamente, come vedremo, il senso della composizione della intera lettera ai Filippesi.

[38] Mi ha stupito il constatare come uno studio di linguistica funzionale, riscontri in Fil 1,9-11 moltissime caratteristiche particolari del testo che vanno esattamente nella direzione delle caratteristiche individuate per la presenza di una *propositio*: S. H. LEVINSON, «A Discourse Study of Constituent Order and the Article in Philippians», in S. E. PORTER – D. A. CARSON (edd.), *Discourse Analysis and Other Topics in Biblical Greek*, Sheffield (Sheffield Academic Press) 1995, 60-74. Riporto qui solo alcune espressioni. *Ivi*, 65: « In the clause which introduces the prayer, τοῦτο precedes προσεύχομαι. **This τοῦτο is commonly recognized as 'emphatic', to draw attention to the following prayer. The prayer itself then begins with ἡ ἀγάπη ὑμῶν, an element topicalized to provide the point of departure for what follows** … »; *Ivi*, 66: « Phil 1.10-11 provides examples of unmarked constituent order. In each clause, the non-verbal constituents of the comment about the sentence topic 'you' occur after the verb, **with the core constituents preceding the peripheral ones. None of the elements is *marked* as particularly salient, relative to the others; rather, their relative salience is to be deduced by other means** »; *Ivi*, 67: « The remaining material in 1.9b (ἐν ἐπιγνώσει καὶ πάσῃ αἰσθήσει) is **not 'given' information that has been mentioned or assumed in the immediate context; rather, it is a further salient, non-verbal constituent of the predicate** … » (mie le sottolineature). Stessa particolarità di 1,9-11 nel passaggio dal

letter »³⁹. Soltanto un autore ha recentissimamente sostenuto la stessa funzione argomentativa di 1,9-11 da me ipotizzata. Paul A. Holloway, che legge Fil come una "lettera di consolazione" (ἐπιστολὴ παραμυθητική), vede infatti in 1,9-11 come « programmatic for the argument of each of the alleged letter-fragments and gives to the canonical letter both a logical and a thematic unity »⁴⁰. A differenza di Holloway, tuttavia, non mi sembra il caso di ipotizzare un *genere* epistolare che dia senso al contenuto. Infatti sono le stesse espressioni sintagmatiche di 1,9-11 ad essere leggibili come il vero *progetto* della lettera. I contenuti espressi infatti dai nostri versetti che sono al cuore di zone identificabili della lettera si possono così riassumere:

- l'amore come fondamento delle relazioni interpersonali è alla base dell'esortazione di 1,27-2,18 (cf. specialmente 2,2);
- la necessità di un discernimento da operarsi in vista di scelte è alla base della situazione attuale di Paolo (cf. 1,22) e del suo esempio di vita (cf. 3,7-14), nonché delle esortazioni etiche di 1,27-30 e 3,17-21; 2,3-4 e 4,8-9;
- la capacità di riconoscere ciò che davvero conta anima tutta la sezione 3,1-21;
- l'orizzonte del riferimento escatologico traspare in tutta la lettera;
- l'essere ricolmi del *frutto di giustizia* è la ragione ultima della testimonianza personale di Paolo in 3,4-14;
- che tutto questo poi sia *attraverso* Gesù Cristo e a gloria di Dio può essere veramente definito « the dominant theological predicate of the letter »⁴¹

---

ringraziamento iniziale al corpo della lettera notata in uno studio non coinvolto con il commento specifico alla lettera: J. H. ROBERTS, «Pauline Transitions to the Letter Body», in A. VANHOYE (ed.), *L'Apôtre Paul. Personnalité, Style et Conception du Ministère*, Leuven (University Press) 1986, 98.

[39] G. D. FEE, Philippians, 97.

[40] P. A. HOLLOWAY, *Consolation in Philippians. Philosophical Sources and Rhetorical Strategy*, Cambridge (Cambridge University Press) 2001, 7. Nello studio più attento di questi versetti mostra come secondo lui vi siano contenuti tutti i temi toccati da Paolo nella lettera.

[41] G. D. FEE, Philippians, 97.

L'analisi di questi versetti rimane tuttavia complessa per la presenza di varie proposizioni strettamente legate l'una all'altra[42], rendendo difficile una interpretazione certa di questi legami tra di esse:

⁹καὶ τοῦτο προσεύχομαι,
A) ἵνα ἡ ἀγάπη ὑμῶν ἔτι μᾶλλον καὶ μᾶλλον περισσεύῃ ἐν ἐπιγνώσει καὶ πάσῃ αἰσθήσει
B) ¹⁰εἰς τὸ δοκιμάζειν ὑμᾶς τὰ διαφέροντα,
C) ἵνα ἦτε εἰλικρινεῖς καὶ ἀπρόσκοποι εἰς ἡμέραν Χριστοῦ,
D) ¹¹ πεπληρωμένοι καρπὸν δικαιοσύνης τὸν διὰ Ἰησοῦ Χριστοῦ εἰς δόξαν καὶ ἔπαινον θεοῦ[43]

Le più importanti interpretazioni sono legate a quattro diverse letture sintattiche:

- [44] preghiera - che A (ἵνα con valore oggettivo)
  → così che B (εἰς τό con valore finale-consecutivo)
  → e così C (ἵνα con valore consecutivo) e D

- [45] preghiera - che A + εἰς (B)
  - che C + εἰς
  - che D + εἰς

---

[42] Solitamente questa è una caratteristica di tutte le *propositiones* dato il loro valore *prolettico* e *incoativo* per l'argomentazione.

[43] Esiste la possibilità che θεου non sia la lezione originale. Vari sono stati i dibattiti riguardanti la possibilità che il termine originale sia qui μοι (di F G e alcuni latini) oppure lo sia la variante θεου και επαινον εμοι (supportato dall'antichità di p⁴⁶). Ritengo non ci siano gli elementi per modificare la scelta fatta anche dagli editori del GNT. Si vedano comunque J. M. Ross, «Some Unnoticed Points in the Text of the New Testament», *NT* 25 (1983), 70 e il lungo *status quaestionis* proposto da M. BOCKMUEHL, *Philippians*, 70-71.

[44] La quasi totalità degli esegeti legge, fin da M. R. VINCENT, *Philippians*, 11, il primo ἵνα con un senso *oggettivo*, indicante cioè il contenuto della preghiera indicata in 9a con τοῦτο e non la sua finalità. Questa lettura del testo è proposta da G. F. HAWTHORNE, *Philippians*, 27-29; M. BOCKMUEHL, *Philippians*, 47-66.

[45] J. GNILKA, *Filippesi*, 115; R. FABRIS, *Filippesi* (1983), 34-35.

- •⁴⁶ preghiera - che A (ἵνα con valore oggettivo) così che B (εἰς τό con valore finale)
  → affinché C (ἵνα con valore finale)
  → e affinché D (participio perfetto con valore finale)

- •⁴⁷ preghiera - che A (ἵνα con valore oggettivo) così che B (εἰς τό con valore finale)
  → affinché C (ἵνα con valore finale) - εἰλικρινεῖς
  - ἀπρόσκοποι
  - πεπληρωμένοι (D)

Dall'andamento del testo, mi pare quest'ultima la lettura che meglio segue il pensiero paolino, rendendo ragione:

• del legame tra τοῦτο e ἵνα, rendendo 9aβ-10a il contenuto della preghiera;
• del secondo ἵνα di 10b, seguito direttamente dal verbo, dando un intuitivo senso finale all'espressione;
• del participio perfetto non legato da alcuna congiunzione di 11, che manifesta uno stato in cui i Filippesi sono *nel giorno di Cristo*, del tutto in linea con quelli già espressi in 10b.

Possiamo così schematizzare il testo:

```
καὶ τοῦτο προσεύχομαι,
ἵνα ἡ ἀγάπη ὑμῶν ἔτι μᾶλλον καὶ μᾶλλον περισσεύῃ
ἐν ἐπιγνώσει καὶ πάσῃ αἰσθήσει εἰς τὸ δοκιμάζειν ὑμᾶς τὰ διαφέροντα,
    ἵνα ἦτε   εἰλικρινεῖς
        καὶ ἀπρόσκοποι εἰς ἡμέραν Χριστοῦ,
        πεπληρωμένοι καρπὸν δικαιοσύνης
            τὸν διὰ Ἰησοῦ Χριστοῦ εἰς δόξαν καὶ ἔπαινον θεοῦ.
```

---

[46] P. T. O'BRIEN, *Philippians*, 77-78.

[47] G. D. FEE, *Philippians*, 1995, 100.

La richiesta di Paolo, alla luce di questa lettura sintattica, viene ad essere così articolata:

- che l'*amore* cresca sempre più (dinamica del cammino, del percorso);
- e che questa crescita sia legata (ἐν) ad una *conoscenza* e al *discernimento etico* nell'ottica di *scegliere* ciò che *più* pesa, conta[48];
- per essere, al termine dell'itinerario, impeccabili nella relazione escatologica del *giorno di Cristo* perché in una situazione di *pienezza* (e non di povertà!)[49];
- una pienezza che non è legata ad un possibile auto-accrescimento o auto-arricchimento, ma al dono-frutto legato alla *giustizia* che è attraverso Gesù Cristo a gloria di Dio.

Si intuisce già come questo coincida del tutto all'andamento argomentativo della lettera. Verificheremo in seguito come questo sarà esattamente l'asse portante della vita di Cristo, della vita di Paolo, della vita di Timoteo e Epafrodito che diventano così esemplari nell'argomentazione, e chiede di essere quello della vita dei cristiani di Filippi, nelle esortazioni.

3. LA VICENDA DI PAOLO: 1,12-26

La delimitazione di questa sezione non crea neppure questa volta particolari difficoltà, dato il chiaro carattere di inizio di 1,12 e il deciso cambiamento di soggetto in 1,27. Interessanti anche le annota-

---

[48] Non c'è alcun dubbio riguardo al carattere etico delle espressioni del v. 10, così come sul significato di τὰ διαφέροντα, inteso come *le cose che contano, davvero importanti, essenziali*. Non è questo solo un elemento deducibile dagli usi paolini, ma si inserisce anche nel contesto etico dello stoicismo: cf. T. ENGBERG-PEDERSEN, *Paul and the Stoics*, 160 e 340 n.10: « It is what explains a fundamental point in the ancient ethical tradition that came out with particular clarity and forcefulness in Stoicism: that being in the proper moral state ... meant that one will also always and everywhere *act* in the proper way [...] having learned (in Paul's language, Phil 1:10) to *dokimazein ta diapheronta* ».

[49] Ringrazio ALBERT VANHOYE nell'avermi fatto acutamente notare che l'asindetico πεπληρωμένοι dà ragione di εἰλικρινεῖς καὶ ἀπρόσκοποι.

zioni di carattere terminologico che legano 1,12-26. Innanzi tutto si può notare un deciso cambiamento a livello attanziale:

> All of 1:12-26 is a first person singular narrative, while 1:27-2:18 is second person plural and functions as exhortation. [...] Most noticeable is the large number of first pronouns and verbs that occur in these verses (23 in all). In v.24 a shift begins toward the second person plural, which just as noticeably dominate 1:27-2:18. [50]

L'altro elemento significativo è la presenza, solo qui nella lettera, del termine προκοπή (1,12.25), che costituisce quasi una inclusione del brano:

1,12: εἰς προκοπὴν τοῦ εὐαγγελίου
1,25: εἰς τὴν ὑμῶν προκοπὴν

Fil 1,12-26 è caratterizzata da una *periautologia*[51] riguardo alla situazione presente dell'apostolo e al suo atteggiamento nell'affrontarla. Questa è esplicitamente enunciata dal v. 12, attraverso una formula di *svelamento* simile a quelle normalmente utilizzate altrove da Paolo per far conoscere ai destinatari ciò che gli preme[52]. Tuttavia questo è l'unico caso in cui una tale formula abbia, nelle lettere paoline, il ca-

---

[50] G. FEE, *Philippians*, 106 n.1 e 4.

[51] Più che utilizzare il termine *autobiografia*, troppo neutro e non rispondente alle motivazioni che fanno parlare Paolo di se stesso, si preferisce oggi utilizzare questo termine tecnico ad indicare l'utilizzo argomentativo della narrazione di sè e delle proprie vicende. Il testo classico di riferimento è PLUTARCO, *Moralia*, 539A-547F in cui viene analizzato il *discorso riguardo alla propria persona* (περι-αυτο-λογία) in riferimento alla sua funzione nei generi retorici. Si può vedere anche H. D. BETZ, «On Self-praise (*De Laude Ipsius*)», in H. D. BETZ (ed.), *Plutarch's Ethical Writings and Early Christian Literature*, Leiden (Brill) 1978, 367-378; B. FIORE, *The Function of Personal Example in the Socratic and Pastoral Epistles*, Roma (Biblical Institute Press) 1986; G. LYONS, *Pauline Autobiography. Toward a New Understanding*, Atlanta (Scholar Press) 1985; A. MOMIGLIANO, *Lo sviluppo della biografia greca*, Torino (Einaudi) 1974.

[52] Sulla "Disclosure Form": J. T. SANDERS, «The Transition from Opening Epistolary Thanksgiving to Body in the Letters of the Pauline Corpus», *JBL* 81 (1962), 348-362; T. Y. MULLINS, «Disclosure. A Literary Form in the New Testament», *NT* 7 (1964), 44-50.

rattere epistolare tipico della trasmissione di notizie personali relative alla propria salute⁵³. È stato da più parti notato come tale espressione sia quasi tipologica nelle lettere familiari o di amicizia⁵⁴. Eppure, pur nell'utilizzazione formalmente caratteristica dei *topoi* epistolari, Paolo è capace di far scivolare la narrazione quasi "via da se stesso", raccontando dapprima la vicenda del *vangelo* e dell'*annuncio di Cristo* in 12-18bα⁵⁵ (essendo allora veramente una narrazione del *beneficio* che la vicenda ha arrecato al *vangelo*) e mostrando poi in 18bβ-26 come dal suo atteggiamento davanti alla prigionia e alla possibile morte ne scaturisca un *beneficio* per i Filippesi. Vediamo maggiormente in dettaglio questi due brani.

3.1. 1,12-18bα: La vicenda di Paolo è a vantaggio del vangelo

Pur dichiarando che il desiderio è di *far conoscere* τὰ κατ' ἐμέ, Paolo fa immediatamente scivolare l'attenzione sugli sviluppi relativi all'evangelizzazione che la sua prigionia (e la eventuale condanna a morte?) ha avuto. Contrariamente a quello che ci si potrebbe aspettare⁵⁶, la prigionia non ha significato un elemento di sconfitta

---

⁵³ Cf. anche G. F. HAWTHORNE, *Philippians*, 33: « ... using a formula not found elsewhere among his other writings at this particular point of transition. Other like-formulas appear in his epistles, but not in the same location or with the same function (cf. Rom 1:13; 11:25; 1Cor 10:1; 1Thess 4:13). What is interesting is that Paul here is either establishing a new model that was to be followed by later second- and third-century letter-writers (for Paul's formula does not show up in letters before the second century A.D.) or he and they both were adhering to a standard formula seemingly characteristic only of personal, intimate letters written in the first century or earlier. (This latter statement is the more likely) ». Cf. anche J. GNILKA, *Filippesi*, 120.

⁵⁴ Torneremo in seguito su questo genere epistolare. Qui rimando solo a G. FEE, *Philippians*, 106 n.2 nel mostrare come la formula γινώσκειν δὲ ὑμᾶς βούλομαι / θέλω faccia parte della sintassi tipica delle lettere di amicizia attraverso un'abbondante quantità di citazioni letterarie.

⁵⁵ Vedi sotto per le motivazioni che spingono a vedere un passaggio da un brano all'altro all'interno del v. 18.

⁵⁶ Cf. R. L. OMANSON, «A Note on the Translation of Philippians 1:12», *BT* 29 (1978), 446-448, che mostra convincentemente come sia da preferire per μᾶλλον la traduzione *piuttosto* nel senso di *contrariamente a ciò che ci si poteva attendere*.

dell'annuncio evangelico, quanto la sua crescita (vv. 13-14). Con i vv. 15-18a siamo davanti ad uno dei gioielli letterari di Paolo nella serie di parallelismi e di chiasmi concatenati:

a)   Τινὲς μέν   καὶ   διὰ φθόνον καὶ ἔριν,
b)   τινὲς δέ   καὶ   δι' εὐδοκίαν   τὸν Χριστὸν κηρύσσουσιν·
b') οἱ μέν   ἐξ ἀγάπης,
                          εἰδότες ὅτι εἰς ἀπολογίαν
                          τοῦ εὐαγγελίου κεῖμαι,
a') οἱ δέ   ἐξ ἐριθείας   τὸν Χριστὸ καταγγέλλουσιν,
                          οὐχ ἁγνῶς οἰόμενοι θλῖψιν ἐγείρειν
                          τοῖς δεσμοῖς μου.
     τί γάρ; πλὴν ὅτι παντὶ τρόπῳ,
a'') εἴτε προφάσει
b'') εἴτε ἀληθείᾳ,   Χριστὸς καταγγέλλεται,
     καὶ ἐν τούτῳ χαίρω.

Dato l'andamento della costruzione, questi versetti danno l'impressione di un corpo a parte rispetto al corso del pensiero (che potrebbe tranquillamente passare dal v.14 al v.18). Qualcuno suggerisce addirittura la presenza qui di un *excursus*[57] o di una *propositio*[58]. Più adeguata mi pare la posizione di J.-N. Aletti quando afferma:

> Les parallélismes des unités littéraires minimales, comme Ph 1,15-17, peuvent se combiner, de manière plus ou moins complexe, chiastique et alternée [...] La seconde partie du chiasme (*b'a'*) reprend la première (*ab*), en en développant les motiva-

---

[57] Cf. M. BOCKMUEHL, *Philippians*, 76; J. GNILKA, *Filippesi*, 127-128

[58] Per essere più precisi, si tratterebbe di una *partitio* con doppia *propositio*. Cf. G. L. BLOOMQUIST, *The Function of Suffering*, 125: « A *propositio* may also finalize the *narratio* by summing up what has been said. As such the *propositio* not only finalizes the *narratio* but also introduces the *confirmatio*. The *partitio* of 1.15-18a, as such consists of a double *propositio*. The double nature of the *propositio* is clear from its chiastic form in which Paul contrasts two different kinds of preaching of Christ. [...] Paul's situation, though required by necessity, provides the opportunity to choose how both he and the Philippians will view his experience. The resulting contradiction in the scenario, namely, an imposed necessity and yet a task that still lies before, is one that leads to deliberation ».

tions. On ne peut cependant dire que la pensée progresse vraiment. Et, à dire vrai, le contexte argumentatif (1,12-26) n'aide pas à déterminer la fonction du chiasme, qui se présente dès lors plus comme un symptôme culturel que comme un instrument conceptuel.[59]

Tuttavia, l'utilizzo di questa bella struttura non mi sembra così priva di significato. L'avvitarsi delle motivazioni attorno a Paolo, che spingono ad annunciare τὸν Χριστόν (positivamente in 16b e negativamente in 17b), movimento messo plasticamente in moto dalla costruzione, viene in qualche modo "spezzato" nel v.18, sia dalla domanda τί γάρ, sia dal passaggio dall'azione degli annunciatori (κηρύσσουσιν di 15b e καταγγέλλουσιν di 17b) al "passivo" dell'annuncio (Χριστὸς καταγγέλλεται). Ed è proprio il contesto argomentativo di 12-26 a dare ragione di ciò, nello scivolamento proposto da Paolo dal τὰ κατ' ἐμέ del v. 12a ai due προκοπή verso i quali Paolo invita i Filippesi a porre lo sguardo. È cioè la prima esplicitazione dell'atteggiamento di chi non pone al centro dell'attenzione se stesso, ma sa vedere – discernere – scegliere (e qui narrare) ciò che più conta. Ecco perché non è di piccolo significato che qui un racconto dei τὰ κατ' ἐμέ – quale miglior occasione per "porsi al centro della situazione"! – scivoli attraverso questa costruzione sintattica, nell'affermazione Χριστὸς καταγγέλλεται, καὶ ἐν τούτῳ χαίρω.

3.2. 1,18bβ-26: La vicenda di Paolo è a vantaggio dei Filippesi

Vari motivi spingono a iniziare questo secondo brano con ἀλλὰ καὶ χαρήσομαι di 18bβ. Il valore di ἀλλὰ καί con valore progressivo e non avversativo, che fa scattare solitamente un nuovo punto nell'argomentazione logica[60]; il γάρ con cui il discorso segue in 1,19; il passaggio dal presente al futuro, tempo che caratterizza tutto il brano (fatta eccezione per οἶδα di 1,19), che comincia proprio con χαρήσομαι

---

[59] J.-N. ALETTI, «Paul et la Rhétorique», 29-30.

[60] Cf. lo studio di G. H. GUTHRIE, «Cohesion Shifts and Stitches in Philippians», in S. E. PORTER e D. A. CARSON (edd.), *Discourse Analysis*, 43.

di 1,18[61]: tutti questi elementi convergono a far preferire qui l'inizio del nuovo brano. Rimane tuttavia chiaro che, sia il carattere di *mot-crochet* di χαίρω – χαρήσομαι, sia l'andamento fluido della sezione, non permettono di separare con troppa decisione 12-18bα da 18bβ-26 nell'unico flusso argomentativo che abbiamo sopra descritto[62].
Il brano ha un forte elemento di *pathos*, proponendo una riflessione che si avvicina molto al *soliloquio* dinanzi alla morte[63]. La bibliografia che questi versetti hanno suscitato, sia di carattere esegetico che di carattere spirituale, è veramente imponente ed è seconda, per la nostra lettera, solo a quella suscitata dal brano cristologico del cap. 2. La tensione emotiva che lo stare davanti alla propria morte suscita nella riflessione dell'apostolo e che, evidentemente, poteva suscitare nella comunità di Filippi, legata da un particolare affetto a Paolo, rende questo piccolo brano denso di profonde valenze esperienziali.

Vorrei soffermarmi però soltanto sull'utilizzo di questo *pathos* che Paolo fa nell'orientare lo sguardo dei Filippesi alle motivazioni che lo spingono ad un discernimento sul possibile morire vs. restare vivo. È interessante infatti la cascata logica che Paolo propone agli uditori-lettori, che proverei a schematizzare in questo modo:

---

[61] A questi potrebbe essere aggiunto il possibile elemento di inclusione con χαράν di 1,25: cf. G. H. GUTHRIE, «Cohesion», 43.

[62] Va da sé che le posizioni degli interpreti si dividono nelle scelte, comunque entrambe possibili. Accomuna tutti, in ogni modo, il vedere tale versetto come una *transizione* (cf. I-J. LOH and E. A. NIDA, *Philippians*, 27) o come un *ponte* (cf. M. BOCKMUEHL, *Philippians*, 82) tra le due unità.

[63] Espressione di G. D. FEE, *Philippians*, 122.

a) 18bβ-20:   • possibilità di vita o di morte "alla pari"
   - relazione con i Filippesi
   - relazione con lo Spirito di Gesù Cristo[64]
   - "saldezza" di Paolo
   - in Paolo (qualunque sia l'esito della sua vicenda) è *glorificato Cristo*

b) 21-23a: • la possibilità della scelta necessita di un discernimento in base ad elementi

c) 23b   • la morte di Paolo è <u>per lui</u> meglio

d) 24   • la vita di Paolo è <u>per gli altri</u> (i Filippesi) meglio

e) 25-26   • la scelta avvenuta in base al criterio della προκοπή dei Filippesi.

È importante il primo passo di questo itinerario perché permette di mostrare subito come il punto di partenza relazionale (tra Paolo e i Filippesi e tra Paolo e Dio) e dell'annuncio di Cristo (espresso qui attraverso la formulazione μεγαλυνθήσεται Χριστός) non possa venire influenzato dalle diverse opzioni della scelta se *vivere* o *morire* [65].

---

[64] La catena genitivale di 1,19: ἐπιχορηγία τοῦ πνεύματος Ἰησοῦ Χριστοῦ si presta a varie possibilità interpretative che però non modificano la portata dell'espressione né la relazione che Paolo propone con la comunità e con Gesù Cristo (attraverso lo "spirito"). Cf. per uno *status quaestionis*: G. D. FEE, *Philippians*, 132-136; R. PENNA, *Lo Spirito di Cristo*, Brescia (Paideia) 1976, 265-272.

[65] Interpreterei così il τοῦτο del v. 19, lasciando aperta, come in 1,18, la possibilità di due opzioni. Là era la possibilità di un annuncio evangelico εἴτε προφάσει εἴτε ἀληθείᾳ, qui il permanere di una "salvezza" εἴτε διὰ ζωῆς εἴτε διὰ θανάτου (v. 20). Pur facendo allora riferimento al testo di Gb 13,16 (allusione notata fin da J. H. MICHAEL, «Paul and Job: A Neglected Analogy», *ExpTim* 36 (1924), 67-70), Paolo non ha in mente qui né la liberazione dal carcere (come interpretano BOCKMUEHL, HAWTHORNE, LOH-NIDA), né la salvezza escatologica *stricto sensu* (COLLANGE, GNILKA, O'BRIEN), quanto l'affermazione che *in alcun caso* la σωτηρία può venirgli meno. Ecco perché mi sentirei di condividere l'affermazione di M. R. VINCENT, *Philippians*, 23: « Paul habitually uses σωτηρία in its Messianic connection. The key to the meaning is found in 1,28 and 2,12. It is used here

In ogni caso (ὡς πάντοτε καὶ νῦν), Cristo verrà glorificato e ciò avverrà pubblicamente (ἐν πάσῃ παρρησίᾳ) attraverso qualunque esperienza di vita 'corporale' (ἐν τῷ σώματί μου) di Paolo. È su questo sfondo che Paolo tiene a precisare la presenza di eventuali scelte[66]. Il quadro di riferimento non è più il *vantaggio del vangelo*. Quale potrà essere il criterio per discernere ciò che è più importante? È qui che Paolo propone nei vv. 21-22 la domanda riguardo a quale possa essere per lui (ἐμοί - μοι) l'opzione da scegliersi[67]. Finché vita e morte erano poste a confronto con la *glorificazione di Cristo*, era semplice il vedere come le opzioni fossero alla pari, come fosse ragionevole una "indifferenza"; ma posta la domanda dinanzi al beneficio personale, Paolo lancia una possibilità sconcertante: che cioè il morire sia per lui un'opzione migliore. Migliore in che senso? Già egli stesso ha escluso che sia un "meglio" legato all'annuncio del vangelo[68] (un po' nella prospettiva del martire

---

in its widest NT sense; not merely of future salvation, but of the whole saving and sanctifying work of Christ in the believer ». Così anche R. FABRIS, *Filippesi* (2000), 75-76.

[66] Mi pare di una certa importanza la riflessione sugli echi di testi AT, presenti nei vv. 19-20. Il fenomeno dell'intertestualità è legato qui al già citato testo di Giobbe e a vari testi dei Salmi (cfr. 6,10-11; 25,2-3.20; 35,26-27; 40,15-16; 70,2-3; si può anche vedere 1QH 4,23-24; 5,25.35 e OdSal 29,1.11) in cui è presente la dinamica della speranza, dell'essere / non essere svergognato dell'uomo cui segue una lode / un essere magnificato di Dio. Anche se non vi è alcuna citazione esplicita, e anche se nessun commentatore considera la presenza nella mente di Paolo di un solo passo scritturistico, è importante questa rilettura "di sfondo" della vicenda dell'uomo perseguitato: non è difficile pensare per Paolo in prigione una lettura 'sapienziale' della sua vicenda in cui i temi della persecuzione, dell'annuncio, della vergogna, della glorificazione passano dai parametri dell'AT al "nuovo" parametro dell'amore e del "dono di sé". Ecco una possibile spiegazione della motivazione dell'assenza di riferimenti espliciti ai testi che fanno da sfondo a questo brano.

[67] Di fronte al possibile dibattito sul valore di questo dativi, mi pare ben espressa la valutazione di J.-B. EDART, *Philippiens*, 81: « Paul affirme-t-il un jugement personnel sur la vie et la mort (*dativus iudicandi*), ou ce datif est-il un datif d'attribution (*dativus commodi*)? [...] Un *dativus commodi* est dans la logique de l'argumentation. Si ce qui est dit ne pouvait pas être attribué à Paul l'intérêt serait d'une portée bien moindre pour l'auditeur. Ce datif en début de section transforme ce qui suit en une confession personelle ».

[68] Già M. ZERWICK, *Graecitas Biblica Novi Testamenti exemplis illustratur*, Roma (PIB) 1966[5], § 173 proponeva di leggere in questa linea l'espressione di 1,21 ἐμοὶ γὰρ τὸ ζῆν Χριστὸς con τὸ ζῆν soggetto e Χριστός oggetto interpretandola così: « *vita mea fructificat*

che, annunciando Cristo, è "seme di nuovi cristiani"). No, è proprio "un meglio per lui". Fil 1,23b è esplicito in questo. Solo il rimanere vivo viene percepito come un "meglio per altri" (1,24: ἀναγκαιότερον δι' ὑμᾶς). Da qui nasce la scelta di un rimanere vivo che dà la possibilità di una presenza di Paolo alla comunità, che ci viene descritto come utile alla sua fede. Detto in altri termini: Paolo rinuncia a morire per il bene dei Filippesi. Per amore loro, cioè, Paolo rinuncia a ciò che sarebbe meglio per la propria "vita", cioè rinuncia a "morire".

Tralascerei qui i vari problemi interpretativi specifici dei singoli versetti[69], per tentare soltanto di rispondere alla domanda del contesto in cui una tale affermazione non sia risibile. Troppa attenzione è stata infatti posta nel tentativo di armonizzare, spiritualmente e teologicamente, le affermazioni paoline con le complesse problematiche che esse mettono in gioco (il tempo intermedio[70], la vita e la morte, il

---

Christum. Non de principio vitae sed de effectu et fructu vitae sermonem esse totus contextus postulat. Quaestio enim est, quid praeferendum sit, vita an mors ».

[69] Rimandando oltre che ai commentari, anche ai seguenti articoli e studi: P. ANTIN, «*Mori lucrum* et *Antigone* 462, 464», *RechSR* 62 (1974), 259-260; T. F. DAILEY, «To Live or Die. Paul's Eschatological Dilemma in Philippians 1:19-26», *Int* 44 (1990), 18-28 ; C. J. DE VOGEL, «Reflections on Philipp. I 23-24», *NT* 19 (1977), 262-274· A. J. DROGE, «*Mori Lucrum*: Paul and Ancient Theories of Suicide», *NT* 30 (1988), 263-286; A. FEUILLET, «Mort du Christ et mort du chrétien d'après les épîtres pauliniennes», *RB* 66 (1959), 481-513; A. GIGLIOLI, «Mihi enim vivere Chritus est. Congettura al testo di Phil 1,21», *RivBib* 16 (1968), 305-315; D. E. GARLAND, «Philippians 1:1-26. The Defense and Confirmation of the Gospel», *RevExp* 77 (1980), 328-331; J. HERIBAN, «Per me il vivere è Cristo», *PSV* 5 (1982), 211-223; J. L. JAQUETTE, «A not-so-noble death; figured speech, friendship and suicide in Philippians 1:21-26», *Neotestamentica* 28 (1994), 177-190; Id., «Life and Death, *Adiaphora*, and Paul's Rhetorical Strategies», *NT* 38 (1996), 30-54; J. M. LEE, «Philippians 1,22-3», *NT* 12 (1970), 361; T. E. MADISON, «Philippians 1:21-23: hope that never ends», *RevExp* 92 (1995), 513-517; D. W. PALMER, «"To Die is Gain" (Philippians 1,21)», *NT* 17 (1975), 203-218; R. R. REEVES, «To be or not to be? That is not the Question: Paul's Choice in Philippians 1:22», *PRS* 19 (1992), 273-289; E. SCHWEIZER, «Dying and Rising with Christ», *NTS* 14 (1967-68), 1-14; E. B. TREIYER, «S'en aller et être avec Christ (Philippiens 1/23)», *ÉTRel* 69 (1994), 559-563; S. VOLLENWEIDER, «Die Waagschalen von Leben und Tod. Zum antiken Hintergrund von Phil 1,21-26», *ZNW* 85 (1994), 93-115.

[70] Ricordo soltanto di sfuggita l'importante ruolo di questi versetti nel dibattito sul Purgatorio e sullo "stadio intermedio" nel periodo della Riforma, dibattito che risale in realtà all'epoca stessa di TOMMASO D'AQUINO, *Comm. in Phil.* 1, Lectio III: « In quo notatur falsitas opinionis Graecorum, quod animae Sanctorum post mortem non

martirio ...). Trovo invece più fruttuoso l'approccio argomentativo a questo brano che mette senz'altro in evidenza una concezione *positiva* del morire, cui Paolo rinuncia *per amore*. Certamente la possibilità della morte come *fuga* dalla sofferenza[71] è sempre percorribile (Paolo allora direbbe: "non mi lascio andare, tengo duro per voi"). Eppure, sia il fatto che mai la sofferenza è in questione in tutto 1,12-26, sia il fatto che il *vivere* è posto in riferimento al καρπὸς ἔργου in 1,22 e alla τῆς ἐμῆς παρουσίας πάλιν πρὸς ὑμᾶς in 1,26, tenderebbero a sconsigliare questa pista.

Quali possibilità interpretative sono possibili? Direi che due sono le proposte fatte in questi ultimi anni: il riferimento al suicidio come morte nobile e il problema di una prigionia infamante come possibile smentita del vangelo.

3.2.1. Un possibile suicidio? Il *topos* socratico.

Non è nuova la riflessione sulla nobiltà del *suicidio* nel mondo antico[72], come affermazione della grandezza dell'ideale per il quale si lotta e dell'anelito ad un aldilà "migliore" cui si fa riferimento. Sullo sfondo di tutto il mondo ellenistico c'è la figura di Socrate, così come è dipinta dalla *Apologia di Socrate* e dal *Fedone* di Platone[73]. Certo, la coloritura della morte – della propria morte volontariamente scelta – si inserisce in un sempre più profondo *ripiegamento* dell'uomo su se stesso, nell'alto valore delle scelte "libere" individuali da una parte e nell'enfasi data alla presenza dell'anima individuale "imprigionata" in un corpo "carcere" dall'altra. Così anche il filone Socratico-Platonico non può che leggere la *nobiltà* della morte, in particolar modo quando è anche *pedagogica* a questi valori per altri.

---

statim sunt cum Christo ». Si può anche vedere l'interessante studio sulla recezione patristica della lettera ai Filippesi di M. BOCKMUEHL, «A Commentator's Approach to the 'Effective History' of Philippians», *JSNT* 60 (1995), 57-88.

[71] Sarebbe questa l'interpretazione di U. B. MÜLLER, *Der Brief des Paulus an die Philipper*, Liepzig (Evangelische Verlagsanstalt) 1993, 60.

[72] Rimando qui al materiale documentario proposto negli studi di A. J. DROGE e di S. VOLLENWEIDER.

[73] In modo particolare cf. PLATONE, *Ap. Socr.* 40CE; *Phaed.* 61-64.

> Quante ragioni per sperare che la propria morte sia un bene! [...]
> La morte è una partenza, un passaggio dell'anima da questo
> luogo a un altro. [...] Che vantaggio meraviglioso il morire
> (θαυμάσιον κερδός ὁ θάνατος) ... e che potremmo immaginare di
> meglio?[74]

Sulla scia del secondo e terzo platonismo si inserisce poi tutto il contesto tardo ellenistico delle filosofie popolari, di cui i filoni cinico, stoico ed epicureo sono i più importanti. Anche questo filone è molto presente nella cultura mediterranea nella quale si muovono sia Paolo che i Filippesi e porta ad una riaffermazione ancora più radicale dell'orizzonte autocentrato in cui leggere i valori soggiacenti alla vita e alla morte[75]. Un esempio si ha con Seneca che in numerose lettere a Lucilio mostra come la prospettiva del *per me* (o in altri testi dell'*in sé*) rimane l'unico criterio di discernimento. Cito solo alcuni brani di Seneca tra i molti per far notare come il concetto di morte è, in questo contesto, unicamente *autocentrato*. L'unico senso del continuare a vivere o del morire è *ciò che è meglio per me stesso*.

> Può chiamarsi vita un'agonia prolungata? Si trova dunque un
> uomo che preferisca consumarsi fra i tormenti, lasciare la vita
> tante volte, goccia a goccia in un lento stillicidio, anziché tron-

---

[74] PLATONE, *Ap. Socr.* 40DE.

[75] È vero che specialmente con Cicerone la dimensione sociale si riafferma, ma nella prospettiva del *dovere individuale*, del *fare il proprio dovere* che, là dove è adempiuto, anche nei confronti della *civitas*, della *polis* aristotelica (cf. *Et. Nic.* 1116a 12-14) rende l'uomo libero di suicidio, anzi lo nobilita. Cf. per questo *Tusc. Disp.* 5.118 in cui si adottano le posizioni di Epicuro (fr. 487 reso poi da Seneca in latino *Malum est in necessitate vivere; sed in necessitate vivere necessitas nulla est.* Cf. *Ep.* 12.10); e *Tusc. Disp.* 1.71-75 e *De Off.* 1.112 nel ritratto di Catone. Particolarmente interessante poi il parallelo e la distanza rispetto al testo paolino di Cicerone, *De Fin.* 3.60-61: *In quo autem aut sunt plura contraria aut fore videntur, huius officium est e vita excedere. Ex quo apparet et sapientis esse aliquando officium excedere e vita cum beatus sit, et stulti manere in vita cum sit miser.* [...] *Itaque et manendi in vita et migrandi ratio omnis iis rebus quas supra dixi metienda. Nam neque virtute retinetur in vita, nec iis qui sine virtute sunt mors est opprimenda. Et saepe officium est sapientis desciscere a vita cum sit beatissimus, si id opportune facere possit. Sic enim censent, opportunitatis esse beate vivere quod est convenienter naturae vivere.*

carla di colpo? [...] Liberiamoci da questa smania di vivere. (*Ep.* 101,14-15)

Sbarazzati del fardello del corpo, perché indugi? Devi passare oltre questo alloggio provvisorio. (*Ep.* 102, 24-26)

Non che sia male lasciare improvvisamente la vita, ma è più lieve questo modo di andarsene poco alla volta [...] Per conoscere i miei veri progressi mi affiderò alla morte. (*Ep.* 26, 4-5) [76]

Solo sullo sfondo di questo *topos*[77], piegato in chiave cristologica, l'affermazione di una "rinuncia alla morte" trova il suo senso e permette una comprensione delle affermazioni seguenti, in particolar modo di 1,26 (ἵνα τὸ καύχημα ὑμῶν περισσεύῃ ἐν Χριστῷ Ἰησοῦ ἐν ἐμοὶ διὰ τῆς ἐμῆς παρουσίας πάλιν πρὸς ὑμᾶς): Paolo che non muore non è motivo di biasimo, ma di *vanto in Cristo* per i Filippesi! Soprattutto perché, ancora una volta, si mette in evidenza come il criterio della scelta di *ciò che più conta* (per quello che Paolo *può* concretamente fare), non sia l'autocentrato *per me*, ma l'etero-centrato *per voi* (1,24.25)[78]. Si

---

[76] Si possono vedere anche le *Epp.* 24 e 67.

[77] È importante sottolineare che qui Paolo attinge ad un *topos* letterario troppo diffuso nell'ambiente ellenistico per credere che non potesse essere l'immediato sfondo di comprensione culturale di queste espressioni paoline del destinatario greco-filippese della lettera. Non si tratta quindi di ipotizzare che Paolo "veramente" potesse aver pensato ad un suo suicidio nobilitante la propria condizione, quanto di leggere le espressioni paoline *all'interno* dello sfondo culturale della loro recezione immediata! Si veda in questo senso il documentato dossier dei *topoi* letterari delle affermazioni relative a: (a) la morte come guadagno; (b) la dimensione personale dell'evento; (c) la *scelta* tra vivere o morire; (d) meglio morire vs. vivere, in J.-B. EDART, *Philippiens*, 97-99.

[78] Trovo estremamente interessante che lo studio di J. L. JAQUETTE, *Discerning what counts. The Function of the* Adiaphora Topos *in Paul's Letters*, Atlanta (Scholars Press) 1995, 110-120, pur concentrando la sua attenzione sul topos dell'*indifferenza* di fronte alla vita e alla morte giunga alle stesse nostre conclusioni nella lettura "retorica" di 1,21-26: « Neither death nor life has special value in itself [...] Death and life are advantageous or disadvantageous relative to one's personal choice, one's service in behalf of others [...] Life and death are ἀδιάφορα. Both offer certain advantages and disadvantages. But by emphasizing the choice to remain Paul makes abundantly clear that he does so for them. The choice boils down to what is best for the Philippians [...] Paul will serve God by serving the Philippians [...] Paul's preference for life is not based on any natural compulsion to preserve himself. It is the desire to serve the

riverbera così quanto era già stato affermato in 1,12-18, ove la vicenda di Paolo trovava il suo senso nell'altrettanto etero-centrato *per il vangelo / per l'annuncio di Cristo* (1,12.18).

3.2.2. Le catene di Paolo: una smentita del vangelo?

Un'altra possibilità che, pur non negando lo sfondo tipologico sopra proposto, rende ragione delle affermazioni paoline, soprattutto valorizzando anche la sezione precedente, sembra essere l'estrema difficoltà che la prigionia romana di Paolo doveva aver prodotto nelle comunità. Penso che si sia sottovalutata la possibile forza dell'impressione suscitata dalle *catene* paoline, nel contesto di una prigionia a Roma[79], con il derivante dibattito all'interno delle comunità. Due recenti studi[80] hanno molto bene messo in evidenza come le *catene* della prigionia paolina siano state, nella periodo testimoniato dagli scritti del Nuovo Testamento, un momento di *crisi* all'interno delle comunità paoline. Le lettere ai Corinzi testimoniano sufficientemente come l'infamia della croce di Gesù di Nazaret conservasse un serio ostacolo nel mondo ellenistico all'accettazione del messaggio "cristiano". La prigionia *in catene* di Paolo, altrettanto infamante per un cittadino romano del mondo mediterraneo doveva aver creato un vero e proprio terremoto sulla credibilità dello stesso Paolo di Tarso all'interno delle sue comunità.

> Presumably, in the eyes of a minority of Roman Christians [evidentemente questo poteva essere vero anche a Filippi o in altre Philippians. His rejection of death, certainly a preferred as he describes it, is not due to any disvalue inherent in departure from this life [...] Life and death, in themselves, are indifferent matters. Either may benefit Paul. But life for Paul *will* benefit the Philippians » (pagg. 111-114).

[79] Abbiamo già preso posizione (cf. sopra nota 13) sul dibattito relativo al luogo per Fil della prigionia *in catene* di Paolo e sulla scelta qui fatta per la tradizionale prigionia romana. Non torneremo più sui *pro* e *contra* delle singole posizioni. Anche i due studi che sotto citiamo danno un'ampia trattazione riguardo alla non probabilità di altre interpretazioni.

[80] R. J. CASSIDY, *Paul in Chains. Roman Imprisonment and the Letters of St. Paul*, New York (Crossroad) 2001; C. S. WANSINK, *Chained in Christ: The Experience and Rhetoric of Paul's Imprisonments*, Sheffield (Sheffield Academic Press) 1996.

> città in cui la comunità cristiana era formata anche da cittadini romani], Paul's status as a prisoner and the chains he wore were a profound embarassment. Indeed, for this minority, it was not tolerable that the prisoner Paul be taken as *the* authoritative exponent of Christ *in Rome*. [...] To them Paul's chains were a cause for scandal. And if Paul were allowed to emerge as the chief proclaimer of Christ in the capital, his proclamations could pose dangers for the entire conclave of Christians now present in Rome. [81]

Se infatti una possibile *morte* di Paolo poteva essere percepita in termini testimoniali, e la sua *vita* di apostolo e di missionario era senz'altro segno di un vangelo che non aveva ostacoli, malgrado l'opposizione di circoli giudaici o del mondo pagano, si comprende come un *vivere* "incatenato" nel carcere romano, con tempi lunghi e con esiti incerti, poteva rappresentare una messa in crisi di quella *potenza* del vangelo attesa dalle comunità paoline. Se infatti la verità del vangelo era percepita in una *salvezza* di Cristo che ponga al sicuro dall'*umiliazione* della morte, non è in questione semplicemente il *soffrire per il vangelo*, né il morire *martire* per esso, quanto il senso più autentico di un *amore* che rende capaci di *discernere ciò che più conta* nel "donare la vita": quale è il volto in cui si concretizza ciò? Le *catene* sono compatibili con questa domanda? Va messo in conto che la risposta che pare ovvia a noi poteva non esserlo per le neo-comunità cristiane alle quali Paolo si rivolge. Vedremo come tutta la lettera sarà in realtà risposta a questi quesiti (prolettici in 1,9-11), ma va sottolineato come, data questa *rhetorical situation*, trovino il loro pieno significato le espressioni fin qui incontrate[82].

Anche il riferimento alla *preghiera* della comunità di Filippi di 1,19 cui Paolo fa riferimento, trova il suo pieno significato. Infatti, di fronte alla problematicità della domanda se occorra pregare per la vita

---

[81] R. J. CASSIDY, *Paul in Chains*, 134.

[82] Segnalo qui due studi che mostrano bene quanto il problema non sia affatto da poco nel contesto culturale dell'epoca: A. J. DROGE – J. D. TABOR, *A Noble Death: Suicide and Martyrdom among Christians and Jews in Antiquity*, San Francisco (Harper Collins) 1992; J. W. VAN HENTEN – F. AVEMARIE, *Martyrdom and Noble Death*, London-New York (Routledge) 2002.

(identificata semplicemente come la liberazione dal carcere) o per la morte (identificata nel *martirio*) di Paolo, ma comunque orientata ad una uscita dalla condizione dell'essere *in catene*, l'apostolo proponga un altro tipo di percorso nell'attuale permanenza *in catene* [83].

3.3. La vicenda di Paolo è a vantaggio di Paolo stesso

Abbiamo visto così come il carattere informativo di questa sezione, caratteristico del genere epistolare[84], permette qui a Paolo di far scattare nella mente dei destinatari due equivalenze che risulteranno, nella sezione che seguirà, esemplari e "utili":

• 12-18bα: le vicende di Paolo e le vicende del vangelo tendono a coincidere;

• 18bβ-26: le scelte di Paolo dinanzi alla prigionia non sono state fatte per il proprio interesse, ma per l'interesse della comunità di Filippi.

Ma c'è un terzo punto che questa sezione tende a sottolineare. Tutto il protendersi di Paolo "fuori da sé", a vantaggio del vangelo o a vantaggio dei Filippesi, non è mostrato attraverso i tasti emotivi della rinuncia, dello spogliamento di sé, ecc.[85], ma attraverso la esplicita affermazione che tutto ciò risulta anche "a vantaggio di Paolo" stesso, nella gioia (χαίρω in 18b), nella propria salvezza (1,19), nella possibilità di "vantarsi" in lui dei Filippesi (1,26). Questo punto non è stato, secondo me, sottolineato a sufficienza nelle varie analisi e nei vari studi

---

[83] Devo al prof. Pietro Bovati s.i. del Pontificio Istituto Biblico questa intuizione che sviluppa il troppo schematico riferimento al *topos* socratico come orizzonte di lettura di questi difficili versetti della lettera.

[84] La distanza tra mittente e destinatari(o) suggerisce naturalmente una necessità di "notizie di sé".

[85] Pur non mancando i riferimenti negativi della presenza di "oppositori" in 12-18bα e della morte in 18bβ-26.

sulla lettera[86]. Eppure credo che sia di estrema importanza non far svanire nel nulla le espressioni paoline che vanno a toccare il "proprio" beneficio, non tanto relativamente a qualche opera compiuta o a qualche scelta, ma nell'orizzonte intero del vivere cristiano così come ci è stato delineato: ἐν τούτῳ χαίρω ἀλλὰ καὶ χαρήσομαι / τοῦτο μοι ἀποβήσεται εἰς σωτηρίαν (1,18-19).

Troviamo qui una prima realizzazione di quanto era affermato in 1,10-11. Soltanto accennando a quanto ripeteremo in seguito, lo sforzo di Paolo è sempre più quello di mostrare, da una parte, come l'essere discepoli di questo Gesù non possa che essere un "dare la propria vita" nell'orizzonte dell'amore e questo debba essere il criterio (φρονεῖν) delle proprie scelte, ma dall'altra, anche quello di mostrare come il vivere in questo modo non vada nella direzione di un triste "stoicismo" (tutto il campo semantico della *gioia* lo evidenzia), né di un ascetismo fine a se stesso (contro cui vanno tutti i riferimenti ad una *pienezza*, ad una *salvezza* escatologica di cui è disseminata tutta la lettera). Anzi, il fine del vivere è proprio quella pienezza del *frutto della giustizia* in relazione a Gesù Cristo e *a gloria e lode di Dio*.

4. L'ESORTAZIONE DI 1,27-30

Dopo la narrazione della vicenda di Paolo (1,12: τὰ κατ' ἐμέ) l'attenzione si sposta sui destinatari della lettera (1,27: τὰ περὶ ὑμῶν). Anche qui la convenzione epistolare della relazione familiare-di amicizia si modella nelle mani di Paolo, divenendo l'occasione per trasformare il reciproco desiderio di notizie in esortazione. In continuità con

---

[86] Anzi, si è arrivati persino a sostenere per i nostri versetti, nell'incapacità di percepire questa dinamica, la preoccupazione totalmente autocentrata di Paolo. Così R. T. FORTNA, «Philippians: Paul's Most Egocentric Letter», in R. T. FORTNA, B. R. GAVENTA (edd.), *The Conversation Continues. Studies in Paul and John*, Nashville (Abingdon Press) 1990, 220-234, che legge questi dati sullo sfondo di un Paolo così preoccupato della propria sofferenza e possibile morte violenta, da avere bisogno di una certezza di premio, venendo meno a quella "gratuità" dell'essere giustificato per la fede delle altre lettere. Non mi sembra perciò né aderente al testo, né corretto metodologicamente affermare che: « Philippians is surely Paul's most self-centered letter, the most subtly arrogant of all – before God and the world » (230).

1,26 (sul tema di una nuova visita di Paolo a Filippi), ma con un chiaro stacco da ciò che precede (mai Paolo utilizza μόνον in forma assoluta, senza cioè dei modificatori, come δέ, τοῦτο ... per proseguire un discorso), Paolo esorta i Filippesi ad una "cittadinanza" che abbia come criterio il *vangelo di Cristo*. Qual è la motivazione fondamentale che Paolo aveva nell'utilizzo dell'imperativo πολιτεύεσθε che regge tutta la lunga proposizione 1,27-30? Sono state varie le proposte relative all'uso, solo in Filippesi, di questo vocabolo al posto dei più usuali περιπατεῖν o ζῆν. Che si legga con il significato romano del termine[87], o con quello giudaico[88] non muta, a mio modo di vedere, la valenza di una *vita etica capace di scelte responsabili* che il concetto stesso di *vivere da cittadino libero* aveva nel mondo ellenistico. A ciò si aggiunge il fatto che πολιτεύειν accentua la dimensione sociale-comunitaria di tali scelte etiche responsabili, cosa che περιπατεῖν e ζῆν non esprimono con altrettanta chiarezza. Tale termine così riunisce in sé, ed è per questo "utile" a Paolo, le tre caratteristiche che la nostra lettera sta delineando, lentamente, come necessarie per essere capaci di scelte di discernimento nel vivere etico:

a) - la libertà (πολιτεύειν si può applicare unicamente ai cittadini liberi nei loro diritti-doveri dinanzi alla città[89] oppure, nel caso di un'accezione più giudaico-ellenistica del termine, agli ebrei che sono pubblicamente liberi di vivere secondo i propri usi e costumi[90])

b) - il legame con criteri di discernimento cui ci si sottopone (la città stessa, con la sua "identità" e i suoi "costumi", se si è orientati alla

---

[87] Specialmente a seguito dello studio di R. R. BREWER, «The Meaning of *Politeuesthe* in Philippians 1₂₇», *JBL* 73 (1954), 76-83.

[88] Cf. E. C. MILLER, «Πολιτεύεσθε in Philippians 1.27: Some Philological and Thematic Observations», *JSNT* 15 (1982), 86-96.

[89] Per i riferimenti al mondo greco-romano ellenistico si veda l'articolo di R. P. BREWER sopra indicato. Cf. anche H. STRATHMANN, «πόλις», *GLNT* 10, 1277-1281; C. SPICQ, «πολιτεία», in *Notes de Lexicographie Néo-Testamentaire Tome II*, Fribourg (Éd. Universitaires) 1978, 710-719; U. HUTTER, «πολίτευμα / πολιτεύομαι», *DENT* II, 1043-1044.

[90] Cf. in modo particolare questa tematica nella letteratura maccabaica: 2Mac 6,1; 11,25; 3Mac 3,4; 4Mac 2,8.23; 4,23; 5,16.

lettura romano-ellenistica, oppure, nell'altra ipotesi, la Torah o una particolare modalità di vita religiosa giudaica[91])
c) - la valenza sociale e comunitaria delle scelte[92].

Nell'esortazione paolina sono esattamente queste tre dimensioni ad essere in gioco in 1,27-30. Mi pare essere questa una lettura colta anche da K. Barth quando scrive:

> Voi vi dovrete trovare in un *atteggiamento costitutivo*, in un πολιτεύεσθαι *degno dell'Evangelo del Cristo*. [...] Nell'atteggiamento costitutivo, nella «forma», nel comportamento i cristiani devono essere invisibilmente disciplinati da là; già qui ed ora essi devono muoversi, in modo corrispondente a *quell'* "atteggiamento costitutivo" che in ciò si deve rispecchiare; essi devono essere degni dell'Evangelo e dell'annuncio della grazia di quel Regno che nel Cristo è stato ora offerto e da loro ricevuto.[93]

Il criterio fondamentale di discernimento non può che essere il *vangelo di Cristo*[94], così come lo era stato per Paolo in 1,12-18, in

---

[91] Interessante ciò che afferma FLAVIO GIUSEPPE, *Vita* 1.2. in occasione della sua adesione al fariseismo: « Cominciai a sostenere la vita pubblica aderendo alla scuola dei farisei (ἠρξάμην *πολιτεύεσθαι* τῇ Φαρισαίων αἱρέσει κατακολουθῶν), che è simile a quella che i greci chiamano degli stoici » e, anche se non tutti condividono la scelta (come ad es. R. PENNA, «Un fariseo del secolo I: Paolo di Tarso», *RSB* 11 (1999) 2, 65-87), accolgo la traduzione che propone H. ST.J. THACKERAY: «I began to *govern* my life by *the rules* of the Pharisees» (in «Loeb Ed.» n. 186, 7).

[92] Cf. M. R. VINCENT, *Philippians*, 32, che evidenzia questo punto attraverso fonti storiche. Lo stesso fa J.-F. COLLANGE, *Philippiens*, 69.

[93] K. BARTH, *L'Epistola ai Filippesi*, Torino (SEI) 1974, 89-90.

[94] ἀξίως ha qui non il significato di *dignità* quanto quello di *accordo* tra un principio e una prassi: cf. M. BOUTTIER, *L'Épître de Saint Paul aux Éphésiens*, Genève (Labor et Fides) 1991, 170: « ἀξίως introduit la référence qui inspire telle ou telle conduite; représente moins un degré de dignité que l'*accord* entre un comportement et la foi professée. L'adverbe est l'indice des *valeurs* reconnues. Chez Paul, on trouve "Dieu" (1Th 2,12), "l'évangile reçu" (Ph 1,27), "le Seigneur" (Col 1,10) ». Della stessa opinione la maggioranza dei commentatori. Tuttavia il legame con πολιτεύειν non elimina dallo sfondo semantico la nobiltà-dignità dell'essere nella πόλις. Lo stesso vangelo è anche, poco dopo, criterio di orientamento per il *lottare insieme*: συναθλοῦντες τῇ πίστει τοῦ εὐαγγελίου con un accordo quasi unanime dei commentatori nel leggere τῇ πίστει come

un'unità comunitaria[95], che diventa libertà-sicurezza davanti agli eventuali oppositori, anche qualora questo significhi patimento. Sempre poi con quella coscienza di non essere autoreferenziali dinanzi alla propria storia, ma di saper rileggere gli eventi come storia di salvezza e come *dono* di Dio (è senz'altro questo il senso sia della σωτηρία di 1,28 che del passivo "teologico" ἐχαρίσθη di 1,29).
Una simile comprensione dei sintagmi ἀξίως τοῦ εὐαγγελίου τοῦ Χριστοῦ πολιτεύομαι e συναθλέω τῇ πίστει τοῦ εὐαγγελίου permette di comprendere con maggiore chiarezza anche 1,28-29. Se cioè l'indicazione proposta è quella di essere chiamati a scelte libere in relazione al vangelo di Cristo e alla fede di questo vangelo, fino al punto della disponibilità al sacrificio della vita, l'antitesi evidente ἀπώλεια / σωτηρία permette di leggere il versetto non in chiave di "distruzione" degli avversari, ma nell'orizzonte dell'insegnamento paolino ai Filippesi. La domanda sottostante sarebbe, in questa lettura, relativa a "dove" stia veramente la salvezza, nel *rimanere* nella fede dinanzi all'opposizione (anche a costo di soffrire e possibilmente di dare la vita) oppure nel "salvarsi la pelle" a scapito dell'unità e del credere. Proporrei quindi questa lettura

---

dativo di interesse e non come dativo *sociativus* o strumentale. La πίστις, come era stata motore del discernimento paolino in 1,25, deve diventare ora per i Filippesi motore di una lotta che potrebbe, molto realisticamente, portare alla *sofferenza per Cristo* (cf. 1,29). In questa valenza etico-esortativa di πιστεύω si comprende l'affermazione di J.-F. COLLANGE, *Philippiens*, 69: « la reprise du verbe πιστεύω au v. 29, est polémique ».

[95] J. T. FITZGERALD, «Philippians in the Light of Some Ancient Discussions of Friendship», in J. T. FITZGERALD (ed.), *Friendship, Flattery, and Frankness of Speech. Studies on Friendship in the New Testament World*, Leiden (Brill) 1996, 144-45 sottolinea come il riferimento in 1,27 alla μιᾷ ψυχῇ e a ἐν ἑνὶ πνεύματι faccia parte dei *topoi* della relazione di amicizia in cui la lettera si colloca e che devono diventare criteri relazionali nella comunità. Importanti sono i riferimenti a ARISTOTELE, *Eth. Nic.* 9.8.1168b che ricorda come "proverbi" le affermazioni che poi Paolo utilizza per i Filippesi: « αἱ παροιμίαι πᾶσαι ὁμογνωμονοῦσιν, οἷον τὸ "μία ψυχή" καὶ "κοινὰ τὰ φίλων" » e a DIOGENE LAERZIO 5.20 in cui si sottolinea che gli amici sono come *due corpi che condividono un'unica anima*. Che il sentire attraversi il mondo culturale ellenistico è provato anche dal riferimento patristico di GREGORIO DI NAZIANZO che afferma dell'amico Basilio: « eravamo come un'unica anima che legava insieme i nostri due corpi » (*De vita sua* 228-230, mia trad.).

del versetto: *(e) ciò* ⁹⁶ *che è per loro il segno della vostra sconfitta, è invece la vostra salvezza.* Si sottolinea in questo modo come

> the result of this reconstruction shows that the real contrast is not between "*their* destruction" and "*your* salvation", as is generally understood today, but between the different perceptions of two groups of people: the adversaries, on one hand, perceive the willingness of the Philippians to fight for the faith of the gospel as an indication of their destruction. The Philippians on the other hand perceive this as a sure sign of their salvation. ⁹⁷

Il segno sarebbe relativo al dover soffrire per Cristo (cf. 1,29): ecco allora l'importanza di leggere 1,28 strettamente connesso con il versetto seguente e non con il versetto antecedente, come se fosse l'unità della comunità il "segno" per gli oppositori (dovendo poi capire perché dovrebbe essere a loro "distruzione")⁹⁸.

Quello che cioè Paolo starebbe dicendo non è altro che la riproposta dell'antitesi "salvare la vita" / "perdere la vita" e dei criteri per i quali tale antitesi è sensata, che Gesù varie volte propone nei sinottici: ὃς γὰρ ἐὰν θέλῃ τὴν ψυχὴν αὐτοῦ σῶσαι ἀπολέσει αὐτήν· ὃς δ' ἂν ἀπολέσει τὴν ψυχὴν αὐτοῦ ἕνεκεν ἐμοῦ καὶ τοῦ εὐαγγελίου σώσει αὐτήν⁹⁹

---

⁹⁶ L'attrazione del relativo non è un fenomeno raro nel NT. Cf. *BD* § 294; G. D. FEE, *Philippians*, 168 n.53. Così ἥτις si riferisce grammaticalmente a ἔνδειξίς mentre logicamente si riferisce a ciò che segue, come καὶ τοῦτο ἀπὸ θεοῦ· ὅτι ..., e cioè al *non solo credere ... ma* τὸ ὑπὲρ αὐτοῦ πάσχειν.

⁹⁷ La ricostruzione è simile, anche se non completamente uguale a quella proposta da G. F. HAWTHORNE, *Philippians*, 59-60, che commenta così, al termine delle spiegazioni testuali. Va in questa linea anche J.-F. COLLANGE, *Philippiens*, 70. Evidentemente si preferisce leggere qui l'espressione paolina in chiave del *presente* della comunità chiamata al sacrificio della propria vita piuttosto che del suo *futuro escatologico*, come in 2Ts 1,4-9.

⁹⁸ Cf. le letture proposte da J. GNILKA, *Filippesi*, 185; M. BOCKMUEHL, *Philippians*, 100 che vanno in questa direzione. Più sfumate le posizioni di G. D. FEE, *Philippians*, 167-170 e di P. T. O'BRIEN, *Philippians*, 153-157.

⁹⁹ Mc 8,35. Cf. accanto a Mc 8,35-37 i brani paralleli di Mt 10, 39; 16,25-26 e di Lc 9,24; 17,33, in cui l'antitesi tra σῴζω e ἀπόλλυμι la propria ψυχή si configura con i criteri della relazione con Gesù e con il vangelo (ἕνεκεν ἐμοῦ καὶ τοῦ εὐαγγελίου), come in Fil 1,27-30.

Come si percepisce, se la nostra lettura fosse corretta, si avrebbe un riferimento esortativo alla tematica della *propositio* di 1,9-11, nell'esplicitazione dell'attualità della vicenda di Paolo di 1,12-26. E così come si percepisce l'unitarietà del criterio di discernimento *per il vangelo*, così il *per voi* di 1,18bβ-26, trova parallelo nel riferimento all'unione comunitaria che si espliciterà nell'esortazione di 2,1-5 che segue. In 1,30b Paolo riesce a tirare le fila dei τὰ κατ' ἐμέ con cui aveva aperto il brano narrativo e dei τὰ περὶ ὑμῶν con cui aveva inquadrato l'esortazione, attraverso un processo di indicazione mimetica che sta divenendo lo strumento attraverso il quale l'insegnamento si sta concretizzando. Anche questo è un elemento caratteristico delle lettere familiari-di amicizia ed è in questo orizzonte che Paolo continuerà[100].

5. L'*EXEMPLUM* DI GESÙ CRISTO: 2,1-18

Non è in questione l'unità della sezione 2,1-18, ben delineata e distinta, sia dal brano che la precede[101], che da ciò che segue. La struttura interna della sezione è altrettanto facile da identificare: ci sono infatti, posti a inclusione, due brani caratterizzati dal tenore esortativo: 2,1-4 / 2,12-18. Al centro troviamo un brano cristologico di carattere solenne: 2,6-11. L'unico problema riguarda il significato e il valore di 2,5, unito a 2,1-4 dall'imperativo φρονεῖτε, che ne prosegue il carattere esortativo, ma sintatticamente legato a 2,6-11, che inizia con il pronome relativo ὅς. Considerando che anche 2,12 è legato a quanto pre-

---

[100] Questo aspetto è radicalizzato da D. F. WATSON, «A Rhetorical Analysis», 65-66, che vede in 1,27-30 la *propositio* della lettera ed è seguito in questo da C. W. DAVIS, *Oral Biblical Criticism. The Influence of the Principles of Orality on the Literary Structure of Paul's Epistle to the Philippians*, Sheffield (Academic Press) 1999 e B. WITHERINGTON III, *Friendship and Finances in Philippi: The Letter of Paul to the Philippians*, Valley Forge (Trinity Press International) 1994. T. C. GEOFFRION, *The Rhetorical Purpose and the Political and Military Character of Philippians*, Lewiston (Mellen) 1993, 35-36.179-182, limita a 1,27-28 la *propositio* propriamente detta.

[101] Anche se, facendo leva sul carattere esortativo di entrambi i brani e sul οὖν di 2,1, alcuni considerano 1,27 - 2,18 un'unica sezione (cf. tra molti, P. T. O'BRIEN, *Philippians*, 143-146 e J.-N. ALETTI, «Paul et la Rhétorique», 31).

cede dalla congiunzione consecutiva ὥστε, risulta una certa unitarietà (almeno sintattico-argomentativa) di 2,1-18, all'interno della quale vanno compresi i diversi toni dei tre brani. In questo quadro, quindi, mi sembra emergere il valore di transizione di 2,5, di ponte tra l'esortazione di 2,1-4(5) e 2,(5)6-11, appartenendo in modo omogeneo ad entrambi i brani e creando un effetto di continuità che chiede di essere preso in considerazione.

5.1. L'esortazione di 2,1-4(5)

5.1.1. Fil 2,1-4

Questi versetti sono caratterizzati da un'innegabile solennità data da varie figure retoriche che si intrecciano. L'unico imperativo che regge tutta la proposizione 2,1-4, πληρώσατε, si presenta come inizio dell'apodosi tra una protasi caratterizzata da uno stile anaforico (con la quadruplice ripetizione di εἴ τι(ς)) e una costruzione asindetica di disposizioni d'animo, con un forte effetto di accumulazione. L'unica richiesta che Paolo fa ai suoi destinatari in questa lunga proposizione è: *portate a compimento la mia gioia*. Eppure, quella che sembra una richiesta dettata dalla relazione amicale di Paolo con la comunità è, in realtà, una forte esortazione ad un preciso stile comunitario nelle relazioni inter-individuali.

Si ha qui quel passaggio dal *vangelo* all'*altro* che avevamo già visto per Paolo in 1,12-26. Se 1,27-30 era caratterizzato dalla finalizzazione cristologico-evangelica dell'agire (pur non mancando il riferimento comunitario all'unità in 1,27), qui l'esortazione sembra portare l'attenzione sulle relazioni intra-comunitarie dei Filippesi. Il *per voi* (1,25) come criterio di discernimento per Paolo, si traduce in 2,1-4 per i destinatari della lettera, nell'esortazione, nell'invito all'*unità*, alla *reciprocità*, all'altro come punto di riferimento per le proprie scelte.

Le condizionali di 2,1, da interpretarsi come ciò che è certo sia per Paolo che per i Filippesi[102], producono un effetto di non-

---

[102] Si potrebbe tradurre: *Dal momento che c'è – avete sperimentato* ... Se un qualche senso di ipoteticità va conservato, credo che debba essere piuttosto interpretato come fa J.-F. COLLANGE, *Philippiens*, 72: « Conséquence de ce qui précède (οὖν) ce verset ne

contraddicibilità per ciò che viene richiesto-affermato subito dopo. Se non si può negare né la *spinta che nasce dall'esortazione consolante in Cristo* e l'*impulso confortante dell'amore*, né la *comunione dello Spirito* e *la (sua) profondità affettiva*, la modalità richiesta da Paolo per donargli una gioia che sia piena non può essere messa in discussione, ma solo accolta!

A seconda del valore che si attribuisce ad ognuna delle quattro affermazioni di 2,1, della variazione τις – τι, del valore dei genitivi, del valore di πνεῦμα, oltre ad altre possibilità interpretative delle singole espressioni, cambia la portata ed il significato del versetto. Non credo che ci si possa muovere sul terreno delle certezze grammaticali o sintattiche e il ripercorrere il dibattito non mi sembra qui utile, dato che non viene a modificarsi sostanzialmente il quadro logico-retorico dell'argomentare paolino. Mi limiterò perciò qui a giustificare la scelta (bisogna pur farne una!) da me operata, che legge il versetto legando le affermazioni a due a due[103]:

Εἴ τις οὖν παράκλησις ἐν Χριστῷ / εἴ τι παραμύθιον ἀγάπης,
εἴ τις κοινωνία πνεύματος / εἴ τις σπλάγχνα καὶ οἰκτιρμοί,

Le prime due farebbero allora riferimento alla *spinta* operativa che nasce dall'essere (stati) esortati-confortati (entrambi i termini παράκλησις e παραμύθιον conservano questa duplice sfumatura[104]) *in Cristo* e

---

peut guère être compris qu'ainsi: "Si vous avez fait l'expérience de tout cela, en ..., mettez un comble à ma joie" ».

[103] Come G. F. HAWTHORNE, *Philippians*, 67. Metterei in evidenza per questa scelta l'unità semantica dei membri a due a due; la variazione τις – τι (anche se è nota la proposta testuale di leggere sempre εἴ τι: cf. M. ZERWICK, *Graecitas Biblica*, § 9 e BD § 137.2) per i primi due membri; la variazione della costruzione genitivale per i secondi due.

[104] Non mi sembra particolarmente significativo dover assumere una posizione rigida riguardo al termine παράκλησις che, come è noto, è utilizzato, anche nell'epistolario paolino nella duplice valenza di *conforto-consolazione* (cf. per es. 2Cor 1,3-7; 7,4.7.13) e di *esortazione* (cf. 2Cor 8,4.17), entrambi conseguenza dell'*esserti/chiamarti accanto* dell'altro. Questo anche perché nel nostro caso entrambe le sfumature trovano il loro senso nel contesto (cf. in questo senso G. D. FEE, *Philippians*, 179-80). Interessante è invece l'uso di παραμύθιον, che (stesso fenomeno in 1Co 14,3 e in 1Ts 2,12; 5,14) è collegato alla παράκλησις. Anche παραμύθιον copre lo

dall'esperienza dell'*amore* (intendendo questo come un genitivo soggettivo[105]). Le seconde due invece farebbero riferimento all'unità comunionale e affettiva *dello spirito* che, almeno in qualche importante circostanza, ogni appartenente ad una comunità viva ha sperimentato. In questo caso non vedrei una discontinuità tra il versante teologico e quello antropologico di πνεῦμα[106].

---

stesso arco semantico, anche se con una sfumatura lievemente più aperta alla situazione di dare-ricevere una forza d'animo dinanzi ad una qualche realtà da affrontare. Ecco perché C. SPICQ, «παραμυθέομαι», in *Notes de Lexicographie II*, 662, sottolinea la sfumatura di significato in Fil 2,11: « ce terme évoque le stimulant à agir de l'amour ». Cf. anche D. A. BLACK, «Paul and Christian Unity: A Formal Analysis of Philippians 2:1-4», *JETS* 28 (1985), 299-308 e B. REICKE, «Unité chrétienne et Diaconie. Philip. II,1-11», in *Neotestamentica et Patristica. Eine Freudesgabe O. Cullmann*, Leiden (Brill) 1962, 203-212.

[105] Cf. P. T. O'BRIEN, *Philippians*, 172: « the ἀγάπης is a subjective genitive, and refers not to the brotherly love of Christians, nor to Paul's love for the Philippian readers, but to Christ's love ». Naturalmente ogni altra ipotesi è stata proposta con serie motivazioni: *amore di Paolo* (es. G. F. HAWTHORNE, *Philippians*, 65), *amore dei Filippesi* (es. J.-F. COLLANGE, *Philippiens*, 72), *amore di Dio (Padre)* (es. G. D. FEE, *Philippians*, 180-181).

[106] Lo spinoso problema dell'interpretazione antropologica o teologica di πνεῦμα fa spendere fiumi di inchiostro ai commentatori fin dall'antichità. Mi sento qui più in linea con chi relativizza la domanda stessa, come E. FRANCO, *Comunione e Partecipazione. La koinōnia nell'epistolario paolino*, Brescia (Morcelliana) 1986, 195. Altra possibilità interpretativa è relativa al valore soggettivo o oggettivo del genitivo. Anche qui è possibile vedere come non-rilevante il problema: G. PANIKULAM, *Koinōnia in the New Testament. A Dynamic Expression of Christian Life*, Roma (Biblical Institute Press) 1979, 74-76; A.-S. DI MARCO, «ΚΟΙΝΩΝΙΑ ΠΝΕΥΜΑΤΟΣ (2Cor 13,13; Fil 2,1) - ΠΝΕΥΜΑ ΚΟΙΝΩΝΙΑΣ. Circolarità e ambivalenza linguistica e filologica», *FNT* 1 (1988), 66, parla di "genericità" del genitivo e di naturale "polisemia" intrinseca alle formulazioni linguistiche « sufficientemente ricche, sufficientemente "equivoche", per lasciare all'analisi filosofica di decidere quel che si vuole veicolare per la nostra comprensione del mondo ». Così, appare poi evidente come una lettura "trinitaria" del versetto proposta da vari autori non emerga tanto dal dettato testuale, quanto dal contesto interpretativo in cui le espressioni paoline sono collocate: cf. G. D. FEE, *Philippians*, 179-182; G. F. HAWTHORNE, *Philippians*, 66-67; U. H. MARSHALL, *The Epistle to the Philippians*, London (Epworth) 1992, 42. Credo non sia inutile far qui riferimento allo studio "capostipite" nella riflessione sulla non totale *simmetricità* tra categoria linguistica e categoria di pensiero, É. BENVENISTE, «Categorie di pensiero e categorie di lingua», in ID., *Problemi di Linguistica Generale*, Milano (Saggiatore) 1971, 79-91 (l'articolo originale è del 1958). Per un'interessante considerazione sulla tendenza a far

L'altro aspetto interessante è che la formulazione paolina non va nella direzione di esortare i Filippesi all'unità e alla concordia comunitaria, ma procede indirettamente. Sembra cioè che tutti gli atteggiamenti descritti siano come delle "condizioni di possibilità", per altro necessarie. Questo crea un'attesa che troverà, dopo l'esempio di Cristo di 2,6-11, nelle espressioni esortative di 2,12-18 il suo *climax*.

Occorre rilevare come, ancora una volta (trovando un altro motivo di conferma della *propositio* di 1,9-11), il vocabolario che Paolo utilizza in 2,1-4(5) appartiene interamente al campo semantico della conoscenza e del discernimento con verbi che necessitano, per essere operativi, di criteri di riferimento qui ancora non esplicitati, ma già intuitivamente percepibili dai recettori della lettera. Vediamo ora nel dettaglio tali verbi.

- φρονέω

Questo verbo, particolarmente significativo in questi versetti (tre delle dieci ricorrenze della lettera più il tema presente in 2,3: ταπεινοφροσύνη) è legato prevalentemente ad una conoscenza relativa all'agire etico. Si tratta di un "sentire" interiore che spinge ad una conoscenza, ad una volontà. Più frequentemente è però relativo all'area del discernimento nelle decisioni da prendere. Nella tradizione biblica questo è particolarmente vero dato il suo utilizzo nell'area semantica della *sapienza*, categoria di carattere eminentemente pratico. Significativo poi il suo utilizzo "tecnico", da Aristotele fino a tutto lo stoicismo per indicare il sentire morale dell'uomo e più precisamente la capacità di attuazione nei casi concreti della virtù generale[107]. Si tratterebbe allora di interpretare φρονεῖν come *avere la* φρόνησις necessaria per giungere ad un discernimento etico. Qui Paolo mette in evidenza la neces-

---

pesare "sui" testi eventuali sistematizzazioni teologiche o filosofiche, cf. P. AUBENQUE (ed.), *Concepts et catégories dans la pensée antique*, Paris 1980, XII-XIII.

[107] Per l'utilizzo biblico del termine: A. MORENO GARCÍA, *La sabiduria del espíritu: sentir en Cristo. Estudio de phronema – phroneō en Rom 8,5-8 y Flp 2,1-5*, Roma (PUG) 1995; per l'utilizzo filosofico greco: T. ENGBERG-PEDERSEN, *Aristotle's Theory of Moral Insight*, Oxford (Clarendon Press) 1983, specialmente 227-239 riguardo alla φρόνησις necessaria alla vita morale dell'uomo. Interessante il nesso esistente tra τὸ αὐτὸ φρονεῖν e coesione sociale a Tarso (un caso?) che propone DIONE CRISOSTOMO in *Or.* 34,19-20 e in tutta l'*Or.* 38.

sità di un *sentire comune* (τὸ αὐτὸ φρονεῖν) che necessita di focalizzarsi attorno allo *stesso amore* (τὴν αὐτὴν ἀγάπην ἔχοντες)[108], all'*unanimità* (σύμψυχοι) e all'unicità del criterio del *sentire* (τὸ ἓν φρονοῦντες) che verrà esplicitato in 2,5 nel *sentire che fu in Cristo*.

- ἡγέομαι

    Anche questo verbo è utilizzato con una interessante concentrazione in Fil (sei volte su undici dell'intero epistolario paolino) ed è sempre relativo ad una considerazione ponderata che porta ad una scelta. Non è un "istinto", è una precisa considerazione di discernimento che ha delle conseguenze operative (è così in tutti i casi: per Cristo in 2,6; per Paolo in 2,25; 3,7.8[2]). Qui le conseguenze toccano la visione dell'*altro* nella comunità, che è da considerarsi *superiore a se stessi*.

- σκοπέω

    Questo verbo, appartenente alla sfera visiva, ha una connotazione di concretezza, anche qui, di tipo operativo. Non si fa cioè riferimento semplicemente alla sfera della visibilità o della mera contemplazione, ma a un "guardare" relativo al *considerare* o al *prestare attenzione* in vista di qualche azione da perseguire (in vista di evitare il "male": Rom 16,17 e Gal 6,1; in vista di imitare il "bene": 2Cor 4,18 e Fil 3,17). In Fil 2,4 il suo significato ha la coloritura dell'*occuparsi-preoccuparsi* delle τὰ ἑτέρων come criterio dell'agire. Questo versetto è stato visto come la chiave di lettura dell'intera sezione, in cui si propone una vera e propria "regola aurea di Paolo". L'occuparsi delle cose dell'altro invece (o più) delle proprie è davvero il criterio fondamentale che regge tutta questa esortazione di Paolo, così come reggerà ogni scelta che la lettera invita a fare (nelle esortazioni) oppure mostra (negli esempi presentati). È il bene dell'altro, più del proprio, che deve stare a cuore in ogni possibile discernimento! La presenza di καί nell'espressione ἀλλὰ καὶ τὰ ἑτέρων ἕκαστοι, è stata messa in discussione dato l'indebolimento etico che produrrebbe. Infatti si lascerebbe

---

[108] Anche in questo caso, come in 1,27, Paolo sta utilizzando un *topos* molto diffuso in relazione all'amicizia necessaria nella comunità: cf. J. T. FITZGERALD, «Friendship», 145-146. Cf. anche PLATONE, *Alc.* 126-127 là dove insiste nell'affermare che l'amicizia è una questione di ὁμόνοια per poter essere vissuta nella concordia.

uno spazio alla possibile preoccupazione per le "proprie cose", che il resto della lettera escluderebbe (cf. 2,6.8 per Cristo; 2,20-21 per Timoteo; 2,25-26.28 per Epafrodito; 3,8 per Paolo). Non credo sia sufficientemente fondata l'opzione testuale che leggerebbe il testo senza καί (testimoniata da D, F, G, K e altri codici minori latini). Così, se da una parte è possibile vederci la vena ironica di Paolo (sull'esempio di Gal 5,15), dall'altra è possibile leggere ἀλλὰ καί come rafforzativo (*non occupandosi ognuno delle proprie cose, ma anzi, proprio di quelle degli altri*), che è un'opzione sintattica conosciuta nel greco[109] con questa funzione.

Volendo giungere ad una sintesi di questi pochi ma importanti versetti, quello che qui è in gioco è quell'insieme di condizioni che, nascendo dalla comune esperienza di Cristo e dello Spirito (2,1), deve diventare il "motore interiore" con il quale essere capaci di scelte operative, come singoli e come comunità. Sarà questo il passaggio che avverrà con l'esortazione di 2,12-18. Se fosse corretta questa interpretazione, si può comprendere meglio lo stile di 2,1-4 nel suo contesto. Facendo attenzione alla resa nelle nostre lingue, bisogna sottolineare che una traduzione che utilizzi una serie di imperativi in successione, sposta su questi versetti tutto il peso argomentativo della sezione (vedi ad esempio la traduzione CEI del 1971: « ... rendete piena la mia gioia ... non fate nulla per spirito di rivalità ... ognuno consideri ... »). Perciò sono da preferirsi traduzioni nelle quali si conserva il valore di condizione di possibilità per qualche cosa che verrà detto successivamente[110]. Ecco perché la pienezza della gioia di Paolo non è relativa soltanto al "come la comunità si comporta al suo interno", ma si potrà

---

[109] Cf. S. E. PORTER, *Idioms*, 282-283. J. D. DENNISTON, *The Greek Particles*, Oxford (University Press) 1954², 3, cita SOFOCLE, *Ajace* 1313 e PLATONE, *Phaedro* 233B6-C1. M. BOCKMUEHL, *Philippians*, 113-114 cita invece i casi presenti nel greco della LXX con lo stessa soluzione sintattica. Cf. T. ENGBERG-PEDERSEN, *Paul and the Stoics*, 320 n. 2, contro K. BARTH, *Filippesi*, 105-106 il quale ritiene questo καί intraducibile.

[110] Mi sembra che la Vulgata conservi questo tenore del testo greco, attraverso l'uso dei gerundi. Delle edizioni moderne da me consultate, solo la American Standard Version mi pare andare nella direzione di spostare verso ciò che segue l'attesa: ... *make full my joy, that ye be of the same mind, having the same love, being of one accord, of one mind; doing nothing through faction or through vainglory, but in lowliness of mind each counting other better than himself; not looking each of you to his own things.*

realizzare solo quando (si può interpretare così il pressante invito all'*obbedienza* di 2,12), avendo assimilato un modo di sentire e di discernere, sarà capace di scelte e di visibilità *ad extra* come si vedrà in 2,17-18. Le tensioni comunitarie di Filippi e il coinvolgimento di Paolo in esse non possono essere quindi la chiave di lettura più comprensiva dei nostri versetti, anche se questo è divenuto un *topos* ermeneutico diffuso nella lettura della nostra lettera[111].

5.1.2 Fil 2,5

Se è unanimemente riconosciuto il ruolo di transizione che 2,5 ha tra il brano esortativo di 2,1-4 e il brano cristologico di 2,6-11, molto più discussa è la funzione retorica dello stesso versetto. Ogni parola di questo è stata "vivisezionata" e aperta alle sue possibilità sintattiche e semantiche. Qualunque commentario esegetico propone, per quanto riguarda 2,5-11, una mole di pagine tali da scoraggiare qualsiasi presa di posizione su ogni questione. Davanti a tutto ciò, mi sento in conformità con Nils A. Dahl quando afferma: « the general meaning would have been sufficiently clear to the first readers, who hardly reflected on the syntax »[112]. Questa affermazione non vuole certo irridere il dibattito che il valore di Fil 2,5 ha suscitato, quanto riportarlo sul terreno di una maggiore aderenza al fluire linguistico quale l'ascolto del testo suggerisce. Così, eliminando la tentazione di proporre uno *status quaestionis* dietro l'altro per ogni possibilità interpretativa, mi limiterò a proporre una lettura che sia in continuità ermeneutica con quanto ho tentato di affermare finora.

Se sono criteri di discernimento etico-relazionale che Paolo ha voluto fin qui proporre, il versetto che fa da ponte con il brano cristologico va nella stessa direzione. L'altro asserto fondamentale dal quale mi sembra utile partire è l'indiscusso parallelismo dei membri di questo versetto ἐν ὑμῖν e ἐν Χριστῷ Ἰησοῦ. Mi sembrerebbe quindi estremamente

---

[111] Citerei soltanto due autori che hanno particolarmente enfatizzato questo aspetto: T. C. GEOFFRION, *The Rhetorical Purpose*, 117-124 ; D. PETERLIN, *Philippians*, 71-75.

[112] N. A. DAHL, «Euodia and Syntyche and Paul's Letter to the Philippians», in L. M. WHITE – O. L. YARBROUGH (edd.), *The Social World of the First Christians*, Minneapolis (Fortress Press) 1995, 11 n.8.

artificioso leggere due diversi significati per l'unica preposizione ἐν[113]. Se continuiamo ad interpretare il verbo φρονεῖν come *avere la* φρόνησις, si comprende anche come l'interpretazione tradizionale del versetto (che si può rendere in italiano con *abbiate in voi lo stesso modo di sentire che fu in Cristo Gesù*) sia sostanzialmente la più corretta. Se volessimo esplicitare maggiormente la lettura che stiamo facendo del testo potremmo anche tradurre: *abbiate in voi questo criterio di discernimento, lo stesso che Cristo Gesù ebbe in sé*[114]. Certamente questa lettura del versetto esclude da una parte la lettura relazionale-comunitaria di ἐν ὑμῖν (abbiate *nelle vostre relazioni vicendevoli ...*), per privilegiare quella più deliberativa dell'etica[115]; esclude anche, dall'altra la lettura mistico-locale o soteriologica di ἐν Χριστῷ (coloro che sono *in Cristo*, devono avere lo stesso φρονεῖν...)[116], per privilegiare una lettura etico-esemplare, non

---

[113] Così anche J. HERIBAN, «Inno Cristologico (Fil 2,6-11)», in A. SACCHI (ed.), *Lettere Paoline e Altre Lettere*, Leumann (LDC) 1996, 383.

[114] Certamente l'unico problema sintattico di rilievo per la comprensione di tutta l'espressione è la mancanza di un verbo reggente dopo φρονεῖτε. La nostra lettura va nella direzione proposta anche da G. F. HAWTHORNE, *Philippians*, 80-81, dell'ellissi dello stesso verbo nella seconda parte del versetto.

[115] In questa linea: M. BOCKMUEHL, *Philippians*, 121: « verse 5 is the linchpin of the whole argument of 1.27-2.18: the key to a citizenship 'worthy of the gospel of Christ' is in fact none other than to adopt the mind of Christ »; G. BARBAGLIO, *La Teologia di Paolo. Abbozzi in forma epistolare*, Bologna (EDB) 1999, 356: « i Filippesi devono conformarsi a lui, riproducendo nella propria vita la dinamica delle sue scelte e comportamenti (in questa lettura la particella καί ha il suo senso ovvio di "anche") ».

[116] Di cui il capostipite storico è stato E. KÄSEMANN, «Kritische Analyse von Phil. 2,5-11», ZTK 47 (1950), 313-360, ripreso anche in *Exegetische Versuche und Besinnungen*, Göttingen (Vandenhoeck & Ruprecht) 1986, 51-95 che si è rifatto alla tesi dottorale di A. DEISSMANN, *Die neutestamentliche Formel «In Christo Jesu»*, Marburg (Univ. Diss.) 1892. Accanto ai due orientamenti ermeneutici possibili (quella etico-esemplare e quella mistico-soteriologica), si deve segnalare anche un terzo che accentua la dimensione funzionale-deliberativa di 2,5-11. G. L. BLOOMQUIST, *The Function of Suffering*, 126-128.192-197 sottolinea infatti come sia la sofferenza delle prove che attendono i Filippesi a doversi confrontare con il *typos* rappresentato dal Cristo sofferente. L'inno avrebbe allora la funzione di convincere i Filippesi dell'orizzonte nel quale porsi dinanzi alla sofferenza che li attende: « I suggest that the key to understanding Paul's rhetorical presentation of suffering in Philippians is to be found in his studied use of the Christ type who is servant suffered and was vindicated. Philippians evidences Paul's perception that the Christ type can be discerned in his

tanto di un evento da imitare, quanto della criteriologia di riferimento per le scelte etiche dei singoli in riferimento alla comunità (2,1-4) e della comunità in riferimento all'esterno (2,12-18).

5.2. Il brano cristologico di 2,(5)6-11

5.2.1. Introduzione

Se abbiamo fatto la scelta di non addentrarci nello *status quaestionis* del dibattito esegetico di 2,1-5, credo diventi assolutamente improponibile il farlo per Fil 2,6-11. Quest'unico brano ha infatti indotto la critica alla produzione di una mole bibliografica pari forse a tre volte quella riguardante tutto il resto della lettera[117]. Sono pochi coloro che non pensano che: « this [...] hymn about Christ Jesus is the most important section of the letter to the Philippians and provides a marvellous description ... »[118]. Data questa premessa, mi pare di poter ricondurre questa eccezionale concentrazione critica a quattro motivi fondamentali:

a- le affermazioni direttamente cristologiche che toccano temi quali la pre-esistenza di *Cristo Gesù* con la possibile relazione alla dottrina messianica del *secondo Adamo*, la sua vicenda terrena *kenotica* non affrontata in chiave soteriologica, la sua *glorificazione* senza riferimento alla sua risurrezione (si deve evidenziare come questo brano sia stato

---

sufferings, the sufferings of his co-workers, and the sufferings of the Philippians. [...] Paul sets out in Philippians the thesis that even as Jesus did not experience suffering in vain, though others thought he had, neither will Christ type servants suffer in vain. There is no attempt in Philippians to equate the actual states of suffering and vindication of Christ and his followers; the equation lies in the dynamic of recompense » (193.197).

[117] M. BOCKMUEHL, «'The Form of God' (Phil 2:6). Variations on a Theme of Jewish Mysticism», *JTS* 48 (1997), 1 ricorda che: « This passage is one of the most overinterpreted texts of the New Testament. One well-known 1983 [si cita qui una ristampa dell'opera di R. P. Martin] monograph on Phil 2:5-11 and its modern history of interpretation was 320 pages long and had a bibliography of 500 items; at least another hundred items could now easily be added ».

[118] P. T. O'BRIEN, *Philippians*, 251.

immediatamente al centro delle riflessioni e dei dibattiti cristologici fin dal II sec. con le riletture gnostiche e, poi, con l'arianesimo);

b- l'ipotesi poi che il brano sia pre-paolino, diffusasi specialmente dopo il famoso studio del 1928 di Ernst Lohmeyer[119], ha scatenato un accesissimo dibattito storico-critico che va dalle questioni più strettamente linguistiche a quelle più aperte allo sviluppo teologico nel percepire eventuali continuità e discontinuità tra le cristologie pre-paoline (giudaico-cristiane palestinesi, egiziane o asiatiche; etnico-cristiane ...) e quelle paoline e post-paoline;

c- sempre sul versante storico-critico, il terzo motivo mi pare da individuarsi nella ricerca delle fonti utilizzate dall'autore e degli influssi teologici e culturali soggiacenti il testo (sia biblici che inter-testamentari, senza tralasciare ipotesi di influssi gnostici o legati al θεος-ἄνθρωπος di marca asiatica o greca);

d- aggiungerei infine il dibattito più legato alla composizione del testo, che propone varie strutturazioni del nostro brano (a seconda che lo si legga come *poema* o come *prosa*, con un andamento *strofico* o *metrico-quantitativo*, legato al *parallelismo dei membri* ebraico o al parallelismo *chiastico* ...).

Credo che si possa utilmente consultare la bibliografia di qualche studio specifico per farsi un quadro più dettagliato dei dibattiti[120].

---

[119] E. LOHMEYER, *Kyrios Jesus. Eine Untersuchung zu Phil. 2,5-11*, Heidelberg (Winter Universitäts-verlag) 1928.

[120] Fino al 1995, si può vedere R. P. MARTIN, *A Hymn of Christ*, Downers Grove (InterVarsity) 1997 (che è la terza ristampa del suo studio originale *Carmen Christi. Philippians 2:5-11 in recent interpretation and in the setting of early Christian worship*, Cambridge (Cambridge University Press) 1967). Per gli studi più recenti cf. la bibliografia in F. MANZI, «La dipendenza letteraria diretta di Fil 2,5-11 da Is 52,13-53,12», *RivBib* 47 (1999), 277-360 e in R. FABRIS, *Filippesi* (2000), 94-95. Segnalo qui solo due studi, uno per la sua importanza critica, più che per l'aggiornamento cronologico: J. HERIBAN, *Retto* φρονεῖν *e* κένωσις. *Studio esegetico su Fil 2,1-5.6-11*, Roma (LAS) 1983, l'altro perché è l'ultimo pubblicato sull'inno di mia conoscenza: A. M. BUSCEMI, *Una Sinfonia. Gli inni di Paolo a Cristo Signore*, Jerusalem (Franciscan Printing Press) 2000, 17-36.

In questo studio, mi limiterò, anche per questo brano, soltanto alla lettura e all'interpretazione proposta, confrontata con i dati più significativi della ricerca.

5.2.2. L'utilizzo e la struttura del brano

Anche da una lettura sommaria del testo, 2,6-11 si stacca dal contesto di 2,1-18, sia per l'andamento linguistico che per la solennità della tematica. Si passa cioè dalla relazione epistolare tra Paolo e i Filippesi (espressa dalla tonalità esortativa degli imperativi e delle espressioni di 2,1-4 e poi di 2,12-18) a una "narrazione" riguardante Gesù Cristo, la sua vicenda e la sua relazione con Dio Padre. Si ha la netta impressione di un inserimento di un brano "autonomo" all'interno di un'esortazione epistolare dal carattere fortemente relazionale tra mittente e destinatari. Per di più, 2,5 pone esplicitamente tale brano in una prospettiva di esemplarità. Ora, condizione assoluta per l'efficacia retorica di una tipologia esemplare, è che le vicende o le persone da "imitare" siano già note all'uditorio. Se non lo fossero, il racconto *ex novo* di esse farebbe svanire il *climax* raggiunto dall'esortazione[121]. Si comprende allora come un "inno" già in qualche modo noto alla comunità di Filippi possa rispondere esattamente a questa esigenza. Si tratta cioè di far ritornare alla memoria dei Filippesi Cristo Gesù, per saper rileggere la sua vicenda alla luce del *suo* φρονεῖν da poter assumere anche come il proprio. Tutto il fluire del messaggio che Paolo vuole lasciare ai Filippesi sembra confermare l'ipotesi di una composizione dell'inno anteriore alla lettera[122]. Se in-

---

[121] Questo dato, ovvio anche intuitivamente, trova una sua teorizzazione nei manuali retorici. Cf. i riferimenti forniti da B. FIORE, *Personal Example*, 26-44; 79-100. Si veda anche L. G. PERDUE, «The Social Character of Paraenesis and Paraenetic Literature», *Semeia* 50 (1990), 16-17: «... those usually considered the best examples for emulation were the student's family members, teachers and friends, i.e., those from the more intimate communities. More personal examples may also be used to support the traditional values of the larger society, but are especially presented to incorporate the virtues of the intimate communities (families, philosophical and religious groups, and friendships) ». Vedi comunque i capitoli finali di questo mio lavoro per un tentativo di interpretazione delle differenti tipologie di esemplarità utilizzate nella lettera.

[122] Se questa anteriorità debba poi significare una precedente composizione dello stesso Paolo – attingendo al suo bagaglio linguistico e "poetico" che richiama il testo

fatti si analizzano da vicino il vocabolario, la portata cristologica e teologica di alcune espressioni, si percepisce chiaramente come, accanto a notevoli connessioni con il resto della lettera, si sia di fronte ad affermazioni che non vengono e non verranno mai spiegate o considerate degne di nota nella lettera. Il motivo di ciò mi pare a questo punto evidente. Paolo sta "utilizzando" una composizione letteraria già esistente e non confutabile, neppure inconsciamente, dai destinatari della lettera. Egli non è allora preoccupato di rendere ragione delle espressioni che già appartengono al vissuto (liturgico, catechetico ... ?) della comunità, ma utilizza questo brano per mostrare come le scelte che hanno caratterizzato Gesù Cristo, nel suo itinerario "umano", siano state animate dallo stesso φρονεῖν che deve animare ogni scelta del credente in lui.

Guardando ora al brano nella sua interezza, mi paiono non convincenti i tentativi di leggerlo come un brano poetico, legato cioè ai canoni dei componimenti poetici ellenistici o semitici[123]. Credo di poter allora, con molti altri critici, leggerlo "in prosa", seppur una prosa dall'andamento solenne[124].

---

della LXX – nota alla comunità di Filippi, oppure un brano di origine pre-paolina, è molto difficile da sostenere con quella pretesa di "scientificità" riscontrabile in molti studi!

[123] Per verificare la varietà, e a volte, la fragilità di tali proposte, si possono vedere alcuni esempi. Dalla proposta ellenistica "quantitativa" di B. ECKMAN, «A Quantitative Metrical Analysis of the Philippians' Hymn», NTS 26 (1980), 258-266; a quella "semitica" di R. P. MARTIN, «The Form-analysis of Philippians 2,5-11», in F. L. CROSS (ed.), *Studia Evangelica Vol. II. Papers presented to the Second International Congress on New Testament Studies. Part 1*, Berlin (Akademie Verlag) 1964, 611-620 e di J. A. FITZMYER, «The Aramaic Background of Philippians 2:6-11», CBQ 50 (1988), 470-483. Da quella "liturgico-cristiana" di L. CERFAUX, «L'hymne au Christ – Serviteur de Dieu (Phil. 2,6-11 = Is. 52,13-53,12)», in *Recueil L. Cerfaux. Études d'exégèse et d'Histoire Religieuse*, Gembloux (Duculot) 1954, II 425-437, di K. GAMBER, «Der Christushymnus im Philipperbrief in Liturgiegeschichtlicher Sicht», Bib 51 (1970), 369-376 (che riprende in parte l'opzione di M. DIBELIUS), a quella "lirico-cantata" di E. NORDEN, *Die antike Kunstprosa vom VI. Jahrhundert V. Chr. bis in die Zeit der Renaissance*, Leipzig-Berlin (Druck und Verlag B. G. Teubner) 1915, I, 55-57.

[124] Condivido qui le acute considerazioni sull'utilizzo della terminologia *innica* o *poetica* relativamente al nostro brano di G. D. FEE, *Philippians*, 193 n.4.

Tale andamento mi pare richiedere una sua divisione in due parti molto ben delineate, riconoscibili per i seguenti caratteri:

- I due diversi soggetti che la dominano: ὅς, ovvero *Cristo Gesù* del v. 5, che regge tutta la prima parte 6-8 e ὁ θεός che regge la principale di tutta la seconda parte 9-11;
- le diverse dinamiche in esse presenti: la dinamica di *abbassamento* della prima parte e di *innalzamento* della seconda;
- e il διὸ καί con cui inizia 2,9.

Accettando quindi la duplice divisione (strofica) del brano si possono rilevare anche le seguenti corrispondenze tra le due parti:

- nella prima si nota una triplice "cascata" di Cristo Gesù dall'essere ἐν μορφῇ θεοῦ / ἴσα θεῷ, all'assumere una μορφή δούλου / ἐν ὁμοιώματι ἀνθρώπων, fino al diventare ὑπήκοος μέχρι θανάτου, θανάτου δὲ σταυροῦ;
- nella seconda si nota altresì come *Dio* super-esalti (ὑπερ-ύψωσεν) questo Cristo Gesù ormai *morto* e gli doni un nome superiore (ὑπέρ) ad ogni altro, perché sia riconosciuto come κύριος da tutto il creato.

Si ha così, da un punto di vista logico-linguistico, una sorta di struttura chiastica[125]:

---

[125] Anticipo in questa nota la mia scelta relativamente a dove porre il punto di divisione testuale nel v. 7. Si deve infatti prendere una decisione tra due opzioni che hanno molti punti a favore. Si tratta infatti di dare prevalenza a un'istanza teologica (l'essere fermi nel prendere la linea di un cammino fatto da *Gesù Cristo* Dio/servo-uomo/uomo-morte di croce, e quindi operare la scansione 6-7ab/7c-8), oppure dare credito, tra gli altri, allo studio linguistico-statistico di G. WALSER, *The Greek of the Ancient Synagogue. An Investigation on the Greek of the Septuagint, Pseudoepigrapha and the New Testament*, Stockholm (Almqvist & Wiksell International) 2001, che dimostra in modo matematicamente convincente come nel greco della LXX « most predicative aorist participles are placed before the principal verb; 96% are placed before and only 4% after » (p. 35). Ora leggendo il testo dell'inno parrebbe di poterne assimilare la composizione linguistica all'andamento di molti testi della LXX. Nel tal caso la scansione più ovvia verbalmente è 6-7a/7bc-8. Come si intuisce, ci sono buoni motivi difendibili per ciascuna delle due scelte possibili. Qui ne è stata fatta semplicemente una.

A (2,6-7a)	Cristo Gesù *come Dio* che si fa schiavo
B (2,7bc-8)	Cristo Gesù *come uomo* che si fa obbediente fino alla morte di croce
B' (2,9)	Dio che lo sovra-innalza con il dono di un nome (Gesù, il nome storico dell'*uomo*) superiore ad ogni altro
A' (2,10-11)	affinché tutto il creato riconosca-proclami che Gesù Cristo è Signore (= cioè *Dio*).

Si deve però notare come non ci sia una corrispondenza precisa tra le azioni del soggetto della prima parte e quella, unica, del soggetto della seconda. Mentre Cristo Gesù ci è presentato come colui che, scegliendo tra diverse possibilità, agisce (utilizzando verbi all'aoristo accompagnati da espressioni participiali: οὐχ ἡγήσατο / ἑαυτὸν ἐκένωσεν / ἐταπείνωσεν ἑαυτόν), Dio compie conseguentemente (διὸ καί) la duplice azione: αὐτὸν ὑπερύψωσεν καὶ ἐχαρίσατο αὐτῷ τὸ ὄνομα ... con il fine di far riconoscere-glorificare Gesù stesso come *Signore*. Propriamente infatti il "creato" non è nel brano agente di qualche azione, ma la sua (futura o eventuale) azione è posta solo nell'ottica della finalità dell'agire di Dio nei confronti di Gesù Cristo. La portata di questo dato sarà chiara solo dopo una breve analisi dell'itinerario che il brano propone.

5.2.3. Le tappe di un itinerario

Ponendoci nell'ottica retorica, dell'utilizzo paolino del brano e delle sue espressioni, l'approccio non può che essere quello relativo all'itinerario percorso da quel *Cristo Gesù* che il v. 5 ha mostrato come portatore di una φρόνησις che deve essere anche quella dei destinatari.

• La prima azione che ci viene proposta è un'azione negativa: ἐν μορφῇ θεοῦ ὑπάρχων οὐχ ἁρπαγμὸν ἡγήσατο τὸ εἶναι ἴσα θεῷ. Indipendentemente dalla modalità in cui ciò sia stato possibile "storicamente", c'è l'espressione di un'uguaglianza con Dio, di una *con-formità* a Dio che non è stata considerata ἁρπαγμός da Cristo Gesù. Tale termine conserva l'arco semantico del verbo ἁρπάζειν: "*prendere per sé* con la forza, con il furto, rapire, per il proprio interesse, a scapito di altri ... ". Non c'è dubbio che si stia facendo riferimento ad una "condizione divina" che

Gesù Cristo non ha voluto *possedere per il proprio vantaggio personale* [126]. Che la sua azione di *non considerare* ἁρπαγμός la sua uguaglianza con Dio sia stato il frutto di una scelta[127], di un "discernimento", è evidente dall'uso di ἡγέομαι che abbiamo già incontrato in 2,3: Gesù Cristo cioè, pur essendo nella condizione di *essere* ὑπερέχων di tutti (in modo quindi diametralmente opposto ai destinatari della lettera, ma opposto anche a tutti noi!), *non ha considerato* questo a proprio vantaggio e ha agito di conseguenza.

• Così, da una condizione di assoluta *superiorità*, egli si è posto nella condizione di assoluta sudditanza, implicita nella comprensione antica

---

[126] L'interpretazione di ἁρπαγμός come "cosa-occasione da cui trarre vantaggio personale" è stata proposta esplicitamente da R. W. HOOVER, «The ἁρπαγμός enigma. A Philological Solution», *HTR* 64 (1971), 95-119 e ripresa da N. T. WRIGHT, «ἁρπαγμός and the Meaning of Philippians 2:5-11», *JTS* 37 (1986) 321-352. Molti commentatori in seguito l'hanno accolta come l'interpretazione più probabile. Solo come esempio, cf. M. BOCKMUEHL, *Philippians*, 130: « The rhetorical context of our passage (2.1-5; 2.14, 21 etc.) gives this reading considerable exegetical and theological advantages; these are further buttressed by philological research suggesting that in secular usage to consider something a *harpagmos* means to exploit fully something that is already in one's possession. ... Jesus refused to act selfishly with regard to his preincarnate state in relation to God; *he did not think he needed to take advantage*, to make the most of it ». Tuttavia, il senso logico-retorico dell'espressione non cambia anche se si preferiscono altre interpretazioni più tradizionali come, in senso passivo "oggetto rubato, frutto di un furto – tesoro prezioso" (leggendo ἁρπαγμός con la stessa valenza di ἅρπαγμα: cf. per es. M. R. VINCENT, *Philippians*, 58) o, in senso attivo "un qualcosa da afferrare, da prendere, da custodire, da difendere gelosamente" (cf. per es. J. GNILKA, *Filippesi*, 208-209 opp. R. BERGMEIER, «Weihnachten mit und ohne Glanz. Notizen zu Johannesprolog und Philipperhymnus», *ZNW* 85 (1994), 67). È così anche se si accettano ipotesi ancora più sofisticate, come quelle di C. F. D. MOULE, «Further Reflexions on Philippians 2:5-11», in W. W. GASQUE – R. P. MARTIN (edd.), *Apostolic History and the Gospel. Biblical and Historical Essays Presented to F. F. Bruce on his 60th Birthday*, Grand Rapids (Eerdmans) 1970, 264-276; di J. C. O'NEIL, «Hoover on *Harpagmos* Reviewed, with a Modest Proposal concerning Philippians 2,6-11», *HTR* 81 (1988), 445-449; di R. MERKELBACH, «Zwei Beiträge zum Neuen Testament», *RheinMus* (134) 1991, 349-351; di T. Y.-C. WONG, «The Problem of Pre-existence in Philippians 2,6-11», *ETL* 62 (1986), 267-282.

[127] Parlano di *scelta di Cristo Gesù* anche R. FABRIS, *Filippesi* (2000), 130 e K. BARTH, *Filippesi*, 111-113. F. MANZI, «Fil 2,6-11 ed Eb 5,5-10: due schemi cristologici a confronto», *RivBib* 44 (1996), 46, arriva ad utilizzare la categoria della "opzione fondamentale" di Cristo.

del termine δοῦλος, schiavo[128], completamente antitetica all'idea stessa di "dio". Tralsciando il dibattito sull'esatta portata filosofica del termine, è indubbio che c'è un esplicito passaggio da una μορφή ad un'altra. Gesù Cristo si è *svuotato* di una μορφή θεοῦ per *prendere* una

---

[128] Chiaramente tutta la relazione tra δοῦλος - διάκονος - עֶבֶד יהוה e Gesù Cristo apre spazi molto ampi per una ricerca dello sfondo biblico di queste espressioni. In particolare è nota la proposta di J. JEREMIAS, «Zu Phil II,7; ἑαυτόν ἐκένωσεν», NT 6 (1963), 182-188 e di A. FEUILLET, «L'hymne christologique de l'épître aux Philippiens (II, 6-11)», RB 72 (1965), 352-380.481-507, di leggere il versetto alla luce del testo ebraico di Is 53,12. Cf. anche su questo argomento F. MANZI, «La dipendenza letteraria». Eppure credo che qui, anche se non è esclusa una diretta dipendenza biblica dell'inno nella sua composizione originaria, non sia questa ad essere evocata da Paolo. Credo più pertinente per una migliore comprensione dei termini ἐκένωσεν e δοῦλος il riferimento al "sentire" sociale relativamente allo schiavo in una società quale quella di Filippi di quell'epoca. In modo particolare si può vedere T. E. J. WIEDEMANN, *Slavery. Greece and Rome New Survey*, Oxford (Univ. Press) 1987 e M. I. FINLEY (ed.), *La schiavitù nel mondo antico*, Bari (Laterza) 1990. Su questa stessa nostra linea si muove anche S. BRIGGS, «Can an Enslaved God Liberate? Hermeneutical Reflections on Philippians 2:6-11», *Semeia* 47 (1989), 137-153, che è un tentativo ermeneutico di leggere 2,6-11 alla luce delle categorie culturali della schiavitù, e per verificare la più volte sostenuta teoria che un testo biblico possa far 'scattare delle molle' per un cambiamento sociale. La risposta è per l'autrice negativa e non nasconde una palese critica alle attuali dinamiche della teologia della liberazione e di tutte le letture 'femministiche' della Scrittura. Non nascondo il fastidio che provo nel leggere articoli di autori che vogliono 'smontare' delle tesi "ideologiche", partendo chiaramente dall'ideologia opposta – senza mai dichiararlo, ovviamente, anzi pretendendo per se e per la propria ricerca una presunta maggiore scientificità. Ritornando invece a studi più seri, per quanto riguarda la "morte sociale" dello schiavo, particolarmente profonde ed applicabili anche al mondo antico, sono le considerazioni dell'eccellente studio di O. PATTERSON, *Slavery and Social Death*, Cambridge (Harvard University Press) 1982. Segnalo qui anche lo splendido numero di *Semeia* 83/84 (1998) che porta il titolo *Slavery in Text and Interpretation* che raccoglie vari articoli su questo argomento, tra i quali segnalo in ordine "didattico": B. G. WRIGHT III, «*Ebed/Doulos*: Terms and Social Status in the Meeting of Hebrew Biblical and Hellenistic Roman Culture», *Semeia* 83/84 (1998), 83-109; R. A. HORSLEY, «The Slave Systems of Classical Antiquity and Their Reluctant Recognition by Modern Scholars», *Semeia* 83/84 (1998), 19-66; ID., «Paul and Slavery: A Critical Alternative to Recent Readings», *Semeia* 83/84 (1998), 153-200 e la risposta critica di S. K. STOWERS, «Paul and Slavery: A Response», *Semeia* 83/84 (1998), 295-311; O. PATTERSON, «Paul, Slavery and Freedom: Personal and Socio-Historical Reflections», *Semeia* 83/84 (1998), 263-279. Si può anche leggere per il più recente *status quaestionis*: M. J. BROWN, «Paul use of ΔΟΥΛΟΣ ΧΡΙΣΤΟΥ ΙΗΣΟΥ in Romans 1:1», *JBL* 120 (2001), 723-737.

μορφή δούλου. Egli ha cioè compiuto in sé in modo radicale l'invito fatto in 2,3: ἀλλήλους ἡγούμενοι ὑπερέχοντας ἑαυτῶν. Anche qui, non credo sia rilevante per la comprensione del testo tutta la riflessione successiva riguardo alla portata cristologica e intratrinitaria dell'affermazione. Fil 2,7a mostra con una certa forza come l'essere *schiavo* di Gesù Cristo sia il frutto di una precisa scelta, legata ad una *non-considerazione* di "ciò" che egli era-poteva essere, per *svuotarsi* in vista di essere "all'ultimo posto". Certamente, anche guardando ai termini del passo successivo, il brano che Paolo riporta conserva una certa delicatezza nell'utilizzazione dei termini di uguaglianza-similitudine di Gesù nei confronti di Dio e nei confronti degli uomini (ἴσα θεῷ / ἐν ὁμοιώματι ἀνθρώπων[129]). Segno evidente di un processo in atto nella comprensione della possibilità dell'esistenza di un "vero Dio *e* vero uomo" quale la teologia successiva proporrà. Basta comunque limitarsi a questa costatazione per verificare, una volta di più, l'assenza di ogni riferimento anche lontanamente atto ad aiutare i Filippesi nell'eventuale comprensione di queste affermazioni, segno evidente della non centralità retorica di queste e prova ulteriore dell'utilizzo paolino di un brano già noto alla comunità.

• Il percorso prosegue con un'altra azione diretta di Cristo Gesù che *essendo uomo* e uomo riconosciuto tale, ἐταπείνωσεν ἑαυτόν[130]. Di fronte

---

[129] U. VANNI, « Ὁμοίωμα in Paolo (Rm 1,23; 5,14; 6,15; 8,2; Fil 2,7). Un'interpretazione esegetico-teologica alla luce dell'uso dei LXX. 2ª parte», *Greg* 58 (1977), 463-467 ha proposto di leggere tale sintagma come sinonimo di παράδειγμα ἀνθρώπων e traducendo 2,7: ... *essendo vissuto in un'espressione percettibile della categoria esemplare degli uomini e trovato nel comportamento come uomo (ideale)*. Questa proposta non mancherebbe per noi di un suo fascino legando direttamente il contenuto stesso dell'inno alla funzione esemplare-esortativa. Tuttavia non mi pare che le argomentazioni proposte siano convincenti per sposare una tale lettura così particolare per Fil 2,7. Del tutto disatteso è infatti il contesto sintattico, data la preoccupazione concentrata solo sul lessema. Se infatti trovassimo nel testo γενόμενος ὁμοίωμα ἀνθρώπων si potrebbe ipotizzare una risposta simile, ma l'espressione del testo ἐν ὁμοιώματι ἀνθρώπων γενόμενος non può avere la stessa comprensione!

[130] Scelgo evidentemente, anche se non senza possibili perplessità, come ho detto sopra, di legare 7bc a ciò che segue, come passo ulteriore della narrazione invece che legare 7b a ciò che precede. Tra le varie opzioni possibili ho preferito leggere σχήματι εὑρεθεὶς ὡς ἄνθρωπος come una sorta di endiadi con l'espressione ἐν ὁμοιώματι

al riconoscimento comune, si sottopone al processo di *obbedienza* che lo porta fino alla morte e alla morte tipica dello schiavo, la croce[131]. Anche qui metterei in evidenza la portata argomentativa di questo ultimo passaggio, che rimanda inevitabilmente all'atteggiamento richiesto ai Filippesi in 2,3: τῇ ταπεινοφροσύνῃ. Se già il passaggio dalla sfera della (signoria)-divinità a quello della schiavitù-umanità costituiva una scelta significativa di un φρονεῖν, quale "tipologia" di uomo essere davanti agli altri uomini costituisce l'altro versante della possibile scelta (σχήματι εὑρεθεὶς ὡς ἄνθρωπος mi pare cogliere esattamente l'aspetto della totale "riconoscibilità"[132] di uomo accanto-come tutti gli altri; tradurrei allora l'espressione con: *riconosciuto completamente come uomo*). In questa prospettiva si comprende ancora meglio il criterio di discernimento proposto in 2,1-4. Non si tratta di un atteggiamento in qualche modo filantropico di chi, rimanendo "sopra", si occupa benevol-

---

ἀνθρώπων γενόμενος (così infatti A. FEUILLET, «L'hymne christologique», 360-362 e altri), anche se in realtà l'essere divenuto "come" un uomo e l'essere riconosciuto come (vero) uomo non sono esattamente la stessa cosa! Mi rendo ben conto che, in questo modo, il v. 8 risulta così non un ulteriore passo del "cammino" di Cristo Gesù, ma l'azione compiuta da questo soggetto fattosi uomo. D'altro canto non credo si possa dare eccessiva enfasi a questo fatto arrivando, come fanno alcuni, a immaginare quasi una terza tappa di abbassamento, nell'ampliamento θανάτου δὲ σταυροῦ.

[131] Sulla stretta connessione tra schiavitù e crocifissione, si possono vedere i riferimenti letterari proposti da M. HENGEL, «Mors turpissima crucis. Die Kreuzigung in der antiken Welt und die "Torheit" des Wortes vom Kreuz», in J. FRIEDRICH - W. PÖHLMANN - P. STUHLMACHER (edd.), *Rectfertigung. Festschrift für Ernst Käsemann zum 70. Geburtstag*, Tübingen (Mohr-Siebeck) 1976, 125-183; rivisto e aggiornato dall'autore nella sua edizione italiana: *Crocifissione ed espiazione*, Brescia (Paideia) 1988, 11-13.21-129.

[132] Sebbene sia possibile leggere il passivo εὑρεθείς come uno "stato" nel quale Gesù Cristo "si viene a trovare" (es. M. BOCKMUEHL, *Philippians*, 138: « 'he was found'. The passive use has to do with what in French is expressed by *se trouver*: the way a person's circumstances turn out in the event, rather than what is the case in principle »), tenderei invece a sottolineare la possibilità di leggerlo come un vero passivo, traducendo l'espressione σχήματι εὑρεθείς (trovato nell'aspetto visibile-esteriore) con *riconosciuto*, evidentemente dagli altri uomini. Saremmo cioè nello stesso ordine di idee di Gv 1,11 e 10,33, testi che esplicitano il non-riconoscimento del "Dio" che sta nell'uomo Gesù (pur essendo comunque evidente che questa idea negativa non è suggerita dal testo di Fil).

mente degli altri, "sotto". Ma si tratterà di avere la φρόνησις di chi si è messo "con" gli altri, anzi "sotto" di loro[133].

Con il v. 9 si apre la seconda parte del brano con l'azione di Dio nei confronti di Cristo Gesù. Tale azione sembra una risposta di Dio al percorso compiuto da Gesù Cristo (con l'utilizzo di διὸ καί) e si mette, anche linguisticamente, sulla stessa lunghezza d'onda di tutti gli "innalzamenti" degli umili e degli umiliati della Bibbia[134]. Qui possiamo però notare due particolarità: la prima consiste nella volontarietà della scelta di abbassamento così come viene presentata in 2,6-8, e la seconda consiste nel valore relazionale di tale innalzamento. Questo pone direttamente in relazione *Gesù* (in 2,10 è sottolineato il nome "storico"[135]), quello stesso Gesù che aveva compiuto volontariamente delle scelte che lo avevano infine portato alla *morte di croce*, con *tutto* il creato (questa totalità è particolarmente enfatizzata attraverso πᾶν ὄνομα di 2,9, la solenne descrizione della triplice suddivisione del "mondo" di 2,10[136] e πᾶσα γλῶσσα di 2,11). L'eco di Is 45,22-25 è, in que-

---

[133] U. VANNI, *L'ebbrezza dello Spirito. Una proposta di spiritualità paolina*, Roma (AdP) 2001, 173-174 sottolinea come noi questo aspetto: « Paolo, in un contesto caldo di condivisione con la comunità di Filippi, con la quale si sente particolarmente in sintonia, esorta i cristiani di Filippi ad avere lo stesso movente di fondo che si rileva in Cristo Gesù che, trovandosi consapevolmente al livello di Dio, dà a tutta la sua vita un orientamento di servizio. [...] **Servire comporta un uscire continuato da se stessi, dalle proprie esigenze, dal proprio tornaconto: richiede un adeguamento all'altro, un vero esproprio** ». (mia sottolineatura)

[134] Cf. per esempio i testi greci di Is 53,12; Ez 21,31; Sap 4,14.

[135] Senza entrare nel merito dell'uso dei *titoli cristologici* in Paolo, sottolineo qui la pertinenza del significato da attribuirsi all'utilizzo assoluto del nome Ἰησοῦς nei pochi passi (17 in tutto l'epistolario paolino) in cui lo troviamo, di cui Fil 2,10 è parte. Cf. per esempio W. FOERSTER, «Ἰησοῦς», GLNT 4, 921-922: « Dal contenuto di questi passi appare chiaro che Paolo, usando questo nome, ha in mente particolarmente l'elemento "storico"; del resto lo stesso uso del nome Ἰησοῦς porta in questa direzione. Questo vale anche per Fil 2,10. Paolo ha chiaramente davanti agli occhi la morte e la risurrezione di Gesù ».

[136] A motivo della particolare insistenza su questa *totalità*, mi sembra difficile limitare 2,10 alla sola totalità delle potenze avverse a Dio, come fanno alcuni, iniziando da M. DIBELIUS, *An die Philipper*, ma soprattutto sulla scia di E. KÄSEMANN, «Kritische Analyse».

sta seconda parte del brano, molto forte e pone in diretto parallelismo il riconoscimento di Dio, creatore del mondo, che guida l'intera storia dell'umanità, con il riconoscimento di Gesù-κύριος[137] che porta anche contestualmente a riconoscere la *gloria di Dio Padre*.

Al di là del valore cristologico e teologico della composizione originaria, mi pare che la finalità argomentativa paolina, che lo aveva spinto all'utilizzo di questo brano cristologico per suscitare una imitazione del φρονεῖν di Cristo Gesù, non si offuschi per questa seconda parte. Qualcuno ha infatti evidenziato come l'intervento di Dio rappresenti una difficoltà[138] nel caso il brano venga letto in chiave esemplare, anche e specialmente per l'assenza di qualsiasi riferimento soteriologico di tutto il percorso di Cristo[139]. Non credo che ciò sia vero, e proprio per quanto Paolo è venuto fin qui affermando. Anche se con un diverso approccio, questa non estraneità di 2,9-11 all'argomentazione paolina è evidenziata anche da altri critici. Solo due esempi:

> L'esortazione paolina all'umiltà trova nella vicenda di Cristo narrata in 2,6-11 non solo un esempio trascinante, ma anche la certezza che Dio è con quanti si umiliano per esaltarli a sua gloria. Una certezza che non può non incidere sull'esortazione. [140]

---

[137] Per le conseguenze che ha prodotto una lettura cristologica, anziché teologica, di Is 45, cf. P. T. O'BRIEN, *Philippians*, 241-243. Interessante, per lo *status quaestionis* relativo a questo aspetto, lo studio di T. NAGATA, *Philippians 2,5-11. A Case Study in the Contextual Shaping of Early Christology*, Ann Arbor (Univ. Press) 1989.

[138] Cf. per esempio J. GNILKA, *Filippesi*, 230-232.

[139] È noto il dibattito sull'assenza nel nostro brano del valore salvifico del percorso di essere divenuto uomo-abbassamento-morte-morte in croce del Cristo. In varie maniere, hanno tentato di scoprire la possibilità di un approccio soteriologico vari autori, soprattutto E. KÄSEMANN, ««Kritische Analyse», e poi U. B. MÜLLER, «Der Christushymnus Phil 2,6-11», *ZNW* 79 (1988), 17-44; T. SÖDING, «Erniedrigung und Erhohung. Erwägungen zum Verhältnis von Christologie und Mythos am Beispiel des Philipperhymnus (Phil 2,6-11), *ThPhil* 67 (1992), 1-28. Per una critica a tale approccio si veda F. MANZI, «Fil 2,6-11 ed Eb 5,5-10», 47-50.

[140] G. BARBAGLIO, *La Teologia di Paolo*, 365.

> What is important is that Paul found it compatible with his own ideas about Christ and precisely fit to illustrate what he wished to teach the Philippians: [...] Christ of the Christ-hymn challenges every one of these false values of the Philippians. He becomes for Paul the ultimate model for moral action. In the divine economy of things, by giving a person receives, by serving he is served, by losing his life he finds it, by dying he lives, by humbling himself he is exalted. The one follows the other as night follows day, but always in this order – self-sacrifice first before the self is exalted by God. This is the point Paul wishes to drive home to the Philippians, and it is made so eloquently and elegantly by the hymn that he prefers to quote it in full rather than to attempt to put it in any prose-form he could think up. [141]

Secondo me, la prospettiva del criterio delle scelte alla quale Paolo vuole "educare" i Filippesi, della φρόνησις da avere in sé, quale è espressa in 2,1-4 e mostrata "in azione" in 2,5-8, ha cioè come riferimento autentico non il modello socratico dell'offerta della propria vita per l'ideale, una nobiltà d'animo da perseguire sullo sfondo stoico-ellenistico, ma una relazione con Dio che *non vuole la morte ma ama la vita* (cf. Ez 18,32; Sap 1,13). Non è di poco valore questa affermazione, che si colloca nella stessa dinamica della *propositio* della lettera da noi individuata in 1,9-11[142], specialmente nel momento in cui la prospettiva richiesta è quella di anteporre l'interesse altrui al proprio, o di sottomettere per amore il proprio interesse vitale a vantaggio del vangelo (1,27-30) e dell'altro (2,1-4) nella comunità.

5.3. L'esortazione di 2,12-18

L'ultima esortazione della prima parte della lettera, ha un andamento volutamente solenne ed enfatico. L'espressività relazionale ha di nuovo il sopravvento ed emerge ancora la forza "paterna" dell'esortazione paolina. Il tono solenne di 2,12, il tema teologico-

---

[141] G. F. HAWTHORNE, *Philippians*, 95-96.

[142] Avevamo incontrato la stessa prospettiva per Paolo nella sottolineatura che la sua vicenda in 1,12-26 andava "a vantaggio" di lui stesso (cf. punto 3.3.).

escatologico del brano, l'esplicito riferimento al possibile sacrificio di Paolo, il ricordo reciproco nella condivisione della gioia, sono tutti elementi che danno alla parte un sapore quasi di chiusura. E questo non solo come espressione formale di una sezione della lettera, ma anche come conclusione-termine di una relazione. Non manca infatti chi ha visto in questo brano un preciso riferimento al genere letterario dei discorsi di addio di Mosé, quali ci sono presentati nel Deuteronomio. Così Fred B. Craddock:

> The brief section both concludes the practical implications of 2:5-11 and rounds out the entire hortatory passage that began at 1:27. [...] Paul's mind is now tilted toward not seeing them again. This is evident not only in the fact that verses 14-16 are a farewell speech patterned after that of Moses (Deut 31:24-32:5), but in verse 17 he will speak again of his death. [...] While it is quite obvious that Paul used for a model here the farewell speech of Moses, he has not adopted the negativity of that speech. [143]

Va sottolineato il carattere conclusivo di questi versetti, che chiudono così la prima parte della lettera attraverso l'enfasi esortativa delle espressioni. La sensazione è quindi, da una parte, di termine di sezione argomentativa, dall'altra questa tonalità pone i versetti che seguono su un piano differente (vedremo il deciso stacco tra 2,18 e 2,19) che ci porrà la domanda sulla funzione di 2,19-30. Fil 2,12-18 risulta così leggibile unitariamente, anche se si possono notare le tre proposizioni caratterizzate da tre serie di imperativi: 2,12-13/14-16/17-18.

5.3.1. Fil 2,12-13

Il tono solenne di questi due versetti è dato dall'unirsi del *topos* epistolare della *apousia – parousia* del mittente[144], che lega relazional-

---

[143] F. B. CRADDOCK, *Philippians*, 44-45. Si fa qui riferimento a Dt 31,29 per Fil 2,12, e a Dt 32,5 per Fil 2,15.

[144] Questo motivo epistolare, relativo alla assenza e alla presenza (passata o futura) tra mittente e destinatario della lettera è qui utilizzato facendo riferimento ad un'autorità di Paolo nei confronti della comunità che comporta un'obbedienza anche ora, in sua assenza. Sebbene questa sia l'unica ricorrenza in tutto l'epistolario paolino in cui i termini παρουσία e ἀπουσία (quest'ultimo addirittura *hapax* neotestamentario in

mente Paolo ai Filippesi, con l'imperativo che spinge al legame dei Filippesi con Dio.

Il nostro brano è unito a quanto precede attraverso un ὥστε che apre 2,12. È proprio infatti nell'unione con tutta la sezione che la ricerca della *salvezza* trova la sua chiave di lettura più autentica. La terminologia che qui Paolo utilizza mostra tutta la sua capacità "ironica". Troviamo unite espressioni linguistiche che appartengono, per sé, a campi semantici differenti. Il tema della possibilità di un κατεργάζειν τὴν ἑαυτῶν σωτηρίαν indicherebbe, da una parte, la potenza, la capacità autonoma di conquista della *propria salvezza*, senz'altro ricercata dai Filippesi (e già proposta in 1,19.28). Dall'altra, si hanno categorie relazionali legate a quella ταπεινοφροσύνη (cf. 2,3.8) che, sola, permette di accedervi. Ciò che Paolo vuole escludere non è la gloria divina della salvezza, verso la quale ogni credente è orientato, quanto una modalità di possesso di essa caratterizzato da quell'atteggiamento descritto in 2,3 come κατ' ἐριθείαν e κατὰ κενοδοξίαν. Da qui l'*obbedienza* filiale[145], il *timore e tremore*[146], la completa referenzialità di Dio nel *volere e agire* dei

---

Fil 2,12) compaiano insieme, il motivo è frequente: cf. per esempio 1Cor 4,18-21 o 2Cor 10,1-2. Per il motivo nell'epistolografia, cf. R. FUNK, «The Apostolic Parousia: Form and Significance», in W. R. FARMER – C. F. D. MOULE – R. R. NIEBUHR (edd.), *Christian history and interpretation : studies presented to John Knox*, Cambridge (Cambridge University Press) 1967; J. T. FITZGERALD, «Friendship», 147; A. PITTA, *Sinossi Paolina*, 291-303.

[145] ὑπηκούσατε di 2,12 non può non richiamare il γενόμενος ὑπήκοος di Gesù Cristo in 2,8 (eccessiva mi pare essere la prudenza di K. BARTH, *Filippesi*, 121 che rimanda solamente a 2,1-4, o l'affermazione che si tratta di una "semplice coincidenza casuale", come afferma U. B. MÜLLER, *Philipper*). L'obbedienza qui richiamata è chiaramente quella di tipo relazionale, della comunità nei confronti di Paolo, più che quella relativa alla fede, al vangelo (come ad es. in Rom 1,5; 16,19.26; 2Ts 1,8) ed è di tipo filiale (con l'utilizzo di ἀγαπητοί (μου) Paolo spesso introduce esortazioni imperative: es. Rom 12,19; 2Cor 7,1; 12,19). Per delle osservazioni profonde sull'utilizzo di ὑπακούειν rimanderei a J.-N. ALETTI, *Épître aux Colossiens*, Paris (Gabalda) 1993, 251-252: « l'obéissance suppose une attitude d'écoute dynamique et considère le désir de l'autre pour y adhérer ».

[146] Non è chiaro se l'utilizzo di questa coppia di termini rimandi all'atteggiamento interiore di tipo relazionale umano e comunitario (come farebbero pensare le altre ricorrenze paoline in 1Cor 2,3; 2Cor 7,15; Ef 6,5; sono di questa opinione, per es. J.-F. COLLANGE, *Philippiens*, 98; G. F. HAWTHORNE, *Philippians*, 100) oppure vada letta alla luce dello sfondo biblico, con chiaro riferimento all'uomo davanti a Dio (cf. ad es. il

Filippesi. L'eco del percorso compiuto da Cristo Gesù in 2,5-11, dal suo abbassamento volontario alla sua glorificazione, è cioè aperto a tutti, a condizione che avvenga secondo le stesse modalità, secondo lo stesso φρονεῖν. La forza retorica di questi versetti si coglie soprattutto "tenendo insieme" tutte le espressioni, senza indebolirne qualcuna, come alcuni invece sono portati a fare, specialmente per eliminare ogni "sospetto" di possibilità di una salvezza ottenibile grazie alle proprie forze, così come l'unico imperativo di questi versetti (τὴν ἑαυτῶν σωτηρίαν κατεργάζεσθε) sembra proporre[147]. Anzi le ultime parole, ὑπὲρ

---

testo greco di Es 15,16; Dt 2,25; Is 19,16; Sal 2,11 e altri; tra gli altri, sostengono questa seconda possibilità, G. D. FEE, *Philippians*, 236; P. T. O'BRIEN, *Philippians*, 283-284; J. ECKERT, «"Mit Furcht und Zittern wirkt euer Heil!" (Phil 2,12). Zur Furcht vor Gott als christlicher Grundhandlung», in J. J. DAGENHART (ed.), *Die Freunde an Gott unsere Kraft*, Stuttgart (Kath. Bib. Werk) 1991, 262-270). Credo che comunque, in entrambe le letture, si faccia riferimento ad un modo interiore di procedere, che mi pare in linea con il corretto atteggiamento richiesto qui da Paolo. Ecco perché mi sentirei di escludere altre proposte, come quella di O. GLOMBITZA, «Mit Furcht und Zittern. Zum Verständnis von Phil 2,12», *NT* 3 (1959), 100-106; di S. PEDERSEN, «"Mit Furcht und Zittern" (Phil 2,12-13)», *StTh* 32 (1978), 1-31; o di H. GIESEN, «"Furcht und Zittern" vor Gott? Zu Philipper 2,12», *TGeg* 31 (1988), 86-94.

[147] Molto si è scritto sull'espressione di Fil 2,12. Soprattutto nel periodo della Riforma, pieno del dibattito sulla grazia e sulla salvezza, l'idea di una possibilità (all'interno dell'epistolario paolino!) di "guadagnarsi" una propria salvezza era allettante per alcune posizioni teologiche e aberrante per altre. Non c'è dubbio che tale dibattito rimanga sullo sfondo fino ad oggi. L'esortazione di Paolo di *attuare la propria salvezza* è infatti spesso risolta attraverso interpretazioni tendenti a sminuire la portata dell'espressione. Per farlo, spesso si propone una comprensione "debole" del verbo κατεργάζομαι, inteso come "dare attuazione, compimento" e sottintendendo allora che la salvezza è un dono assolutamente gratuito di Dio che chiede agli uomini di poter essere resa operativa nella loro vita, secondo l'aforisma bultmaniano divenuto classico « diventate ciò che siete » (cf. R. BULTMANN, *Theologie des Neues Testaments*, Tübingen 1948). La maggioranza degli autori, specialmente appartenenti all'area riformata, non si distacca sostanzialmente da questa posizione divenuta classica e ben sintetizzata da M. R. VINCENT, *Philippians*, 65: « Because grace is given, man must work ». Altre volte si propone di leggere l'esortazione paolina non riferita agli individui, ma alla comunità (solo per un esempio, cf. J.-F. COLLANGE, *Philippiens*, 98: « Tant le contexte que le pluriel ἑαυτῶν montrent de plus que le terme n'a pas qu'un sens individuel, mais présente avant tout une réalité plus large et communautaire ») o al "lavoro" apostolico che l'essere stati salvati comporta (M. BOCKMUEHL, *Philippians*, 152-153 :« Perhaps the best clue to this present 'working out' of salvation at Philippi, however, lies in the realization that Paul urges it *not just when I am with you but* **all the more** *now in my*

τῆς εὐδοκίας[148], mostrano bene come il primato dell'altro, del *bene* dell'altro (lo stesso di 2,4) debba prevalere, anche quando quest'altro ... fosse Dio!

---

absence. If their 'working out' is now even *more* necessary, this may be because the apostle himself is now unable to contribute to it. We should consider the possibility that Paul simply encourages the Philippians to take on for themselves the work he used to do among them: 'Since I cannot now personally work in your midst to "save" you, you must show your Christian obedience all the more by continuing to work out your *own* salvation'. Rather like Christian citizenship (1.27; 3.20), salvation is realized both in receiving it and in working it out, taking an active share of responsibility for its implementation»). L'altra pista che di solito è utilizzata è di non leggere σωτηρία in chiave escatologica, ma in chiave storica, interpretando così il termine con uno "stare meglio – guarire" relativo alla comunità (G. F. HAWTHORNE, *Philippians*, 98: «Paul is not concerned with the eternal welfare of the soul *of the individual*. Rather the context suggests that this command is to be understood in a corporate sense. The entire church, which has grown spiritually ill (2:3-4), is charged now with taking whatever steps are necessary to restore itself to health and wholeness »; il primo, a mia conoscenza, a proporre questa ipotesi fu J. H. MICHAEL, «Work Out Your Own Salvation», *Exp* 9/12 (1924), 439-450). Non mancano, poi, altre ipotesi più varie: come ad es. quella di G. D. FEE, *Philippians*, 232 n.8: « Indeed this is a very Germanic sentence, with the verb in last position preceded by a long clause before one gets to it. Because of the distance between the μή and the verb, it is easy to lose sight of the fact that grammatically it goes with the imperative at the end, and not with "obedience" [...] Thus the μή negates the imperative only *indirectly*: In working out their salvation they are *not* to do so though such obedience were only forthcoming when he was among them ».

[148] Un reale problema interpretativo sottosta all'espressione ὑπὲρ τῆς εὐδοκίας. Si tratta del *benvolere* di Dio o degli uomini e, inoltre, è lo scopo o la causa, riferita all'azione di Dio o degli uomini? A seconda della combinazione fra le scelte, si hanno interpretazioni molto differenti. Personalmente credo che l'unica da evitarsi, per motivi logici e sintattici, sia quella che vede l'espressione totalmente riferita a Dio (*Dio opera in voi ... per la sua benevolenza*: cf. G. SCHRENK, «εὐδοκία», *GLNT* 3, 1129: « ... riferito alla benevolenza di Dio e al suo insondabile consiglio »; G. D. FEE, *Philippians*, 240: « God's pleasure is pure love, so what he does "for the sake of his good pleasure" is by that very fact also on behalf of those he loves. After all, it delights God to delight his people »). Mi pare che l'ottica relazionale dell'*agire per l'altro* non muti, allora, sia che Dio agisca in noi per la nostra benevolenza, sia che noi costruiamo-attuiamo la nostra salvezza (perché è Dio che opera in noi) per la sua benevolenza. Personalmente, tuttavia, preferisco quest'ultima ipotesi (con G. F. HAWTHORNE, *Philippians*, 101).

5.3.2. Fil 2,14-16

Con una seconda serie di esortazioni Paolo, da una parte allarga il suo sguardo al *tutto* dell'agire dei Filippesi, dall'altra dona una maggiore concretezza esistenziale nell'indicare la relazione esistente tra un agire intra-comunitario dei membri della comunità e la conseguenza visibile "all'esterno" di tale agire. I due versanti, dell'agire intra-comunitario e verso l'esterno della comunità, sono presentati con sintagmi che richeggiano (quasi fossero citazioni) espressioni caratteristiche del popolo di Israele nel deserto.

• χωρὶς γογγυσμῶν καὶ διαλογισμῶν. Questi due termini ricordano due tipi di pensieri (solitamente dipinti come malvagi). Il primo ricorda il *mormorare* del popolo nel deserto[149], mentre il secondo ricorda moltissimi passi, specialmente dei Salmi, in cui sono descritti i pensieri dei malvagi che tramano[150]. Così come in 2,3 agli atteggiamenti negativi da evitare sono contrapposti quelli positivi, cioè essere/diventare ἄμεμπτοι e ἀκέραιοι, senza alcun motivo di biasimo e senza impurità, integri e genuini. È così richiamata una trasparenza del pensare (non è del resto in gioco nella lettera il φρονεῖν dei Filippesi?) e dell'agire che diventa visibilità esterna.

• Questa visibilità si configura con tre caratterizzazioni:

> - τέκνα θεοῦ ἄμωμα μέσον γενεᾶς σκολιᾶς καὶ διεστραμμένης, che figura come apposizione rispetto ai due aggettivi precedenti e che richiama Dt 32,5[151];
> - ἐν οἷς φαίνεσθε ὡς φωστῆρες ἐν κόσμῳ che può essere l'eco di Dan 12,1-4 e di alcuni testi intertestamentari[152];

---

[149] Cf. γογγύζω in Es 17,3; Nm 11,1; 14,27.29; 17,6. γογγυσμός in Es 16,7.8.9.12; Nm 17,20.25. διαγογγύζω in Es 15,24; 16,2; Nm 14,2.36; 16,11.

[150] Cf. διαλογίζω in LXX Sal 9,23 (TM 10,2); 20,12; 34,20; 35,5; 139,9. διαλογισμός in LXX Sal 55,6; 138,20; 145,4. Questi usi, sempre relativi all'empio che trama il male, non escludono che si trovino anche utilizzi "positivi" relativi al pensiero di Dio (LXX Sal 39,6; 91,6) o dell'uomo (93,11; 118,59; 138,2).

[151] Secondo la LXX: ἡμάρτοσαν οὐκ αὐτῷ τέκνα μωμητά γενεὰ σκολιὰ καὶ διεστραμμένη

[152] Come 1En 104,2; 108,12-14; 4Esd 7,97.125; 2Bar 51,3; TestLev 14,4; 18,3-4.

- λόγον ζωῆς ἐπέχοντες che, continuando l'eco di Dan 12,3[153], evidenzia il legame fra l'atteggiamento etico della comunità e il suo legame con la *parola di vita*, che interpreterei come relativa a quell' εὐαγγέλιον da "tenere saldo" e, contestualmente da annunciare (cf. 1,5.7.16 e soprattutto le due ricorrenze di 1,27).

Quale è la portata argomentativa di tali affermazioni? Indipendentemente dall'utilizzo diretto o solo velato dei testi veterotestamentari (mi sembra un po' azzardato, data la consistenza in queste poche espressioni, negare il loro valore quasi paradigmatico ed affermare, per esempio che « Philippians contains not a single explicit reference to the Old Testament; nor is there any indication or indeed likelihood of intimate familiarity with it on the part of Paul's readers. It seems improbable that Paul could in any case assume a specific awareness of a link with Deuteronomy 32 on the part of his readers »[154]), mi pare importante il riferimento paolino ad una visibilità nei confronti del mondo esterno della figliolanza di Dio[155] che ha delle ricadute etiche e (come verrà detto subito dopo) apostoliche. L'altro riferimento, che collocherei più sul versante ironico, è relativo alla vicenda del popolo di Israele. Se infatti si legge tutto Dt 32,5-9, si coglie dove sta il legame, che diventa esortazione velata, tra la comunità di Filippi e Israele. Israele (figlio) non si ricorda più di suo Padre, peccando e ripagandolo con il male, e i componenti del popolo diventano così essi stessi figli degeneri, generazione tortuosa e perversa, non più capace di quel ruolo testimoniale di essere porzione di Dio in mezzo a tutti i popoli (nota questa accentuata da Dan 12,3 e da tutta l'apocalittica giudaica ellenistica). La stessa cosa si può verificare anche ora. La cattiva condotta di una comunità cristiana non rischia di far percorrere la stessa strada? Anche qui mi pare di poter vedere come l'approccio argomentativo,

---

[153] καὶ οἱ συνιέντες φανοῦσιν ὡς φωστῆρες τοῦ οὐρανοῦ καὶ οἱ κατισχύοντες τοὺς λόγους μου ὡσεὶ τὰ ἄστρα τοῦ οὐρανοῦ εἰς τὸν αἰῶνα τοῦ αἰῶνος.

[154] M. BOCKMUEHL, *Philippians*, 157.

[155] Si può accennare al passaggio dalla figliolanza di Dio al tema della fraternità, che finora era stata legata solo all'annuncio del vangelo in 1,12.14 e che invece costituirà parte del vocabolario più esplicito della seconda parte della lettera (3,1.13.17; 4,1.8; cf. anche 2,25 e 4,21).

che ci spinge ad una lettura fortemente etica di tutto il testo paolino di Fil, dà ragione delle motivazioni dell'utilizzo di espressioni e di sintagmi, in altro modo difficilmente spiegabile. Infatti, mi sembra che le motivazioni normalmente proposte per gli echi biblici di questi versetti percorrano piste più "ideologiche" che attinenti al testo (come per esempio la sostituzione di Israele con il nuovo popolo di Dio identificato nella comunità cristiana: « these Christians have replaced Israel as God's people and shine in the world like stars lighting up the sky, a privilege that had belonged to Israel of old »[156]; oppure la rottura con il giudaismo divenuto la generazione tortuosa e perversa in mezzo alla quale si trova la comunità di Filippi: « ... hinting that Israel, robbed of his privilege by its own lack of humility before God has nothing left to it but to melt away into the 'perverse and straying' mass of the world's humanity. There is thus every reason for the church to divorce itself from Israel, from Judaism »[157]). Se invece seguiamo il procedere argomentativo di Paolo si comprendono anche i versetti che seguono.

• Paolo, infatti, può ora vedere in continuità la sua opera di "corridore" e di "lavoratore" con la corsa e l'opera della comunità. Così può rileggere il suo legame con essa proiettando la sua *apousia* attuale (cf. 2,12) sullo sfondo della futura situazione escatologica, che però richiama un *vanto* reciproco (in continuità con 1,26) e che proietta una nuova luce sulla sua possibile morte che chiude, con la terza serie di imperativi, il nostro brano (e l'intera sezione).

5.3.3. Fil 2,17-18

Questi due versetti, che insistono sulla relazione fra Paolo e la comunità, iniziano con un ἀλλά εἰ καί che si lega direttamente al versetto precedente, facendo scattare gli ultimi imperativo del brano. Anche se sintatticamente possono essere percorribili altre interpretazioni, credo che sia più difficilmente sostenibile l'interpretazione di chi fa

---

[156] P. T. O'BRIEN, *Philippians*, 292.

[157] G. F. HAWTHORNE, *Philippians*, 102.

cominciare qui un gradino completamente nuovo del pensiero[158]. Mi sembra infatti difficile che si possa sostenere che una frase che comincia con ἀλλά non abbia alcuna connessione con ciò che è stato detto immediatamente prima per rivolgersi solamente a ciò che segue. Credo che una lettura di questo genere non tenga assolutamente conto della comprensione immediata del testo colto uditivamente[159]. Così, credo che l'interpretazione che legge l'espressione ἀλλὰ εἰ καί con un significato "ascensivo" rispetto a ciò che precede e concessivo rispetto a ciò che segue[160] (traducendo, potremmo cioè rendere l'espressione con *non solo, ma se anche ...*) sia l'unica serenamente sostenibile senza forzare l'andamento del testo[161]. Connessa con l'interpretazione di questo passaggio, è l'interpretazione dei termini sacrificali che qui Paolo utilizza. Credo che, con questi, stia terminando tutta la prima parte della lettera ed egli lo fa richiamando la sua situazione di carcerato che sta attendendo gli esiti riguardanti la propria sorte. La possibilità non solo di aver corso e faticato (2,16), ma di stare per offrire in sacrificio la propria vita non è uscita dall'orizzonte della relazione epistolare. Il tono solenne del "testamento" di questi versetti, cui abbiamo già accennato sopra, apre la possibilità all'interpretazione religioso-sacrificale di una possibile condanna a morte di Paolo. I termini qui utilizzati (σπένδομαι, θυσία, λειτουργία) vanno compresi sullo sfondo della rela-

---

[158] Ad esempio G. D. FEE, *Philippians*, 250 n. 49: « ἀλλά In this case ἀλλά is probably to be understood as introducing an indipendent clause, to indicate that the preceding is to be regarded as a settled matter, thus forming a transition to something new ».

[159] Cf. l'interessante studio di P. J. ACHTEMEIER, «*Omne verbum sonat*: The New Testament and the Oral Environment of Late Western Antiquity», *JBL* 109 (1990), 19-20: « ... the need of listeners to understand what it is the speaker/author desires to communicate. [...] It was to facilitate such understanding that the whole rhetorical apparatus was developed and refined. To the extent that rhetoric was intended to facilitate comprehension, one must speak of the "rhetoric" of the NT, yet it is not necessary to understand by that statement that the NT authors had formal training in rhetoric ».

[160] Riprendo qui la terminologia utilizzata da P. T. O'BRIEN, *Philippians*, 303.

[161] Come invece mi sembra essere la lettura: *Ma se anche fossi ...* di R. FABRIS, *Filippesi* (2000), 156 oppure quella di J.-F. COLLANGE, *Philippiens*, 101: « Mais si c'est (εἰ καί est ici plus restrictif que concessif, cf. 2Cor 5.16) sur le sacrifice de votre foi que je peine, alors c'est avec joie »

zione "trilaterale" Paolo-Filippesi-Dio, che coinvolge nelle scelte il "vero culto a Dio" (nella prospettiva di Rom 12,1-2, per esempio).

Paolo cioè termina questo brano ponendo l'attenzione: (a) sul proprio possibile destino di morte, che diventa interpretabile secondo categorie sacrificali: *essere versato in libagione*; (b) in relazione con il *sacrificio e il servizio sacrificale della vostra fede*. Leggerei qui ἐπί non con il significato "locale" (= "sopra"), quanto con quello "causale-finale" (= "a causa di" opp. "in relazione a, come ..." opp. "per")[162]. Il genitivo τῆς πίστεως ὑμῶν evidenzia inoltre che tutto ciò che potrebbe accadere a Paolo, a questo punto, è *per i Filippesi* [163].

Ecco perché Paolo può gioire e questa gioia può essere "insieme" a quella dei Filippesi. Così, allo stesso modo in cui la scelta di *vivere* di 1,24-25 aveva come obiettivo il bene dei Filippesi e da lì scaturiva la gioia, così anche la perdurante possibilità di *morire* ha lo stesso obiettivo e, quindi, la stessa gioia. Anche l'imperativo per uno stesso atteggiamento della comunità, diventa il modo di esortarla ad avere questo stesso φρονεῖν in tutto.

Sintetizzando, renderei la frase in questo modo: *non solo, ma se anche sarò versato in libagione per il sacrificio e il servizio (sacrificale) per la vostra fede, gioisco e gioisco con voi tutti*.

---

[162] Questo significato è il più comune nell'utilizzo di ἐπί + dativo, come qui.

[163] C'è chi ha voluto vedere qui un genitivo epesegetico, in relazione a quanto verrà detto successivamente nella lettera, leggendo λειτουργία τῆς πίστεως ὑμῶν, come il servizio che i Filippesi hanno reso a Paolo attraverso l'invio di doni (cf. 2,25; 3,3 e 4,18: R. FABRIS, *Filippesi* (2000), 157: « il lessico cultuale è utilizzato per esprimere l'esperienza della fede dei cristiani e il loro impegno etico »); oppure il *servizio* che è la vita di fede della comunità (cf. per es. J. GNILKA, *Filippesi*, 263; opp. M. BOCKMUEHL, *Philippians*, 162: « The 'sacrifice' and 'priestly service' of the Philippians are first and foremost about the Christian life of *faith*, not about money – although generosity in the latter can of course be an appropriate expression of the former »). Io legherei invece i due termini θυσία e λειτουργία come qualificanti il possibile morire di Paolo (εἰ καὶ σπένδομαι), che sono posti in relazione con la vita di fede della comunità. Paolo cioè si dichiara, fino all'ultimo, come sacrificato e al servizio della fede della comunità per la quale può anche donare la vita.

CAPITOLO 3

IL SECONDO PERCORSO DELLA LETTERA: 3,1 - 4,23

Dopo il versetto di transizione 3,1 che abbiamo già analizzato sopra e che rimanda ad una ripetizione di quello che Paolo ha già proposto in una prima parte della lettera, analizziamo ora questa seconda, verificando se, e in che misura, ciò avviene. Il secondo percorso sarà letto tenendo presente, da una parte, il suo andamento autonomo, e dall'altra, inserendolo nello sviluppo argomentativo dell'insieme epistolare (e sarà quindi verificato di volta in volta come davvero Paolo "ripeta" quello che ha già proposto). Questa la struttura schematica della seconda parte:

3,2-16		L'*exemplum* di Paolo
	3,2-3	esortazione (e sua giustificazione)
	3,4-14	Paolo
	3,15-16	esortazione
3,17-4,1		Paolo e i Filippesi: esortazione
4,2-9		Esortazioni particolari ai destinatari
4,10-20		Ringraziamento finale
4,21-23		*Postscriptum* epistolare

1. L'*EXEMPLUM* DI PAOLO: 3,2-16

Quando si giunge a 3,2 si ha veramente la sensazione di un nuovo sviluppo, tanto da aver fatto proporre l'esistenza di una lettera autonoma di cui 3,2-21 sarebbe stato il *corpus*, unita poi redazionalmente alla nostra[1]. Eppure, lo stacco di tono di 3,2 è necessariamente il

---

[1] Si possono vedere gli studi di coloro che hanno preso in esame solo 3,1-21 in questa prospettiva, come per es. H. KOESTER, «The Purpose of the Polemic of a Pauline

segno della non-continuità, della non-omogeneità con il resto della lettera? Non credo, anche perché, nell'ipotesi qui sostenuta di una "ripetizione" esplicitamente dichiarata in 3,1, sarebbe anzi opportuno che si "ricominciasse" il discorso con uno stacco preciso, riconoscibile anche uditivamente[2]. È pur vero tuttavia che, anche nell'ipotesi di una

---

Fragment (Philippians III)», *NTS* 8 (1962), 317-332, che vi vede uno scritto paolino; D. J. DOUGHTY, «Citizens of Heaven. Philippians 3.2-21», *NTS* 41 (1995), 102-122, che vi vede uno scritto deuteropaolino. Cf. anche P. SELLEW, «Laodiceans and the Philippians Fragment Hypotesis», *HTR* 87 (1994), 17-27, che ipotizza una lettera indipendente in Fil 3,2-4,3 non solo attraverso lo studio di Fil, ma anche attraverso lo studio dei rimandi a Fil della lettera apocrifa ai Laodicesi. Per una critica a questa ipotesi, M. BOCKMUEHL, «'Effective History'», *JSNT* 60 (1995), 70: « What has to my knowledge not been pointed out is that [in Laodiceans] every single one of the eighteen-odd allusions and quotations from Philippians actually occurs in canonical sequence: 1,2.3.12.13.18.19-20.21; 2,2.12.13.14; 3,1; 4,6.8.9.22.23. This cannot be accidental and suggests instead that the compiler actually worked through a complete copy of Paul's letter ». Rimando poi alle varie proposte di lettura "composita" della lettera e alle varie motivazioni addotte. Ricordo le ottime sintesi dello *status quaestionis* di P. WICK, *Der Philipperbrief*, 16-32 (aggiornato fino al 1991) e di R. FABRIS, *Filippesi* (2000), 21-27 (aggiornato fino al 1999). Si vedano anche per le questioni storiche del dibattito D. COOK, «Stephanus Le Moyne and the Dissection of Philippians», *JTS* 32 (1981), 138-142; V. KOPERSKI, «The Early History of the Dissection of Philippians», *JTS* 44 (1993), 599-603.

[2] A questo riguardo, cf. P. J. ACHTEMEIER, «*Omne verbum sonat*», 3-27 che evidenzia che nei "testi" antichi, che veicolavano un messaggio da leggersi e che doveva essere quindi prodotto per facilitare il fatto "uditivo" dell'ascolto, più che "visivo" della lettura, i fenomeni necessari per aiutare la comprensione dell'organizzazione "orale-uditiva" del testo non fossero gli stessi relativi all'organizzazione scritta del testo stesso. « The problem is therefore how to convey information in an organized, understandable way apart from visible indications of such organization [...] What is of greatest importance to keep in mind here, however, is that to be useful, such indications had to make themselves apparent to the ear rather than to the eye. That is, signs of organization had to be apparent not through their visual appearance but through their sound, since without exception, as we have seen, all material in antiquity was intended to be heard. That means, of course, that listeners will have been sensitive to such oral/aural effects, more sensitive than we are, who rely primarily on sight. Therefore, methods of organization of thought intended to make that thought accessible will, in ancient writings, be based on sound rather than sight » (17-19). Tra i vari strumenti per evidenziare uno stacco (come facciamo qui nell'evidenziare per esempio un paragrafo) egli cita espressamente il cambio di tema attraverso uno stacco 'violento', nel cambio esplicito del « formal pattern of expression » (17).

unità redazionale del testo, andrebbe comunque spiegato il tessuto, l'architettura della lettera così come la possediamo dinanzi a noi. Il nostro scritto si presenta infatti esplicitamente come un'unità epistolare, dotata di tutti gli elementi caratteristici richiesti dall'epistolografia[3], e difficilmente può essere considerato come un *patchwork* di brani solo artificialmente giustapposti. Richiamerei quindi solo il *caveat* che obbliga al confronto critico di Robert T. Fortna:

> The burden of proof, and certainly the presumption, for taking the text before us to be a composite of more than one of Paul's letters lies, of course, with those who advocate lack of integrity. [4]

In questa prospettiva allora, 3,2-16 si configura come un'unità abbastanza facilmente identificabile dallo stacco tonale e tematico di 3,2 e dalla chiara ripresa di una nuova sezione in 3,17 (con la ripresa del vocativo ἀδελφοί).

All'interno della sezione si identificano chiaramente tre brani. Due esortativi, posti in modo da proporre un'inclusione in 3,2-3 e in 3,15-16 e uno *autobiografico*, caratterizzato dalla prima persona singolare di Paolo, in 3,4-14. Questi tre brani sono collegati in modo organico, con un unico flusso di pensiero dato dalla presenza della prima persona e dalle connessioni linguistiche καίπερ in 3,4 e οὖν in 3,15. Si nota il parallelismo strutturale tra 2,1-18 e 3,2-16[5]. In entrambi i casi lo schema argomentativo si presenta allo stesso modo:

---

[3] A differenza per esempio del testo neotestamentario di "Ebrei", che difficilmente si può configurare come una *lettera*. Da qui l'ipotesi di un testo omiletico con biglietto di accompagnamento che, malgrado rare eccezioni come quella di F. RENNER, "*An die Hebräer*", *ein pseudoepigraphischer Brief*, Munsterschwarzach (Vier-Türme Verlag) 1970, tutti i critici moderni propongono. Si può vedere anche la posizione "media" che ha recentemente proposto H. W. ATTRIDGE, *The Epislte to the Hebrews*, Philadelphia (Fortress Press) 1989, 405: « ... the conclusion [la conclusione epistolare di Eb 13,20-25] is not an afterthought or a secondary addition by an interpolator's hand, but is part of the literary plan of the whole as a work, a device that makes the elaborate rhetorical exercise of Hebrews suitable for delivery at a distance ».

[4] R. T. FORTNA, «Philippians», 221.

[5] Questo parallelismo, oltre alle ricorrenze lessicali che verificheremo sotto è per molti una prova evidente dell'unità della lettera: cf. G. PANIKULAM, *Koinōnia in the*

2,1-4 (5)	esortazione⁶/imperativi	3,2-3
2,(5) 6-11	narrazione esemplare/indicativi	3,4-14 (15)
2,12-18	esortazione/imperativi	3,(15)-16

La tonalità delle due sezioni è data dalle esortazioni[7] che spingono, nel capitolo 2, ad un'etica basata su un φρονεῖν (2,5) capace di amore che propone non la ricerca di sé, ma un agire totalmente rivolto all'altro (sia a livello delle relazioni fraterne intracomunitarie, sia a livello della testimonianza evangelica nelle relazioni "ad extra" come figli di Dio); e, nel capitolo 3, ad un φρονεῖν (cf. 3,15[8]) capace di avere di sé il "giusto metro", non nella ricerca autocentrata di ciò che è proprio, ma unicamente in relazione a Cristo Gesù (cf. 3,3).

Su queste due piste esortative vengono proposti due esempi di φρονεῖν: nel cap. 2, Cristo Gesù, che ha scelto di vivere avendo come criterio di discernimento la non-ricerca della propria gloria; nel cap. 3, Paolo, che ha scelto di trovare in Cristo il criterio della propria definizione-di-sé e della propria vita. Interessante è anche notare che la presentazione degli esempi avviene, in un caso come nell'altro, come la presentazione di fatti incontrovertibili da parte della comunità: un

---

New Testament, 92-93; T. E. POLLARD, «The Integrity», 61-63; P. ROLLAND, «La structure», 213-216.

[6] Dovremmo per essere esatti descrivere 3,2-3 come *esortazione e sua giustificazione*. Qui ho voluto solo sottolineare come la dinamica presente in 2,1-18 si rispecchiasse con la stessa scansione in 3,2-16, senza tuttavia volere che la corrispondenza venisse presentata con il rigore lessicale di chi pretende di leggervi parallelismi di tipo "chiastico".

[7] Non deve essere rimarcata la profonda diversità quantitativa nella relazione esortazioni/esempio nelle due sezioni. Non credo che sia particolarmente significativa la lunghezza dell'esortazione nella stringenza operativa richiesta. L'importante è la considerazione, che va certamente provata, dell'importanza dell'esortazione (sia essa di due versetti o di sette) per la comprensione dell'esempio fornito. Qui mi pare evidente che sono le affermazioni esortative a fornire l'orizzonte ermeneutico agli esempi e non viceversa, almeno nella nostra lettura argomentativa delle intere sezioni.

[8] Vedremo che, come 2,5 costituiva una transizione tra 2,1-4 e 2,6-11, nel suo essere sia imperativo che introduttivo alla narrazione esemplare attorno all'espressione τοῦτο φρονεῖτε, così 3,15a costituisce la medesima transizione tra 3,4-14 e 3,15b-16 attorno all'espressione τοῦτο φρονῶμεν.

brano liturgico già noto a Paolo e alla comunità per la presentazione del φρονεῖν di Gesù Cristo, la narrazione delle scelte di Paolo, senz'altro già note ai Filippesi, per presentare il φρονεῖν di Paolo. Tali esempi si presentano quindi come "prove a-tecniche"[9] nel muovere i Filippesi a cogliere le motivazioni all'obbedienza al dettato espresso dagli imperativi. Non è cioè grazie ad un ragionamento che Paolo spinge a giustificare le sue esortazioni portando i suoi uditori a pensare "facciamo così perché così è meglio", quanto attraverso una testimonianza esemplare che porta a dire "se lui ha fatto così, anche noi dobbiamo fare lo stesso". L'esortazione infatti riguarda valori condivisi dal mittente e dai destinatari, specialmente se uniti da relazioni di amicizia e familiarità e tali valori sono qui suffragati da esempi che ne valorizzano la praticabilità. Appare evidente, così, come la capacità persuasiva dell'esempio scaturisca o dalla sua oggettività intrinseca (quale potrebbe essere Fil 2,6-11, almeno per la comunità cristiana di Filippi) o dalla credibilità del narratore. In questo caso, è importante la constatazione di come il congiungersi epistolare di esortazioni e di esempi sia tipico delle relazioni di familiarità, di amicizia, tra il mittente e i destinatari della lettera, che confluiscono anche nella relazione epistolare:

> A. M. GUILLEMIN, *Pline et la vie littéraire de son temps*, Paris (Les Belles Lettres) 1929, 3ff. strongly emphasizes the fact that this labor of exhortation is not only not inconsistent with a relationship of friendship but is actually a facet of that relationship[10]. Over against instruction and exhortation in public lectures, one finds in certain authors a preference for the more familiar and quitely persuasive tone of letters between friends[11]. A letter

---

[9] Più che un riferimento alla presenza di elementi caratteristici della *probatio* quale la manualistica retorica classica propone, quello che ho inteso mostrare qui è la funzione argomentativa dei due brani 2,1-11 e 3,4-14. Tale funzione si avvicina molto a quella espressa da Aristotele relativamente all'esempio come "prova" nel discorso (cf. ARISTOTELE, *Ret.* 3.17.1417b-1418a).

[10] Cf. I. HADOT, *Seneca und die griechisch-römische Tradition der Seelenleitung*, Berlin (De Gruyter) 1969, 165ss.; H. KOSKENNIEMI, *Studien zur Idee and Phraseologie des griechischen Briefes bis 400 n. Chr.*, Helsinki (Finnischen Akademie der Wissenschaften) 1956, 35ss.

[11] Cf. SENECA, *Ep.* 38.1; 75.1.

> makes the friend present in conversation¹² wherein he acquits himself of the task of friends to exhort and entreat, advise and correct, offer prescriptions and personal example. Viewed from the other side, a person counts on the opinion and guidance of those of his friends who are more experienced. [...] Let these remarks suffice to describe the theory of the letter as a hortatory medium and the situation of the epistolary exchange within a context of friendship. ¹³

Queste due prove "a-tecniche", esemplari di Cristo e di Paolo trovano il loro senso nell'esplicito contenuto delle esortazioni che ne costituiscono la cornice. In parte ciò è dovuto, come vedremo, alla "non imitabilità" dell'*agire* di Cristo e di Paolo. Ciò che è posto sotto la categoria esemplare è un φρονεῖν (2,5 e 3,15), quell'insieme vale a dire di criteri di riferimento in un discernimento sull'agire che deve incarnarsi nella vita dei Filippesi, come singoli e come comunità. Vedremo in tale punto la differenza tra questi due *exempla* e quelli di 2,19-30 nelle persone di Timoteo ed Epafrodito.

1.1. L'esortazione e la sua giustificazione di 3,2-3

L'esortazione di 3,2 con cui Paolo si rivolge alla comunità di Filippi invita a *prestare attenzione* a categorie di persone dipinte con attributi chiaramente negativi: βλέπετε τοὺς κύνας, βλέπετε τοὺς κακοὺς ἐργάτας, βλέπετε τὴν κατατομήν. Questa violenza linguistica fa immediatamente nascere la domanda relativa all'identità delle persone in questione. Da un tale interrogativo sono nate tutte le ricerche di carattere religioso e sociologico sugli "oppositori" della comunità di Filippi e sui conflitti interni ed esterni ad essa. Se poi si mettono insieme anche le espressioni di 1,15.17, di 1,28 e di 3,18-19, è fortissima per molti la tentazione di ricostruire quadri storici di riferimento sui quali riproiettare i testi stessi che li hanno originati. È il cosiddetto metodo del "mirror reading" che ha ricevuto, dal famoso articolo di John M. G.

---

¹² SENECA, *Ep.* 16.1-2; 27.1; 40.1; 75.1.

¹³ Per tutta la citazione e le note: B. FIORE, *Personal Example*, 86-87.

Barclay del 1987[14], la sua critica più efficace. Eppure, anche se molti condividono teoricamente le obiezioni di Barclay al metodo, la confusione tra "interpretazione" e "uso" dei testi[15] continua inesorabilmente ad emergere. La debolezza principale della proposta dei quadri sociologici e storici, con i quali leggere le espressioni della lettera ai Filippesi[16], nasce dalla impossibilità di attingere ad alcuna fonte documentaria esterna alla nostra lettera, con l'obbligo di proiettare le espressioni su quadri di riferimento ad essa estranei (come per esempio i dibattiti di Gal/Rom). Da qui, il fiorire di ipotesi riguardanti gli "oppositori" ai quali Paolo farebbe riferimento: se innanzi tutto in Fil si parla solo di un gruppo di oppositori, oppure di più gruppi, interni ed esterni la comunità; se si tratta di oppositori di carattere giudaico, giudaico-cristiano, gnostico-giudaico, giudaico-cristiano-libertino; greco-iniziatico, cristiano-epicureo, ecc.[17]. L'estrema varietà delle soluzioni, la loro completa assenza di referenze documentarie e storiche mostra come l'approccio non permetta che la "sospensione" del giudizio sugli eventuali quadri storico-sociologici di riferimento. Ciò che si intende qui sostenere è che non si hanno oggettivamente in mano elementi per individuare la plausibile identità degli "oppositori" di Filippi, con una sufficiente dose di realismo storico-critico. Ecco perché mi sembra più fruttuoso l'approccio intra-testuale, che prova a leggere le espressioni utilizzate in relazione all'insegnamento e all'argomentazione di Paolo, senza cercare di uscire da questo orizzonte ermeneutico. Certamente, questa lettura non dà strumenti utili per la necessaria

---

[14] J. M. G. BARCLAY, « Mirror-Reading a Polemical Letter: Galatians as a Test case», *JSNT* 31 (1987), 73-93.

[15] Interessanti per questa distinzione le considerazioni ermeneutiche di U. ECO, *I limiti dell'interpretazione*, Milano (Bompiani) 1990, 32-33.

[16] Per la lettera ai Galati si veda A. PITTA, *Disposizione e Messaggio*, 199-209.

[17] Citare la bibliografia di riferimento per ogni ipotesi sarebbe abbastanza lungo e relativamente inutile. Rimando perciò soltanto agli articoli di H. W. BATEMAN, «Were the Opponents at Philippi Necessarily Jewish?», *BSac* 155 (1998), 39-61; M. TELLBE, «The Sociological Factors behind Philippians 3.1-11 and the Conflict at Philippi», *JSNT* 55 (1994) 97-121; F. E. UDOH, «Paul's Views on the Law: Questions about Origin (Gal. 1:6-2:21; Phil. 3:2-11)», *NT* 42 (2000), 214-237 e alle pagine sull'argomento del commentario di R. FABRIS, *Filippesi* (2000), 197-199, dove si possono utilmente reperire opinioni e bibliografie.

indagine storica della vita delle comunità paoline[18], ma mi sembra almeno onesta nei suoi limiti interpretativi. Alcuni autori propongono, a questo proposito, di leggere il riferimento agli oppositori alla luce del ruolo di esempi "negativi", che retoricamente sono presentati come contrasto degli esempi positivi di 2,19-30[19] o come contrasto di quello che seguirà[20]. La *vituperatio* come artificio retorico si coniuga nei contesti di relazioni epistolari familiari e di amicizia, con il *topos* del "nemico" che attenta al legame stesso di amicizia o contro cui occorre essere uniti[21].

---

[18] Citerei qui soltanto gli studi di J. D. G. DUNN, «A New Perspective on Paul», *BJRL* 65 (1983), 95-122; W. A. MEEKS, *The First Urban Christians: The Social World of the Apostle Paul*, New Haven (Yale Univ. Press) 1983; J. NEUSNER et al. (edd.), *The Social World of Formative Christianity and Judaism*, Philadelphia (Fortress Press) 1988; G. THEISSEN, *Studien zur Soziologie des Urchristentums*, Tübingen (Mohr-Siebeck) 1983²; F. WATSON, *Paul, Judaism and the Gentiles: A Sociological Approach*, Cambridge (Cambridge University Press) 1986.

[19] Esprime con felice sintesi questa ipotesi J. SCHOON-JANSSEN, *Umstrittene "Apologien" in den Paulusbriefen: Studien zur rhetorischen Situation des 1. Thessalonicherbriefes, des Galaterbriefes, und des Philipperbriefes*, Göttingen (Vandenhoeck & Ruprecht) 1991, 142: « 3:2-11 ein dem positiven Beispiel in 2:19-30 korrespondierendes Negativ-Beispiel ist». Cf. anche D. A. DE SILVA, «No Confidence in the Flesh. The Meaning and Function of Philippians 3,2-21», *TrinJ* 15 NS (1994), 27-54; D. E. GARLAND, «Composition and Unity», 166; T. C. GEOFFRION, *The Rhetorical Purpose*, 149-153.196-201. Mi sembra comunque eccessivo il negare assolutamente qualunque legame con figure "reali" e conosciute dalla comunità-destinatario delle lettere paoline, facendo degli "oppositori" una pura figura retorica (= fittizia) di riferimento, come porta a concludere lo studio di G. LYONS, *Pauline Autobiography*.

[20] Credo maggiormente possibile questa tesi, specialmente perché è 3,3 che dà il senso a 3,2 e non 2,19-30. Così anche P. T. O'BRIEN, *Philippians*, 345: « vv. 1-3 prepares for what is to come ».

[21] Ha approfondito questa ricerca S. K. STOWERS, «Friends and Enemies in the Politics of Heaven: Reading Theology in Philippians», in J. M. BASSLER (ed.), *Pauline Theology. Vol. 1*, Minneapolis (Fortress Press) 1991, 105-121. Nella relazione epistolare di amicizia, il *topos* dell'identificazione di nemici comuni era parte integrante della affermazione dei valori condivisi: « Greek friendship was highly agonistic, that is competitive. As the proverb "he who has no enemies, has no friends" suggests, **the Greeks – and to a lesser extent the Romans – could not conceive of friendship without enmity**. In the Greco-Roman social system, there are no neutral parties; only friends, enemies, and people you do not know. Again "enmity" has no modern counterpart. Enmity, like friendship, was an ordered set of conventions and

In questa linea di lettura, abbiamo già visto come 1,15.17 siano perfettamente comprensibili e coerenti nell'argomentazione come accenni dialettici alle diverse motivazioni che spingono all'annuncio di Cristo, e come 1,28 vada colto nella linea della libertà di essere disposti a mettere in gioco la propria vita, ἕνεκεν ἐμοῦ [Ἰησοῦ] καὶ τοῦ εὐαγγελίου, come direbbe il vangelo di Mc (τῇ πίστει τοῦ εὐαγγελίου e ὑπὲρ Χριστοῦ in Fil 1,27.29), davanti a chi si oppone (chiunque esso sia!).

Così anche nel caso di 3,2, più che l'identità di questi oppositori, è in gioco l'antitesi proposta da Paolo sul versante della percezione di sé, dei criteri di ragionamento che devono guidare la vita del credente. Ne è prova la motivazione che viene addotta: ἡμεῖς γάρ ἐσμεν ... cui fanno seguito alcune dichiarazioni di identità che sono esplicitamente poste in contrasto con le caratterizzazioni negative di 3,2[22]. Il versante è quello dell'identità di sé, della percezione della propria vita e, vedremo, della percezione di ciò che vale, che è importante per essa. Così, il triplice βλέπετε, di cui conserverei la duplice possibilità di lettura attraverso la traduzione italiana *prestate attenzione a ...* (indicante

---

relationships with rules of reciprocity and patronage [...] Philippians is exactly the sort of letter one would expect a leader in the Greco-Roman world to write to his friends when in a vulnerable situation. Paul must deal with the misfortune of his imprisonment in the light of both his friends and his enemies. **Since ancient friendship is by nature agonistic, Paul's discourse of friendship must emphasize the common struggle against enemies** [...] Philippians manifests a well-known hortatory strategy in its use of contrastive models. The fundamental architecture of the letter is one of antithetical models, most often contrasting Paul and his enemies. **The letter urges the reader to emulate one kind of behaviour and avoid or oppose another kind** » (113-115, le sottolineature sono mie). Sullo stesso versante interpretativo: C. OSIEK, *Philippians*, 81-82: « To the extent that the letter is characterized by the tradition of friendship, the creation of bonds of friendship requires the construction of inimical outsiders to serve as contrast [...] There is a certain vehemence in the way Paul attacks these groups. It is the vehemence of conventional rhetoric in which there must be enemies to excoriate, and it is legitimate to accuse them of every abuse imaginable. [...] In this context we can catch the difference and horror of Paul's rhetorical angle ». Anche se con riferimento a testi diversi un buono studio riguardo a questo *topos* è P. MARSHALL, *Enmity in Corinth: Social Conventions in Paul's Relations with the Corinthians*, Tübingen (Mohr-Siebeck) 1987.

[22] Così anche M. REISER, «Erkenne dich selbst! Selbsterkenntnis in Antike und Christentum», *TZ* 101 (1992), 81-100.

da una parte il senso di osservare-guardare[23], e dall'altra il senso di guardarsi-fare attenzione[24]), non mi pare essere soltanto una paronomasia[25] retorica con la quale si sottolinea una triplice attribuzione ad un unico gruppo di oppositori. Una tale posizione riflette infatti, secondo me, l'inconscia preoccupazione di precisarne l'identità. Credo invece che l'unità dell'espressione (senz'altro asindetica) sia data dall'unità di identità che segue in 3,3. Non è priva di significato la proposta di vedere in queste tre definizioni, chiaramente offensive, tre diverse categorie di persone. Tale ipotesi nasce dalla difficoltà di tutti coloro che vogliono trovare una loro comune identità a partire da uno dei tre termini.

Proporrei uno schema esemplificativo di alcune delle numerose opzioni proposte, per giustificare questa mia asserzione.

---

[23] È la scelta di chi accoglie la proposta filologica di G. D. KILPATRICK, «Βλέπετε. Philippians iii. 2», in J. K. ELLIOTT (ed.), *The Principles and Practice of New Testament Textual Criticism. Collected Essays of G. D. Kilpatrick*, Leuven (University Press) 1990, 445-447 (l'articolo originale risale però al 1968) che ha mostrato come nel NT e nel greco patristico, quando è seguito dall'oggetto diretto espresso con l'accusativo, βλέπετε assume il significato di *considerate, guardate a* ... (avendo il significato di *guardatevi da* ... solo quando seguito dalla preposizione ἀπό o da μή + congiuntivo).

[24] È la scelta di chi legge il sintagma paolino alla luce del suo uso nel greco classico ed ellenistico, in cui βλέπετε + acc. ha la stessa accezione del famoso latino pompeiano *cave canem*.

[25] Cf. *BD* § 488.1b.

se si parte da:	interpretandolo come:	è difficile:	che si è interpretato:
κατατομή	un'irrisione della circoncisione	κύνας ἐργάτας	dileggio dei giudei[26] missionari giudeo-cristiani[27] opp. "opere della legge"[28]
κύνας	un'irrisione dei pagani	κατατομή	incisioni (sacrali) pagane o accenno alle conseguenze degli atti omosessuali[29]
κακοὺς ἐργάτας	un'irrisione di missionari giudeo-cristiani	κύνας	ridotti allo stato dei pagani[30]

[26] È la posizione per esempio di M. BOCKMUEHL, *Philippians*, 186: « 'dogs'. Paul attacks those who, from the imagined superiority of their Jewish status and practice, reject fellowship with Gentile Christians whose indifference to the purity laws makes them like dogs. From this perspective, the Gentiles cannot become part of the people of God without converting to Judaism: only full Jews can be full Christians; others are 'dogs' ».

[27] È la posizione per esempio di G. D. FEE, *Philippians*, 295-296: « "evil doers". The clue to this usage lies in its position between "dogs" and "the mutilation". Since both of these terms express reversals, it is arguable that this one does as well. [...] The irony derives from the Psalter's repeated designation of *the wicked* as "those who *work iniquity*". The reason for changing the noun from "iniquity" to "evil" is for the sake of the assonance noted above ».

[28] M. BOCKMUEHL, *Philippians*, 187-188 relativamente agli studi di M. ABEGG, «Paul, 'Works of the Law' and MMT», *Biblical Archeological Review* 20.6, 52-55.82, su alcuni manoscritti di Qumran.

[29] È la posizione per esempio di U. VANNI, «Verso la struttura letteraria», 76: « Si tratta di molti pagani presenti in Filippi che si dedicavano, probabilmente in ambiente di culto idolatrico, a orge conviviali con pesanti risvolti sessuali: cf. 3,19 [...] ne segue una ingiunzione chiara anche per Fil 3,2: si tratta, con tutta probabilità, di persone dedite a pratiche omosessuali, nel contesto orgiastico e magico dei banchetti specificamente pagani, forse idolatrici ». Tale autore ha poi approfondito tale posizione in «Antigiudaismo in Filippesi 3,2? Un Ripensamento», in L. PADOVESE (ed.), *Atti del VI Simposio di Tarso su s. Paolo Apostolo*, Roma (Ist. Francescano di Spiritualità. Pont. Ateneo Antoniano) 2000, 47-62.

[30] È la posizione per esempio di P. T. O'BRIEN, *Philippians*, 355: « But in an amazing reversal Paul asserts that it is the Judaizers who are to be regarded as Gentiles; they are 'the dogs' who stand outside the covenant blessings ».

Ecco perché non bisognerebbe escludere la possibilità che Paolo e i suoi uditori comprendessero senza particolari sforzi le tre attribuzioni vituperanti a tre precise categorie di "oppositori" che avevano davanti agli occhi costantemente[31]:

- βλέπετε τοὺς κύνας: si tratterebbe dei pagani, di coloro che procurano di fatto alla comunità quel πάσχειν di 1,29 e che sono la causa dell'imprigionamento di Paolo;

- βλέπετε τοὺς κακοὺς ἐργάτας: si tratta di tutti coloro (non importa se di origine gnostico-libertina, cristiana giudaizzante o portatrice di diverse appartenenze apostoliche, come in 1Cor) che si presentano alla comunità come "missionari", portatori di una propria comprensione del vangelo, che solitamente portano turbativa e non unità nelle relazioni (cf. 2Cor 11,11ss. con le stesse tonalità);

- βλέπετε τὴν κατατομήν: si tratta della circoncisione, non valutata in sé, ma (come in Gal 5,11-12) nella visione salvifica di un certo giudaismo e giudeo-cristianesimo già in altre circostanze così profondamente criticata da Paolo.

Ciò che accomuna comunque queste differenti categorie di persone non è la loro identità, ma le motivazioni della propria auto-affermazione[32]. È contro questa che Paolo propone in 3,3 il contrapposto del non confidare nella propria σάρξ, ma nell'unico criterio possibile di ri-

---

[31] Non credo vadano comprovate le singole attribuzioni, per le quali ampie notazioni di tipo referenziale e bibliografico possono essere reperite in qualsiasi commentario a Fil.

[32] Anche R. PENNA, «Evoluzione dell'atteggiamento di Paolo verso gli Ebrei», in R. PENNA, *L'Apostolo Paolo. Studi di esegesi e teologia*, Cinisello Balsamo (Ed. Paoline) 1991, 332-366 mi pare andare nella linea interpretativa qui proposta: « L'argomentazione riguarda due diverse forme di "giustizia" davanti a Dio » (p. 347), anche se sostiene che Paolo se la prenda qui con l'unica categoria dei cristiani di origine pagana che si facevano o volevano farsi circoncidere a Filippi.

ferimento: ἡμεῖς ... οἱ ... καυχώμενοι ἐν Χριστῷ [33]. Nessuna di queste tre categorie di persone lo fa, ed è questo che è messo in evidenza.

Così si comprende come, partendo dall'affermazione direttamente contrapposta riguardante la circoncisione – κατατομή / περιτομή – in 3,3 si affermi ciò che costituisce la vera identità dei credenti. Questa viene posta in evidenza nella *relazione* con Dio e non nell'auto-identità religiosa. Se infatti in Gen 17,9ss. la circoncisione è legata alla relazione di "alleanza" con Dio (da qui tutta l'argomentazione di Rom 2,27-29), questa non può che essere caratterizzata da quel λατρεύειν che ha il proprio referente non in una serie di atti religiosi, ma nel πνεῦμα θεοῦ[34]. Queste espressioni, probabilmente sintetiche di echi noti nella comunità paolina relativamente a tali impostazioni (non ne è priva alcuna lettera del suo epistolario), costituiscono un'affermazione di identità che diventa punto di confronto "esortativo" per chiunque. Infatti 3,3

---

[33] Una tale centralità di questa affermazione per la comprensione di 3,2-3 è proposta da D. A. DE SILVA, «No Confidence in the Flesh»; da D. E. GARLAND, «Composition and Unity», 170; e soprattutto da D. J. DOUGHTY, «Citizens of Heaven», 111: « The rejection of 'confidence in the flesh' in v. 3 establishes the theme of the entire passage, and is taken up again at the end, in the distinction between those who set their minds on 'earthly things' (v. 19) and the faithful who have their 'citizenship in heaven' (v. 20). The affirmations in v.3 may be conceived here as a summary of Paul's own preaching, but they represent the self-understanding of the community in a new situation. Paul's preaching has been universalized. The antithesis between 'boasting in Christ' and 'confidence in the flesh' reflects the dichotomy between the faithful community and the world as such. Paul's renunciation of 'righteousness based on the law' now signifies the renunciation of all wordly advantages. Beginning with v.8, therefore, Paul's controversy with Judaism is left behind, and the focus is on the personal relationship of the apostle with Christ. Verse 8 unfolds the meaning of Paul's own experience for Christian existence in the present ».

[34] Anche in questo caso lascerei la polisemia greca di queste espressioni in evidenza. Ciò che conta non è la definizione del valore del dativo nell'espressione οἱ πνεύματι θεοῦ λατρεύοντες, se cioè *strumentale* o *locale-mistico*, o *causale-di origine*, quanto il legame che viene proposto tra λατρεύειν e πνεῦμα θεοῦ, nella loro totale indissolubilità. Così anche G. F. HAWTHORNE, *Philippians*, 126: « The proud privilege of ancient Israel, to love and serve God from the heart (καὶ νῦν Ισραηλ τί κύριος ὁ θεός σου αἰτεῖται παρὰ σοῦ ἀλλ' ἢ φοβεῖσθαι κύριον τὸν θεόν σου πορεύεσθαι ἐν πάσαις ταῖς ὁδοῖς αὐτοῦ καὶ ἀγαπᾶν αὐτὸν καὶ λατρεύειν κυρίῳ τῷ θεῷ σου ἐξ ὅλης τῆς καρδίας σου καὶ ἐξ ὅλης τῆς ψυχῆς σου: Deut 10:12) has now transferred to the New Israel. [...] This is to say that the Christian is one whose actions, including worship of God is not directed by some external law ... but by the impulse of the Spirit of God within him ».

propriamente non è un'esortazione, ma la giustificazione di essa. Tuttavia, lo stretto legame sintattico-grammaticale con 3,2 (ἡμεῖς γάρ ἐσμεν) permette di leggere unitariamente 3,2-3 e di vedervi una sorta di esortazione complessiva (anche se forse solo nel sotto-testo della comprensione[35]) alla corretta valutazione della propria identità in relazione a Dio (e agli altri). Mi sembra di poter sostenere con una certa sicurezza che è esattamente questa a costituire la prospettiva di tutto l'*exemplum* paolino. È su questo punto, infatti, che Paolo si ferma nel presentare la propria "scelta di identità", il proprio criterio di discernimento nel valutare ciò che è importante (è il caso di ricordare anche qui la *propositio* di 1,9-11?), come esemplare in 3,4-14.

1.2. La scelta di identità di Paolo: 3,4-14(15)

Con una particella concessiva, καίπερ, Paolo passa dalla prima persona plurale di 2-3 alla prima persona singolare della narrazione di sé, che durerà fino al versetto 14. Non è possibile trovare una strutturazione interna a questa narrazione che riscuota un diffuso consenso, dato che sintatticamente si presenta con il suo flusso narrativo naturale. Varie sono, infatti, le segmentazioni proposte, a seconda che venga privilegiato il fatto narrativo (con divisioni legate per esempio ai momenti della vita di Paolo narrati[36]) o cristologico (in cui le divisioni sono proposte in relazione al diverso legame tra Paolo e Cristo[37]). Se scegliamo come criterio l'attenzione ai segnali testuali formali, pos-

---

[35] Se qualcuno dicesse: "guardatevi bene ai semafori di coloro che passano con il rosso, perché noi rispettiamo la vita", il contenuto dell'esortazione va nella direzione di una sorta di distanza da questi automobilisti indisciplinati (ciò che il testo esplicitamente afferma: esortazione + sua giustificazione), oppure nella direzione di un'esortazione a ... fermarsi, a differenza di altri, ai semafori rossi (che è ciò a cui il sotto-testo vuole spingere l'uditore)?

[36] Solo come esempio: A. PITTA, «Filippesi», 2846-47 divide in 3,4-6 "il periodo precristiano" e 3,7-14 "il periodo cristiano".

[37] Per esempio G. D. FEE, *Philippians*, 306ss. che divide in 4-6 "prima di Cristo", 7-11 "il conoscere Cristo", 12-14 "l'attesa della resurrezione in Cristo".

siamo evidenziare gli stacchi maggiori[38] nel v. 8 (ἀλλὰ μενοῦνγε καί ...) e nel v. 13 (ἀδελφοί, ἐγὼ ἐμαυτόν ...).
In base a questa constatazione, leggerei tre segmenti del brano narrativo:

3,4-7   un'identità di Paolo ἐν σαρκί rifiutata;
3,8-12   un'identità di Paolo ἐν Χριστῷ scelta;
3,13-14(15) la corsa verso il premio atteso.

L'itinerario, presentato in relazione ad un'identità dell'apostolo, ha la stessa valenza strutturale di quello di Cristo Gesù in 2,6-11[39]. Anche là era evidente la prospettiva di essere qualcosa che si è deciso di non essere più, in vista di una "perdita" che si è poi rivelata un "guadagno". L'unica differenza riguarda il raggiungimento della méta. Questa è donata da Dio a Cristo già attualmente, mentre per Paolo, evidentemente, ha ancora il sapore dell'attesa. Questo parallelismo strutturale trova nella letteratura critica ampi spazi di commento. Molti sono infatti coloro che, evidenziando aspetti diversi (linguistico-lessicali, logico-argomentativi, oppure strutturali) leggono con qualche proposta di parallelismo 3,4-14 (o parti di questo) e 2,6-11. La lista sarebbe lunga[40], ma sta ad sottolineare un fatto testuale ed argomentativo che

---

[38] Dinanzi a chi propone di vedere il 3,12 uno stacco, si può notare come l'espressione οὐχ ὅτι non costituisca mai un cambio di pensiero, semmai sintatticamente si può sostenere il contrario! Cf. G. D. FEE, *Philippians*, 342 n. 17. Non mi sembra del tutto corretta l'affermazione di S. E. PORTER, «Word Order and Clause Structure in New Testament Greek. An Unexplored Area of Greek Linguistic Using Philippians as a Test Case», *FilNeoT* 6 (1993), 197: « in 3:12 οὐχ ὅτι is used to introduce dependent clauses preceding their indipendent clauses », dal momento che non è sostenibile grammaticalmente che in 3,12a vi sia una dipendente; potrebbe esserlo "logicamente" (data l'assenza dell'oggetto diretto), anche se neppure in questo caso si vede quale debba essere la *indipendent clause* che segue!

[39] Ormai si è quasi "derisi" se non lo si nota, come fa R. B. HAYS, *La visione morale del Nuovo Testamento*, Cinisello Balsamo (Ed. San Paolo) 2000, 63: « Non ci vuole un grande sforzo di fantasia per discernere la corrispondenza che Paolo vede tra la propria carriera e la traiettoria dell'obbedienza di Cristo nell'inno di Fil 2 ».

[40] Citerei qui soltanto il capostipite M. JONES, «The Integrity of the Epistle to the Philippians», *Exp* 8/8 (1914), 457-473 e E. KÄSEMANN, «Kritische Analyse». Cf. anche M. D. HOOKER, «Interchange in Christ», *JTS* 22 (1971), 349-361; C. F. D. MOULE,

verificheremo passo dopo passo, fino a giungere ad un tentativo di risposta della domanda sulle motivazioni che lo giustificano.

1.2.1. L'identità di Paolo ἐν σαρκί rifiutata: 3,4-7

Che la questione riguardi l'autoidentità di Paolo è evidente dalla terminologia utilizzata. Siamo di fronte ad un utilizzo della *periautologia* [41] che va nella direzione di un'identità il più possibile oggettiva[42]. Credo che questa oggettività rappresenti il punto di partenza per comprendere la successiva *scelta* (ἥγημαι di 3,7 è, di fatto il primo verbo "finito" che esprime una reale "azione" di Paolo) del rifiuto di tale identità per assumerne un'altra. Ecco perché sembra che l'identità di Paolo stia, in qualche modo, davanti a lui stesso e alla comunità. È davanti a tale identità che si dovrà fare una scelta. Anche qui si verifica una volta di più come Paolo sia capace di utilizzare una convenzione formale del discorso per utilizzarla secondo proprie finalità argomentative. Paolo qui, attraverso la *lode-di-sé* e il *vanto* (cf. il καυχώμενοι ἐν Χριστῷ Ἰησοῦ di 3,3), si propone come esempio (come vedremo) e, per

---

«Further Reflexions»; G. PANIKULAM, Koinōnia *in the New Testament*, 92-93; T. E. POLLARD, «The Integrity»; N. T. WRIGHT, «ἁρπαγμός». Tra i commentari, i più espliciti sono: F. B. CRADDOCK, *Philippians*, 53-58; G. D. FEE, *Philippians*, 314-315; G. F. HAWTHORNE, *Philippians*, 130-131.

[41] Coloro che leggono il testo in chiave retorica propongono di vedere qui una qualche forma di *periautologia* in chiave apologetica, come fa, per 2Cor, H. D. BETZ, *Der Apostel Paulus und die sokratische Tradition*, Tübingen (Mohr-Siebeck) 1972 e, per Fil, G. L. BLOOMQUIST, *The Function of Suffering*, 130-133. C'è chi parla inoltre di *encomium* o *autoelogio*, come G. F. HAWTHORNE, *Philippians*, 130 che si basa sulle proposte di H. D. BETZ, «On Self-praise»; o anche R. FABRIS, *Filippesi* (2000), 206. Per suffragare queste ipotesi sono solitamente citati i manuali di retorica (CICERONE, *Ad Herren*. 173-175; PLATONE, *Gorg*. 477C; *Phlb*. 48E; *Leg*. 697B, 727A-C; ARISTOTELE, *Ret. Al*. 1440b; *Et. Nic*. 1.7.1098b) e gli esempi nella classicità (ARISTOFANE, *Ran*. 730; SOFOCLE *Elett*. 589; *Philoc*. 384; EURIPIDE, *Alc*. 677; ERODOTO, *Hist*. II 143, ecc). Un altro approccio è quello di leggere la narrazione della propria vita da parte di Paolo unicamente in un'ottica di *synkrisis*, cioè di comparazione della propria esperienza con quella di oppositori e nemici: cf. C. FORBES, «Comparison, Self-Praise and Irony: Paul's Boasting and the Conventions of Hellenistic Rhetoric», NTS 32 (1986), 1-30.

[42] Intenderei qui, nell'utilizzare questo termine, riferirmi ad una descrizione di se stessi fornita non a partire dalla propria percezione soggettiva, ma dai dati verificabili da chiunque, quasi fossero gli attuali dati anagrafici di riconoscimento.

farlo, comincia con una presentazione della propria identità il più possibile oggettiva[43].

Mi colloco esplicitamente nella stessa linea interpretativa proposta qui da Troels Engberg-Pedersen (anche se tale autore propone il confronto della teologia paolina con lo schema stoico dell'esistenza):

> Paul is describing a change in his perception of his own identity, of who he, Paul, is. The kind of self-identification that is involved here is a thoroughly normative one. [...] Identification of what one values serves to identify 'who one is' as seen from within, the kind of being one *wishes* to be. [...] He now finds his normative identity outside himself, in Christ. He has become a 'Christ person'. This Pauline account of a change in his perception of 'who he himself is' (normatively understood) [...] The starting point is the immediate, and probably natural, self-identification of an individual human being, which consists in an intricate interplay between two things: (a) the subjective sense of being 'oneself' and (b) seeing that self ('oneself') as being defined by one's striving to obtain so-called natural goods for oneself, including the socially recognized ones, those representing the ordinary values within society. I *am* the person who strives to obtain for myself this or the other natural and social good. That kind of self-identification grounds what we may call the subjective perspective on the world. But the end point of the change is also similar in that it is derived from something that is

---

[43] Riguardo alla *periautologia* in chiave esemplare, cfr. A. PITTA, «Paolo e il giudaismo farisaico», *RSB* 11 (1999) 2, 91-92. Sono grato allo stesso prof. Antonio Pitta per l'utile osservazione che la preoccupazione paolina della proposta di un'identità il più possibile oggettiva non entra di per sé in contrasto con il genere della *periautologia* (come da me sostenuto in un primo momento) e che, un conto è il riferimento a questa categoria retorica e un altro è la funzione dell'utilizzo paolino di essa. Uno infatti dei modi migliori per vantarsi senza suscitare l'invidia può consistere nella ricerca di dati oggettivi che permettano di frenare reazioni di opposizione. Devo anche a lui l'indicazione di un passo di Plutarco che illustra un tale orizzonte di utilizzo della *periautologia*: « ... esistono situazioni in cui un uomo politico potrebbe rischiare d'appigliarsi al cosiddetto autoelogio, non tanto per celebrare se stesso o suscitare consensi, ma perché le esigenze del momento dell'azione gli richiedono di affermare qualche verità anche su di sé, così come farebbe nei confronti di un altro » (*De se ipsum citra invidiam laudando*, 2).

taken to have an external or objective status in relation to the individual. Christ is obviously such a thing.⁴⁴

Ecco perché il "chi sono" di Paolo⁴⁵ è descritto come una possibilità di *fare affidamento nella carne*. Paolo *ha* (non è un caso che sia utilizzato il verbo del possesso ἐγὼ ἔχων) una base di appoggio (la πεποίθησις ἐν σαρκί) che egli presenta. Il v. 5 descrive questa identità nell'oggettività di ciò che si è ricevuto nell'origine religiosa (*circonciso l'ottavo giorno*), di un popolo (*del popolo di Israele*), di una tribù (*della tribù di Beniamino*), di una discendenza familiare (genitori *ebrei*⁴⁶) e di un *modus vivendi* (*fariseo nel modo di osservare la legge*⁴⁷). Tutte queste

---

⁴⁴ T. ENGBERG-PEDERSEN, *Paul and the Stoics*, 93. Su altre basi è della stessa opinione anche F. B. CRADDOCK, *Philippians*, 53: « The passage has integrity in that it is entirely practical and instructive and it is the nature of paraenetic (hortatory) sections to be wide ranging in subject matter (Rom 12; Gal 5:13-6:10; Eph 4:25-32). However, is 3:4-14 not autobiographical rather than hortatory? No, 3:4-14 is no more autobiographical in its function than 2:6-11 was christological in its function. In fact Paul functions paraenetically in this section just as Christ the servant did in the previous unit of exhortations (1:27 – 2:16) ».

⁴⁵ Questa presentazione di sé pare molto simile alla convenzione indicata da ELIO TEONE nei Προγυμνάσματα: « Nella σύγκρισις di persone, uno deve innanzi tutto giustapporre la propria identità, l'educazione, la parentela, la posizione, il prestigio [...] », citato da C. FORBES, «Comparison», 6.

⁴⁶ Leggerei in questo modo più elementare l'espressione ἑβραῖος ἐξ ἑβραίων (come altri, ad es. P. O'BRIEN, *Philippians*, 372) che viene talvolta interpretata sullo sfondo sociologico delle varie identità giudaiche dell'ellenismo mediterraneo, certo non negate in questa proposta, ma forse non necessariamente utili per comprendere il tessuto argomentativo. Cf. J. D. G. DUNN, «Who did Paul think he was? A Study of Jewish-Christian Identity», NTS 45 (1999), 186; M. HENGEL, *Between Jesus and Paul*, Philapelphia (Fortress Press) 1983, 9-11. Cf. anche J. WANCKE, «ἑβραῖος», *DENT* I, 979-981.

⁴⁷ Anche qui molte sono le considerazioni sull'identità farisaica che vengono proposte a partire da questo versetto: cf. R. PENNA, «Un fariseo del secolo I: Paolo di Tarso», *RSB* 11 (1999) 2, 65-87 e la bibliografia presentata con una certa completezza. Tra le varie linee interpretative non manca chi nega radicalmente l'appartenenza di Paolo alla corrente farisaica. Ad esempio H. MACCOBY, *The Mythmaker. Paul and the Invention of Christianity*, London (Weidenfeld & Nicolson) 1986, 59, oppure D. J. DOUGHTY, «Citizens of Heaven», 107 che ne fa una delle prove per affermare che questo brano è deuteropaolino: « Nowhere else does Paul refer to himself as a

specificazioni non fanno che oggettivare un'identità che costituisce una base per le scelte concrete che Paolo ha fatto nella sua vita e che sono descritte nel v. 6. Va però sottolineato con forza che queste, anche là dove l'oggettività è divenuta un vissuto soggettivo nelle scelte adulte di Paolo, non sono presentate come tali, ma come altre caratteristiche afferenti la sua *identità*.

L'avere *perseguitato la comunità (cristiana)* secondo una linea di zelo *(farisaico)*[48] e l'aver perseguito, secondo una linea di *giustizia legale* una *perfezione* morale[49] sono caratteristiche esistenziali espresse attraverso due participi modali[50] (διώκων e γενόμενος). Questi sembrano quasi indicare plasticamente posizioni raggiunte all'interno della propria identità personale, connotazioni auto-raffiguranti il proprio io (quasi come in Gal 1,23: *ὁ διώκων ἡμᾶς* ποτε νῦν εὐαγγελίζεται τὴν πίστιν

Pharisee. And nowhere else does Paul appeal to his blamelessness with regard to righteousness under the law ».

[48] La terminologia dello ζῆλος non fa solo riferimento ad una propensione interiore nell'essere *zelante* in un qualcosa in cui si crede, ma credo esprima una modalità del vivere farisaico, come più propriamente era utilizzata nel I sec. d.C. (anche se non necessariamente nell'adesione all'ala "armata" di tale movimento farisaico denominata degli *zeloti*: cf. GIUSEPPE FLAVIO, *Bell.* II, 118; IV, 196; V, 250). Cf. M. R. FAIRCHILD, «Paul's Pre-Christian Zealot Associations: A Re-examination of Gal 1.14 and Acts 22.3», *NTS* 45 (1999), 514-532; T. L. DONALDSON, «Zealot and Convert: The Origin of Paul's Christ-Torah Antithesis», *CBQ* 51 (1989), 655-682; R. PENNA, «Un fariseo», 75: « Il tema dello zelo è trasversale nel giudaismo del tempo. È interessante il commento di Strack-Billerbeck al passo di Rom 10,2: senza addurre nessun testo in appoggio all'affermazione paolina, essa viene commentata semplicemente col dire che «a questa parola dell'apostolo rimanda ogni pagina della letteratura rabbinica, che attesta di avere zelo per Dio e di volerlo servire fino all'ultimo respiro» (III, 276s.). Proprio per questo motivo non sarebbe storicamente corretto fare di Paolo uno zelota nel senso politico del termine. Piuttosto bisogna calcolare che il fariseismo del suo tempo fosse piuttosto sfaccettato ».

[49] Abbiamo già avuto modo di vedere come in Fil 2,15 venga utilizzato lo stesso termine ἄμεμπτος sul medesimo versante etico che ha la caratteristica della riconoscibilità esteriore, della trasparenza. Qui lo stesso termine viene utilizzato per un'identità riconoscibile "dal di fuori".

[50] Cf. *BD* § 414: « Il participio come complemento di verbi espressi o sottintesi denotanti l'essere e il fare che ha perduto notevolmente terreno nel NT è reperibile quasi solo in Luca e Paolo ». Cf. anche §§ 417-418 per questo genere di utilizzi del participio.

ἥν ποτε ἐπόρθει in cui è l'identità di Paolo ad essere espressa con gli stessi termini). Interessante l'affermazione a questo proposito di At 9,13.21 in cui Paolo è conosciuto come *colui che* perseguita.

Solo ora, attraverso una frase i cui due membri sono posti in parallelismo antitetico, Paolo può mostrare la propria scelta[51], la propria presa di posizione attiva, dinanzi al suo *status*, alla propria identità:

ἅτινα	ἦν μοι	κέρδη,
ταῦτα	ἥγημαι διὰ τὸν Χριστὸν	ζημίαν [52]

L'identità personale non è più espressa come una πεποίθησις ἐν σαρκί che Paolo *ha* (cf. 3,4), ma come un insieme di "cose" (ἅτινα) che *erano*[53] un guadagno per Paolo. Ebbene di fronte a tale guadagno Paolo

---

[51] Non sono molti a sottolineare la rilevanza del passaggio dai participi di 3,6 agli indicativi di 3,7 e, legato a questo fatto, non sono molti a sottolineare la rilevanza della *scelta* di Paolo, per me invece gli elementi più significativi del passo. Tra essi, G. F. HAWTHORNE, *Philippians*, 135, ma soprattutto J.-B. EDART, *Philippiens*, 228-229 : « Paul veut montrer qu'ayant toutes les raisons de faire confiance à la chair, **il a choisi** avec raison de faire confiance au Christ. [...] La personne du Christ justifie à elle seule le renoncement à ce qui était une raison légitime de se glorifier ». Alcuni leggono in quest'affermazione paolina una rilettura dell'evento di Damasco, considerato non dal punto di vista della gratuità ricevuta ma della scelta fatta da Paolo stesso. J. SCHÜTZ, *Paul and the Anatomy of Apostolic Authority*, Cambridge (Cambridge University Press) 1975, 133 parla qui di « biography of reversal »; cf. D. J. DOUGHTY, «Citizens of Heaven», 107-108: « Elsewhere Paul can speak of his Damascus experience only as a wondrous act of God's grace (Gal 1.13-16; 1Cor 15.9-10). In Phil 3, however, it is a matter of Paul's own attitude (ἡγέομαι). It is a calculated judgment. Life in Christ is something one chooses because it is regarded as superior to one's former way of life ».

[52] Mi sembra del tutto maggioritaria la lettura che considera ἀλλά, all'inizio del v. 7, come un'aggiunta facilitante dei copisti. Tale termine è infatti assente in p46 p61vid ℵ* A [F] G 33 81 1241s 1739* pc b d Lucifer Ambrosiaster mentre è citato in B D Y Maj a f vg sy co. Oltre poi a motivi di critica esterna, e di *lectio difficilior*, la presenza in 3,8 di ἀλλὰ μενοῦνγε καί, rende alquanto difficile che 3,7 inizi con ἀλλά.

[53] L'imperfetto non ha qui valore potenziale, nel senso di "potevano essere" (il cosiddetto generico *imperfetto de conatu*: cf. BD § 326), ma ha valore effettivamente di un'azione perdurante nel passato e che oggi non ha più effettività, data la scelta indicata dal perfetto ἥγημαι che invece trova ancora, nell'oggi della narrazione, il suo valore (cf. BD § 325).

opera una scelta di *perdita* riferendosi ad un diverso criterio di discernimento: διὰ τὸν Χριστόν. Questo versetto mostra una corrispondenza nei termini dei suoi membri con il "nuovo" elemento di discernimento cristologico.

• ἅτινα / ταῦτα → Si mette chiaramente in evidenza come siano esattamente le stesse realtà ad essere oggetto dell'azione di giudizio e di scelta di Paolo. Non c'è una scelta tra le possibili voci della propria identità personale, è l'intera "scheda anagrafica" definente il proprio io ad essere giudicata e qui rifiutata.

• ἦν μοι / ἥγημαι → Il criterio cristologico non opera estrinsecamente, quasi *ex opere operato*, ma è semplicemente un possibile criterio di discernimento per una scelta che coinvolge Paolo. Abbiamo già visto come il verbo ἡγέομαι sia sempre relativo ad una considerazione ponderata che porta ad una scelta (lo abbiamo già incontrato in 2,3 per i membri della comunità; in 2,6 per Cristo[54]). Ciò che è, viene cioè considerato e giudicato. Tutti i commentatori notano il parallelismo, oltre che lessicale anche logico, con 2,6 (ὃς ἐν μορφῇ θεοῦ ὑπάρχων οὐχ ἁρπαγμὸν *ἡγήσατο* τὸ εἶναι ἴσα θεῷ). Qui come là, si tratta di operare un giudizio relativo alla propria identità per assumersi la responsabilità di questo giudizio nelle scelte conseguenti.

• κέρδη / ζημίαν → Ritorna un termine che era già comparso nella lettera, in 1,21. Il chiaro riferimento commerciale di tale coppia di termini[55] sottolinea come la scelta di Paolo possa essere ritenuta una "passività" nel bilancio (così come la possibilità della persecuzione era

---

[54] Nella lettera compare ancora in 2,25 e due volte nel versetto successivo 3,8.

[55] Il richiamo a questi termini in contesti etici è presente anche in ARISTOTELE, *Et. Nic.* 5.4-7.1132b ss. e in EPITTETO, *Diss.* 2.10.15. Lo stesso si può reperire in testi morali rabbinici: M. BOCKMUEHL, *Philippians*, 405: « in rabbinic Judaism the terminology of profit (סכר) and loss (הפסד) could be applied to the observant Jewish life: one should balance the loss incurred by observing a commandment against the superior profit it entails (e.g. *m.Abot* 2.1) ». Si può altresì vedere in questa terminologia il richiamo ai contesti sinottici già citati per 1,27-30: Mc 8,36: τί γὰρ ὠφελεῖ ἄνθρωπον κερδῆσαι τὸν κόσμον ὅλον καὶ ζημιωθῆναι τὴν ψυχὴν αὐτοῦ; Cf. anche Mt 16,26; Lc 9,25.

stata definita in 1,28 una *sconfitta*) e sarà proprio il senso di tale affermazione ad essere l'oggetto dei versetti che seguono.

• διὰ τὸν Χριστόν → È il "nuovo" criterio di discernimento. È un criterio in antitesi con ciò che poteva essere *per lui* un vantaggio – antitesi che aveva costituito il cuore della prima parte della lettera nei criteri con cui Paolo si è posto dinanzi alla propria "morte vantaggiosa" in 1,20-26, con cui Cristo Gesù ha vissuto il suo itinerario a partire da 2,6, con cui i membri della comunità sono stati invitati a porre al centro della propria attenzione l'altro e non il proprio io in 2,3-4 (e, come vedremo più tardi, con cui Timoteo ed Epafrodito mostrano alla comunità il modo di procedere da "imitare", in 2,19-30). Qui non c'è solo il rifiuto del *per me* come motivazione di scelta dell'agire, ma viene dichiarato l'orizzonte cristologico grazie al quale, proprio cominciando dalla propria identità, nulla può più essere uguale per il credente. Paolo richiama implicitamente quanto affermato in 3,4 attraverso ἐν σαρκί. È noto infatti l'orizzonte di senso di tale espressione nell'epistolario paolino. Cito solo per un esempio l'ottima sintesi di Günter Bornkamm:

> « σάρξ significa allora il fondamento a partire dal quale l'uomo naturale comprende se stesso, e lo scopo per cui vive e addirittura il dominio sotto il quale è caduto il suo impulso vitale all'autoaffermazione. [...] La brama di vivere e di affermarsi portano all'uomo dei frutti che la morte, per così dire, raccoglie a proprio vantaggio. [...] Questo processo è descritto in molte immagini diverse, spesso solo accennate. [...] La morte è già parte integrante della brama di vivere ». [56]

Διὰ τόν Χριστόν è quel motore del discernimento dell'agire etico che rappresenta il vero scatto argomentativo di questa seconda parte della lettera e che porta a compimento l'itinerario che la *propositio* di 1,9-11 aveva dichiarato. Ma su questo torneremo.

---

[56] G. BORNKAMM, *Paolo Apostolo di Gesù Cristo*, Torino (Claudiana) 1977, 136-137.

1.2.2. L'identità di Paolo ἐν Χριστῷ scelta: 3,8-12

Con un'espressione che crea un esplicito stacco sintattico (ἀλλὰ μενοῦνγε καί)[57] viene ora chiarita la posizione di Paolo dopo la scelta operata διὰ τὸν Χριστόν in 3,4-7. Se in 3,8-9a tale scelta viene ancora riproposta in chiave antitetica, il punto di partenza[58] è ora l'affermazione del senso della scelta "in perdita". I due καὶ ἡγοῦμαι attraverso i quali Paolo sceglie di considerare la sua identità precedente[59] come *perdita* e *spazzatura* sono riferiti a due finalità positive.

- διὰ τὸ ὑπερέχον τῆς γνώσεως Χριστοῦ Ἰησοῦ τοῦ κυρίου μου. In questa prima prospettiva ricompare la finalità della γνῶσις, che costituiva un versante della *propositio* in 1,9 (ἵνα ἡ ἀγάπη ὑμῶν ... περισσεύῃ ἐν ἐπιγνώσει)[60]. Il criterio di discernimento è anche il punto di arrivo, ciò che fa scattare quella dinamica di cammino, di itinerario in cui tutta la lettera si muove (1,9: ἔτι μᾶλλον καὶ μᾶλλον). Di più, questa conoscenza non è relativa ad un contenuto intellettuale, ma relazionale[61]. Cristo Gesù è divenuto *il **mio** Signore*. In questo riferimento, ci si riferisce ancora una volta a 2,6-11. L'itinerario del credente deve andare dal

---

[57] Contro S. E. PORTER, *Idioms*, 212, che vi vede invece un significato riassuntivo, di consecuzione con ciò che precede.

[58] Da sottolineare l'avvenuto passaggio tra il perfetto della scelta (ἥγημαι) del v. 7 e il presente del dato attuale (ἡγοῦμαι) del v. 8.

[59] È vero che πάντα è più ampio dell'identità di Paolo, come mi ha fatto notare ALBERT VANHOYE, ma rimane pur vero, mi sembra, che è questa ad essere in gioco qui.

[60] È questo riferimento a costituire la più forte prova della non pertinenza qui di orizzonti gnostico-cristiani e rende anche dubbia la derivazione biblico giudaica che vede in queste affermazioni paoline un riferimento alla connessione profetica tra conoscenza di Dio e tema dell'alleanza (cf. Os 2,22; 4,1.6; 6,6 e, soprattutto Ger 31,34). Un buono studio su questi versetti è quello della V. KOPERSKI, *The Knowledge of Christ Jesus My Lord. The High Christology of Philippians 3,7-11*, Kampen (Pharos) 1996.

[61] Cf. J.-B. EDART, *Philippiens*, 267: « La connaissance de Paul n'est pas la connaissance stoïcienne. Dans le stoïcisme, la nouvelle perception du monde et des relations à celui-ci est un processus d'une connaissance *rationelle*. Paul parle d'une connaissance *expérimentale*. [...] L'identification opérée entre le Christ et l'Apôtre (cf. 3,8 et 3,12) implique un rapport existentiel et ne se contente pas d'une connaissance rationelle ».

riconoscimento (... ἐξομολογήσηται ὅτι κύριος Ἰησοῦς Χριστός) alla *relazione* personale (Χριστοῦ Ἰησοῦ τοῦ κυρίου μου).

- ἵνα Χριστὸν κερδήσω. Anche il *guadagno* che giustifica e spinge alla *perdita*, alla considerazione del *tutto* di 3,5-6 alla stregua di *spazzatura - sterco*[62], è sul versante della *relazione esistenziale*. Il richiamo a 1,21 mostra come il *guadagnare Cristo*, unendo i due poli del vivere-morire, in realtà li attraversa entrambi.

- καὶ εὑρεθῶ ἐν αὐτῷ. La seconda finalità presenta le due possibilità del *guadagnare Cristo* e dell'*essere trovato in lui*. Paolo qui utilizza lo stesso verbo di 2,7 per l'identità di Cristo. Come Gesù Cristo uomo/riconosciuto uomo, anche Paolo vuole essere trovato-riconosciuto con una nuova identità rispetto alla precedente, identità che viene descritta in 3,9b (esattamente come in 3,6) con dei participi (μὴ ἔχων nella prima parte e ἔχων sottinteso nella seconda)[63].

---

[62] Non manca chi, anche per questo verbo ha trovato la possibilità di un accenno di Paolo ai suoi oppositori: M. BOCKMUEHL, *Philippians*, 207: « The famous tenth-century Byzantine lexicon known as the *Suda* regards the term as a contraction of 'that which is thrown to the dogs' (τὸ τοῖς κυσὶ βαλλόμενον). If this derivation was popularly known in earlier centuries, there could conceivably be another pun here on the adversaries of v. 2 ». Molto più gustoso può essere il rimando a PLAUTO, *Truc.* 2.7.5 (*Amator, qui bona sua pro stercore habet*) nel mostrare il valore gnomico dell'espressione.

[63] È necessario ribadire la conformazione di questo versetto. Secondo W. SCHENK, *Der Philipperbrief*, 250-251 si avrebbe in 3,9 una struttura chiastica con il seguente andamento:

  μὴ ἔχων
   ἐμὴν
    δικαιοσύνην
     τὴν ἐκ νόμου
      ἀλλὰ τὴν διὰ πίστεως Χριστοῦ,
     τὴν ἐκ θεοῦ
    δικαιοσύνην
   ἐπὶ τῇ πίστει

Un primo livello di obiezione a questa proposta è la costatazione che, come abbiamo già avuto modo di vedere (cf. cap. 1 nota 45), non ogni *reversio* si configura come un chiasmo, e così non necessariamente il meccanismo evidente della *reversio* di 3,9 comporta un parallelismo antitetico dei diversi membri della proposizione. Un secondo livello di obiezione è invece più specificamente sintattico. L'opposizione proposta da Schenk sarebbe infatti tra *mia* e *per mezzo della fede*. Non credo che una tale struttura del testo rispetti la sintassi degli accusativi. Se infatti una tale interpretazione

L'antitesi centrale (τὴν ἐκ νόμου / τὴν ἐκ θεοῦ) qui riferita alla δικαιοσύνη che, unita a tutto il linguaggio tradizionale della catechesi paolina, può ben rappresentare il "vangelo" di Paolo[64] (come è descritto in Gal 1,11-12), esplicita direttamente quale sia la vera antitesi ad una auto-affermazione di sé ἐν σαρκί. Se è l'esortazione di 3,2-3 a dare il senso della narrazione paolina, non avremmo in Fil 3 una dialettica relativa a queste tematiche solo in relazione all'opposizione presente nella storia delle comunità paoline. Questo ad affermare come non sia qui in gioco soltanto l'eventuale polemica nei confronti della visione di una δικαιοσύνη giudaizzante.

Il definirsi "davanti a Dio" in virtù della δικαιοσύνη legata alla πίστις[65] e non al νόμος è ora un'identità, un "chi sono io" di fronte ad

---

sintattica sembra maggiormente venire incontro al dibattito tipicamente luterano di una contrapposizione tra *la propria giustizia* e *la giustizia per fede*, appare maggiormente ovvio comprendre τὴν ἐκ νόμου come apposizione di ἐμήν, in opposizione allora a τὴν ἐκ θεοῦ (cf. BDB § 285 sull'aggettivo possessivo attributivo). Così anche il primo accusativo ἐμὴν δικαιοσύνην sembra attributo di τὴν ἐκ νόμου, richiedendo allora la traduzione «non avendo *come mia giustizia* quella che viene dalla Legge, ma quella che viene dalla fede». Questo è, in realtà, non osservato dalla maggioranza delle traduzioni e dei commenti, facendo nascere molto dibattito esegetico-teologico sull'affermazione che Paolo negherebbe per se ogni giustizia, mentre la contrapposizione è qui evidentemente tra una δικαιοσύνη ἐκ νόμου e una δικαιοσύνη legata alla πίστις. Questo è spesso stato segnalato da J.-N. ALETTI, «Bulletin Paulinien», *RSR* 83 (1995), 102 e ID., «Bulletin Paulinien», *RSR* 85 (1997), 90.

[64] C'è un sostanziale accordo dei commentatori sul fatto che Paolo non intenda "insegnare" né aggiungere nulla su tale tema rispetto a quanto egli avesse già trasmesso alla comunità. Siamo di fronte ad una sorta di *autocitazione sintetica* dei cardini fondamentali dell'impianto "tradizionale" paolino. La novità potrebbe consistere nella sua applicazione alla definizione della propria identità non di fronte ad "altri", ma direttamente "di fronte a Dio" (εὑρεθῶ). Credo personalmente che il materiale e l'argomentazione presente in Gal (e forse in Rom) potessero essere noti alle comunità (almeno le più importanti) nell'epoca del periodo romano della vita di Paolo, nella nostra tesi di fondo presupposto come quello relativo alla composizione di Fil. Da qui, la possibilità della comprensione delle espressioni a partire da semplici accenni sintetici.

[65] Credo che, trattandosi di tutte affermazioni sintetiche, in qualche modo sintatticamente giustapposte, l'esatta definizione della *mens auctoris* nello stabilire se l'espressione πίστις Χριστοῦ sia da intendersi come genitivo soggettivo o oggettivo non abbia tutta quell'importanza che il dibattito vorrebbe; o, meglio, è troppo

ogni tentativo di leggersi ἐν σαρκί, sia questo pagano, giudaico o cristiano (vedi la nostra lettura di 3,2). Ancora una volta, cioè, l'ottica non è quella della detrazione degli oppositori, ma quella dell'identità del credente di cui Paolo si propone come *exemplum*. Occorre tuttavia richiamare con forza che non troviamo in questi versetti una definizione "positiva" di tale nuova identità[66]. Quella di Paolo è cioè data dalla continua negazione di quella precedente e dalle espressioni finali che esprimono le motivazioni di tale scelta. Se di nuova identità si può

---

dipendente da quella che è stata chiamata la *teologizzazione* del dibattito su questa espressione: cf. specialmente R. B. MATLOCK, «Detheologizing the ΠΙΣΤΙΣ ΧΡΙΣΤΟΥ Debate: Cautionary Remarks from a Lexical Semantic Perspective», NT 42 (2000), 1-23 e, dello stesso autore «"Even the Demons Believe": Paul and πίστις Χριστοῦ», CBQ 64 (2002), 300-318. Trovo interessante così, in questa linea l'interessante proposta "sintetica" di J.-N. ALETTI, *La lettera ai Romani e la giustizia di Dio*, Roma (Borla) 1997, 108, che considera questo sintagma come "genitivo di qualificazione", nel legame tra la *fede* e la *relazione* a Cristo come cuore dell'espressione nel suo uso paolino (non solo in Romani, ma anche, possibilmente, nell'intero epistolario). Che tale proposta costituisca un fecondo terreno di risoluzione di molti aspetti relativi al legame tra *fede* e *Gesù Cristo*, si evince dal recente articolo di R. VIGNOLO, «La fede portata da Cristo. "ΠΙΣΤΙΣ ΧΡΙΣΤΟΥ' in Paolo», in G. CANOBBIO (ed.), *La fede di Gesù*, Bologna (EDB) 2000, 43-67. Ogni anno esce un nuovo articolo sull'argomento in qualche rivista specialistica che, di volta in volta, afferma la certezza assoluta che Paolo non possa che intendere la *fede-fiducia/credibilità di Gesù Cristo*, oppure l'altrettanto assoluta necessità teologica che Paolo abbia in mente la *fede* del credente *in Gesù Cristo*. Solo per necessità "scientifica" rimando ad alcuni scritti di riferimento. Tra coloro che sostengono l'interpretazione del genitivo soggettivo: M. BOCKMUEHL, *Philippians*, 211; R. T. FORTNA, «Philippians», 227; P. FOSTER, «The First Contribution to the πίστις Χριστου Debate: A Study of Ephesians 3.12», JSNT 85 (2002), 75-96; M. D. HOOKER, «ΠΙΣΤΙΣ ΧΡΙΣΤΟΥ», NTS 35 (1989), 321-342; G. HOWARD, «The Faith of Christ», ExpTim 85 (1973-1974), 212-214; B. W. LONGENECKER, «ΠΙΣΤΙΣ in Romans 3.25: Neglected Evidence for the 'Faithfulness of Christ'?», NTS 39 (1993), 478-480; P. T. O'BRIEN, *Philippians*, 398-399. Tra coloro che sostengono l'interpretazione del genitivo oggettivo: K. BARTH, *Filippesi*, 162-164; J.-F. COLLANGE, *Philippiens*, 115; G. D. FEE, *Philippians*, 325-326; J. GNILKA, *Filippesi*, 322; R. A. HARRISVILLE, «ΠΙΣΤΙΣ ΧΡΙΣΤΟΥ: Witness of the Fathers», NT 36 (1994), 233-241; G. F. HAWTHORNE, *Philippians*, 141-142. Occorre poi qui almeno citare il famoso scambio tra R. B. HAYS, «*Pistis* and Pauline Christology: What at stake?», in E. H. LOVERING (ed.), *SBL Seminar Papers 1991*, Atlanta (Scholars Press) 1991, 714-729 e J. D. G. DUNN, «Once More, ΠΙΣΤΙΣ ΧΡΙΣΤΟΥ», in J. M. BASSLER (ed.), *Pauline Theology. Vol. 4*, Minneapolis (Fortress Press) 1997, 61-68.

[66] Come sarebbe stata per esempio un'affermazione "ho considerato tutto questo come spazzatura per divenire apostolo di Cristo".

parlare in 3,7-12, lo si può fare solo in chiave di rapporto con Cristo (cf. 3,7.8².9: Χριστός sempre in relazione a Paolo; 3,8 ὁ κύριός μου; 3,9.10⁴ il pronome αὐτός sempre per Cristo in relazione a Paolo). La nuova identità di Paolo non è di ordine "ontologico" (esisto in quanto *sono*), ma "relazionale" (esisto in quanto *in relazione con*)[67].

Se l'orizzonte della prima parte della lettera è essenzialmente etico, i criteri stessi dell'etica vengono qui presentati come la risultante della scelta di un'identità. I versetti 3,10-11 non fanno che proiettare quanto affermato da Paolo nel narrare la propria nuova identità, sull'arco delle scelte proposte alla comunità nella prima parte. La *perdita* di un'identità "vincente" apre cioè la porta a quel condividere le sofferenze (chiaramente "perdenti") che la comunità è stata invitata ad accettare senza paura in 1,27-30.

Con una proposizione finale, nel v. 10 vengono presentati lo scopo e la méta di tutto il percorso da 3,7, che rimanda alla dimensione relazionale con Cristo. Si tratta cioè di *conoscere lui* (αὐτόν), *la potenza della sua* (αὐτοῦ) *resurrezione, la condivisione delle sue* (αὐτοῦ) *sofferenze*. La dimensione relazionale viene messa anche ulteriormente in evidenza se si legge il primo καί come epesegetico[68]: *per conoscere lui cioè la potenza della sua resurrezione e la condivisione delle sue sofferenze*. L'elemento significativo dell'anticipazione del dato della resurrezione rispetto a quello della morte di Cristo[69] esplicita poi con sconcertante chiarezza

---

[67] E questo aiuta anche alcuni a mostrare come Paolo non avesse alcuna difficoltà psicologica con la Legge, ma è la nuova relazione con Cristo a modificare la scala di valori. Un esempio nel recente lavoro di L. THURÉN, *Derhetorizing Paul. A Dynamic Perspective on Pauline Theology*, Tübingen (Mohr-Siebeck) 2000, 168-169: « In Phil 3 [...] these great gains are minor compared with the big gain in Christ. They are not yet condemned; only in comparison with Christ can they be "counted as loss" ».

[68] Come fa per es. G. D. FEE, *Philippians*, 328.

[69] Più che a causa della struttura chiastica di 3,10-11, che è costretta a collocare fuori l'importante τοῦ γνῶναι αὐτόν, mi pare di poter leggere nella attenzione argomentativa alla méta "relazionale" di tutto l'itinerario, la particolare scelta paolina. Propongono una lettura chiastica dei versetti: P. SIBER, *Mit Christus leben: eine Studie zur paulinischen Auferstehungshoffnung*, Zürich (Theologischer Verlag) 1971, 115 e, dopo di lui, praticamente tutti i maggiori commentari in lingua tedesca fino al recente W. SCHENK, *Der Philipperbrief*, 251. Cf. anche G. L. BLOOMQUIST, *The Function of Suffering*,180-181; R. FABRIS, *Filippesi* (2000), 194; G. D. FEE, *Philippians*, 313.328-329; G.

che ad essere al centro dell'attenzione è proprio la méta dell'itinerario, itinerario che passa certamente attraverso scelte di *perdita*, ma che non trova in esse il suo senso[70]. È la "relazione" ad essere al centro delle scelte! Paolo non mostra mai in Filippesi il timore ad indicare il bene delle relazioni (nel v. 14 parlerà addirittura di *premio*!) come lo scopo dichiarato di scelte esistenziali di rinuncia, di abbassamento, di perdita[71].

Questo condividere, infatti, è una κοινωνία esistenziale che lega i tre poli Paolo-Filippesi-Cristo nella sofferenza, nella "perdita", nell'essere reso *conforme* alla stessa morte di Cristo (cf. l'interessante richiamo alle espressioni di 2,6-8 nella scelta di una μορφή e di una morte, *la sua, di Cristo*: μέχρι θανάτου, θανάτου δὲ σταυροῦ), ma è anche un condividere la méta della sua resurrezione, quella méta che è l'innalzamento glorioso da parte di Dio (descritto in 2,9-11 per Cristo), il reale guadagno di ogni credente. Ritroviamo la dinamica, già evidenziata nel commentare 1,18b-26; 2,9-11; 2,16-18, del come il dare la vita per amore (dell'altro) sia il più grosso "dono" che ogni persona può fare a se stessa, non nell'autoaffermazione della propria opera, ma nella consapevolezza dell'opera di Dio. È questa la prospettiva del cammino non ancora concluso che il v. 11 (leggendo la condizionale εἴ πως non certo in chiave dubitativa ma di attesa di futuro[72]) e il v.12 riaf-

---

F. HAWTHORNE, *Philippians*, 145-146; G. PANIKULAM, Koinōnia *in the New Testament*, 96-97; A. PITTA, «La fede e la "conoscenza di Cristo" (Fil 3,7-11), *PSV* 30 (1994), 179.

[70] Così anche B. M. AHERN, «The Fellowship of His Sufferings (Phil 3,10) – A Study of St. Paul Doctrine on Christian Suffering, *CBQ* 22 (1960), 1-32; E. FRANCO, *Comunione e Partecipazione*; P. T. O'BRIEN, *Philippians*, 404.406; G. PANIKULAM, Koinōnia *in the New Testament*, 97.104. Proprio a causa di un ermeneutica argomentativa del brano, mi paiono del tutto fuori luogo le varie considerazioni relative ad una particolare cristologia paolina che sarebbe sottostante alle espressioni qui utilizzate, proposte per esempio da J. A. FITZMYER, «To Know Him and the Power of His Resurrection» (Phil 3.10), in A. DESCAMPS – A. DE HALLEUX (edd.), *Mélanges Bibliques en hommage au R. P. Béda Rigaux*, Gembloux (Duculot) 1970, 411-426.

[71] Sono su questa linea anche le riflessioni di K. BARTH, *Filippesi*, 170-173.

[72] Cf. P. T. O'BRIEN, *Philippians*, 412: « εἴ πως is an expression of expectation and syntactically does not suggest that Paul harboured doubts about his sharing in this resurrection from the dead. It is one thing to say that he has *no yet* participated in it, but another to doubt *whether* he will ». Contro alcune letture che reinterpretano in chiave secondo me troppo psicologizzante un "dubbio" espresso dalla condizionale:

fermano nell'evidenziare il *perseguire* continuo della conformazione a Cristo nel dono della vita risorta, nella consapevolezza di un *essere stati* e di un *essere* afferrati da Cristo stesso. Questo permette a Paolo di esplicitare anche come la méta descritta in 10-11 sia realmente da leggersi in chiave relazionale:

καταλάβω (Χριστόν)[73] / κατελήμφθην ὑπὸ Χριστοῦ[74].

sono i due poli della relazione che è l'unico motore di ogni scelta di Paolo.

1.2.3. Il premio atteso: 3,13-14(15)

Con il vocativo ἀδελφοί, Paolo vuole terminare la sua narrazione con una comunicazione relazionale con i Filippesi, preparando l'esortazione finale di 15-16. Egli riprende il verbo καταλαμβάνειν di 3,12 e ripropone tutto il percorso di 3,4-12 secondo la metafora atletica del corridore. Molte espressioni del v. 13 sono ellittiche (manca l'oggetto di κατειληφέναι; non è specificato cosa sia ἐν δέ; mancano riferimenti diretti per identificare τὰ μέν ... τοῖς δέ) e sembra, alla luce del versetto che segue, che l'attenzione sia più fissata sul processo, sulla dinamica sottostante tutto l'itinerario presentato che sul contenuto chiaramente oggettivabile di esso: « Paul's point is not winning as such; rather his

---

cf. J. GNILKA, *Filippesi*, 325; R. E. OTTO, «If Possible I May Attain the Resurrection from the Dead (Philippians 3:11)», *CBQ* 57 (1995), 324-340.

[73] L'andamento ellittico del versetto, dato dall'assenza di complementi oggetto per i due verbi ἔλαβον e καταλάβω, lascia aperta la strada a varie proposte interpretative. Mi pare che la più ovvia logicamente sia quella di rimanere sullo stesso prospetto della méta fin qui proposta, la relazione con Cristo. Ecco perché mi sembra del tutto conseguente al pensiero che Paolo sta svolgendo, e in particolare dopo il ἵνα Χριστὸν κερδήσω di 3,8, leggere anche qui come oggetto Cristo e non il *risorgere* (*dai morti*) di 3,10-11. Così anche M. BOCKMUEHL, *Philippians*, 220; G. F. HAWTHORNE, *Philippians*, 151. Per uno *status quaestionis*: P. T. O'BRIEN, *Philippians*, 420-423.

[74] L'altro dibattito riguardo a questo versetto è relativo al sintagma ἐφ' ᾧ. Per confrontare opinioni divergenti con le relative argomentazioni, cf. *BD* §235,2 per una lettura "causale" (*perché, poiché*) e J. A. FITZMYER, «The Consecutive Meaning of ἐφ' ᾧ in Romans 5.12», *NTS* 39 (1993), 321-339 per una lettura "consecutiva-finale" (*così che, in vista di*). Propenderei personalmente per la soluzione "causale", in considerazione della lettura "relazionale" che stiamo facendo delle affermazioni paoline.

focus is on the *runner*, who runs as to win »⁷⁵. Anche se la nostra mentalità critica è sempre portata a ricercare il senso "teologico" delle affermazioni paoline (quasi ad indicare che dietro ogni più piccola preposizione si nasconda uno spessore di riflessione soteriologica, cristologica ...), mi pare quanto mai evidente l'apporto che la lettura argomentativa-relazionale che stiamo proponendo può dare alla comprensione di esse. Qui infatti risulta evidente come l'attenzione di Paolo a proporre ai destinatari della nostra lettera un φρονεῖν (cf. 3,15a) superi la preoccupazione di dare loro insegnamenti sistematici⁷⁶. Lo avevamo constatato in 2,1-18, lo verifichiamo in 3,2-16. La dinamica della corsa⁷⁷ permette a Paolo di riassumere e di concludere la narrazione relativa alla propria identità, avendo rifiutata quella "dietro" a sé (cf. 3,4 con il senso di "sicurezza" su cui potersi appoggiare dato dal termine πεποίθησις, cui fa seguito 3,5-6) e avendo scelta quella "davanti" a sé (nel rimandare in 3,7-12 non ad una nuova "identità" parallela nelle sue dinamiche alla prima, ma al "protendersi-verso" dato dalle continue affermazioni finali relative alla scelta del rifiuto dell'identità precedente). Tuttavia, Paolo precisa che anche questo processo non è la conseguenza dei dati forniti (quasi fossimo dinanzi ad un entimema o, addirittura, ad un sillogismo), ma è la risultante di una scelta che segue un discernimento: ἐγὼ ἐμαυτὸν οὐ λογίζομαι. Il continuo sottolineare i processi di pensiero, che permettono di cogliere il riferimento continuo a 1,9 (ἐν ἐπιγνώσει καὶ πάσῃ αἰσθήσει), sono esattamente il segnale della centralità di un φρονεῖν orientativo della realtà, compresa quella della méta verso cui indirizzarsi nella relazione con Dio.

---

⁷⁵ G. D. FEE, *Philippians*, 347.

⁷⁶ Così anche G. D. FEE, *Philippians*, 360-361: « Given Paul's longtime – and loving – relationship with this church and his frequent stops there, it is hard to imagine that he is telling them anything new in this letter. Indeed, in v. 1 he has said quite the opposite, that it is not burdensome for him to write the same things again as a safeguard. Thus, both the Christ narrative, which is foundational for his, and his own story do not present something new; rather they tell the "old, old story" all over again ».

⁷⁷ Cf. V. C. PFITZNER, *Paul and the Agon Motif*, Leiden (Brill) 1967.

Il punto di arrivo di 3,14 esplicita, così, lo ἕν δε di 3,13 attraverso il linguaggio metaforico e parla di σκοπός (*traguardo, méta verso cui si guarda correndo*)[78], di βραβεῖον (*premio della gara*)[79], di κλῆσις (la chiamata-proclamazione del vincitore). La conclusione della narrazione, particolarmente solenne, è fatta attraverso la specificazione della chiamata che è *dall'alto* e, in apposizione, è *di Dio in (relazione a) Cristo Gesù*[80]. Ritengo si possa affermare che Paolo stia qui giocando ancora una volta con la polisemia dei termini[81], permettendo di unire la méta atletica della corsa con la méta della relazione con *Dio in Cristo Gesù*.

---

[78] Stessa radice del verbo σκοπεῖν di 2,4.

[79] Paolo utilizza anche altrove il termine nello stesso contesto atletico (1Cor 9,24) rendendo chiaramente esplicita la metafora.

[80] Il sintagma ἐν Χριστῷ Ἰησοῦ apre sempre nell'epistolario paolino la gamma di tutte le possibili discussioni relative alla sua esatta interpretazione. Nello svolgersi del nostro brano, non può che indicare che la possibile vittoria della corsa di Paolo e il premio dato da Dio avvengono *nel contesto relazionale cristologico*. Propenderei allora a condividere le affermazioni di A. J. M. WEDDERBURN, «Some observations on Paul's use of the phrases 'In Christ' and 'With Christ'», *JSNT* (1985), 89: «... a whole range of 'in Christ' expressions used in the context of God's activity, where God or his agents do something to people 'in Christ' or something is done to them ('divine passive') in Christ; in these cases the ἐν may retain its instrumental, causal sense, for example: Phil 3.14, 'God's upward call in/through Christ Jesus' », non tuttavia intendendo questa strumentalità *dalla parte di Dio*, come se Gesù fosse lo strumento di Dio per premiare Paolo, ma intendendola *dalla parte di Paolo*: la chiamata *dall'alto* avviene grazie alla relazione *in Cristo* di Paolo. Così anche P. T. O'BRIEN, *Philippians*, 433.

[81] Non credo sia lecito separare questa espressione da quelle precedenti per il solo fatto che utilizza il riferimento teologico e cristologico. Trovo invece che sia perfettamente in linea con l'argomentazione paolina fin qui sostenuta, il riferire esplicitamente la relazione con Dio e con Gesù Cristo alla méta "atletica" del vocabolario. Così anche la κλῆσις ha la valenza atletica della proclamazione pubblica del vincitore della gara. Cf. G. GLOTZ, «Hellenodikai», in C. DAREMBERG - E. SAGLIO (edd.), *Dictionnaire des antiquités grecques et romaines*, Paris (Hachette), 1900-1963, III, 1, 60-64, citato da G. F. HAWTHORNE, *Philippians*, 154 : « ... vivid imagery drawn from the Greek games ...the expression τῆς ἄνω κλήσεως is an allusion to the fact that the Olympian games were organized over by agonothetes, called *Hellenodikai*: "After each event they had a herald announce the name of the victor, his father's name and his country, and the athlete or charioteer would come and receive a palm branch at their hands" ». Il premio finale è allora presentato da Paolo, attraverso questa imagine, come il frutto di una scelta dell'apostolo nel volerlo perseguire e al contempo come

1.2.4. Il valore di 3,15

La prima parte del v. 15 costituisce un ponte fra la narrazione (verbi all'indicativo – uso della prima persona plurale) e l'esortazione (verbi alla seconda persona plurale – valore imperativale delle espressioni). Ritroviamo la stessa esplicitazione, già vista in 2,5, della funzione della narrazione, da interpretarsi alla luce del contesto esortativo. Se riprendiamo lo schema già proposto vediamo lo stesso ruolo funzionale per 2,5 e 3,15a:

2,1-4	esortazione/imperativi	3,2-3
2,5: τοῦτο φρονεῖτε ...		
2,6-11	narrazione esemplare/indicativi	3,4-14
		3,15: ... τοῦτο φρονῶμεν ...
2,12-18	esortazione/imperativi	3,15b-16

In 2,5 l'imperativo relativo al φρονεῖν veniva "spinto dentro" il brano cristologico, ora in 3,15 la vicenda di Paolo viene "spinta dentro" il φρονεῖν della comunità. È una prova ulteriore del valore esemplare delle narrazioni e come sia proprio in questa loro funzione mimetica che possono trovare il proprio orizzonte di senso.

1.3. L'esortazione di 3,15-16

L'ultimo brano di questa sezione riporta l'intero quadro fin qui delineato nella prospettiva esortativa. È vero che non compare alcun imperativo esplicito, ma l'andamento del testo è, anche sintatticamente, orientato in questo senso. Il v. 16, che regge anche il versetto precedente, è un'infinitiva che, come afferma Stanley E. Porter:

---

una *chiamata* di Dio che l'apostolo non si può dare da solo. Si può perseguire la *méta*, non conquistarla!

... may be used in a predicate structure, serving the function of a finite verb such as an imperative (commanding-exhorting use): "to what we have attained, let us live to this level". [82]

L'orizzonte etico-esortativo dell'intero passaggio può aiutare a leggere l'espressione ὅσοι οὖν τέλειοι di 3,15 che tanto preoccupa molti critici. La qualificazione di τέλειοι a cui Paolo si riferisce mi pare qui relativa agli esempi (prendendo sul serio la prima persona plurale utilizzata, di Paolo, ma nel contempo di Timoteo ed Epafrodito in 2,19-30) donati ai Filippesi relativamente al φρονεῖν e non ad una presunta perfezione etico-religiosa di avversari "perfezionisti" all'interno della comunità[83] o ad una perfezione conoscitiva di sapore gnostico[84]. Come in 3,12 e come già in altre lettere[85], Paolo utilizza la stessa terminologia più per esprimere una *compiutezza* di un percorso che uno *status* etico o religioso. Paolo cioè non si propone ai Filippesi come un uomo perfetto dinanzi a Dio, ma come giunto (come Timoteo e, forse, Epafrodito) ad un livello compiuto di un φρονεῖν che può loro proporre[86]. Mi

---

[82] S. E. PORTER, *Idioms*, 201.

[83] Vedendo così nelle parole di Paolo un tono di ironia: così per es. K. BARTH, *Filippesi*, 177-178; J. GNILKA, *Filippesi*, 331-332; G. F. HAWTHORNE, *Philippians*, 155-156; U. B. MÜLLER, *Philipper*, 167-168 che paragona la situazione della chiesa di Filippi a quella di Corinto (cf. 1Cor 4).

[84] Cf. G. BAUMBACH, «Die von Paulus im Philipperbrief bekämpften Irrlehrer», in K. W. TRÖGER (ed.), *Gnosis und Neues Testament*, Gütersloh (Mohn) 1973, 303; G. T. MONTAGUE, *Growth in Christ. A Study of Saint Paul's Theology of Progress*, Kirkwood (Maryhurst Press) 1961, 131-132.

[85] Su questa linea sono tutti gli usi del sostantivo o del verbo relativi alla compiutezza di percorsi, legale (Rom 2,27), pedagogico (1Cor 2,6; Col 1,28), esistenziale (1Cor 14,20; 2Cor 12,9; Gal 5,16) oppure di fede (cf. Ef 4,13-14). Sottolinerei due brani nei quali la perfezione è legata alla corsa da portare a termine (1Tim 4,7: τὸν καλὸν ἀγῶνα ἠγώνισμαι, *τὸν δρόμον τετέλεκα*, τὴν πίστιν τετήρηκα) o al discernimento da portare a compimento (Rom 12,2: καὶ μὴ συσχηματίζεσθε τῷ αἰῶνι τούτῳ, ἀλλὰ μεταμορφοῦσθε τῇ ἀνακαινώσει τοῦ νοὸς *εἰς τὸ δοκιμάζειν ὑμᾶς τί τὸ θέλημα τοῦ θεοῦ*, τὸ ἀγαθὸν καὶ εὐάρεστον καὶ *τέλειον*).

[86] Leggono τέλειοι come "maturi" anche P. T. O'BRIEN, *Philippians*, 436; G. D. FEE, *Philippians*, 355; P. J. DU PLESSIS, *ΤΕΛΕΙΟΣ. The Idea of Perfection in the New Testament*, Kampen (J. H. Kok) 1959, 196 ; J.-F. COLLANGE, *Philippiens*, 118-119 : « Le terme τέλειος est aussi employé par l'apôtre lui-même pour indiquer le caractère «adulte» que doit

sembra vada in questa direzione anche l'indicare Dio come "maestro", come *rivelatore* di questo stesso φρονεῖν, nel caso ci fossero pareri discordi. Una simile affermazione diventa, in questo contesto, una precisa esortazione ad *avere lo stesso* φρονεῖν, anche se esposta con il pudore retorico relativo all'aver parlato di sé, nel riferimento amicale di cui la lettera è permeata[87].

La conclusione di questa sezione unisce il linguaggio atletico del verbo φθάνειν (che richiama il *giungere per-tra i primi* in una corsa) con la valenza etica del verbo στοιχεῖν[88].

L'indirizzo esortativo di questi ultimi due versetti mostra allora una volta di più come al cuore della proposta etica sia quel φρονεῖν che deve diventare il motore delle scelte anche dei Filippesi e in ciò ha senso la proposta esemplare degli itinerari di Gesù Cristo e di Paolo[89].

---

prendre la vie chrétienne. Aussi ne récuse-t-il pas simplement le terme employé par ses lecteurs. Mais, comme il vient de l'expliquer, le véritable fondement de la perfection est christologique. A partir de là, elle se vit dans une tension qui s'encarne dans le temps. C'est là l'origine de l'éthique chrétienne. D'où le verbe φρονέω qui suit ».

[87] Cf. G. D. FEE, *Philippians*, 358-359: « ... v. 15 is best understood within the setting of friendship. Throughout the letter Paul studiously avoids any hint of this kind of "superior to inferior" expression of friendship between him and them; in fact he goes out of his way to make sure that their friendship is understood in terms of mutuality. That seems to be what is also going on here. On the one hand, he really is exhorting them to follow his example; on the other hand, "exhortation" in this case is not "command", nor does it assume that all will see eye to eye with him on all matters. The emphasis in this sentence, after all, is not any anticipated "disagreement" they might have with him, but on God's continuing to work among them through divine revelation. "Something differently", and "this also" of his sentence do not so much reflect specifics that Paul has in mind, but generalities. Here is the offer of friendship; they may freely disagree with him at points – on many matters – and if any matter counts for something, Paul trusts God to bring them up to speed here as well ».

[88] In tutti gli utilizzi paolini ha questa valenza: cf. Rom 4,12; Gal 5,25; 6,16. Tale orientamento etico del verbo è confermato anche dalla variante testuale che vorrebbe leggere τῷ αὐτῷ κανόνι στοιχεῖν (come fanno i codd. D^c א^c K P Ψ *Syr Eth*, la tradizione bizantina e vari minuscoli).

[89] J.-B. EDART, *Philippiens*, 270-275 sottolinea come non sia esattamente un tale parallelismo di itinerari la punta di 3,2-16, quanto il richiamo che questa sezione fa a Cristo in ordine a far pervenire i Filippesi ad una identificazione con Cristo così come Paolo ha fatto. Questa presentazione dell'apostolo come « le modèle plausible [pour]

È infatti sul versante della dinamica, del percorso che il brano si chiude⁹⁰. Se, come vedremo, Timoteo ed Epafrodito sono *davanti ai Filippesi* l'esempio imitabile, è nel percorso esistenziale di tutti che il φρονεῖν diventa operativo in vista di prese di posizione dinanzi ad una vita mai completamente "prevedibile" nei suoi passaggi.

Mi pare allora di poter condividere l'espressione riassuntiva di Gordon D. Fee nel commentare questi ultimi versetti:

> What he is therefore calling them to is to live in conformity to the gospel as that has been spelled out repeatedly in their hearing, and as it has now been repeated in the Christ narrative in 2:6-11 and in his own that has just preceded (vv. 4-14). What he and they have already "attained" is an understanding of the gospel in which the life of the Crucified One is the paradigm for those who would be his followers; and they may do so with joy because they are "already but not yet"; the power of the resurrection by which they now participate in his sufferings, thus being conformed to his death, is also the guarantee of their own sure future, toward which he has just urged them to follow him in eager pursuit. [...] Even in a Roman prison Paul has not lost his vision; here he urges them to follow his example and to see their participation in Christ's sufferings as Christ's way of "conforming them to his death", so that they, with Paul, may joyously gain the prize of his eternal presence. ⁹¹

---

les conduire à se laisser saisir par le Christ » e avente come fine « de parvenir à une identification avec le Christ », sarebbe per J.-B. Edart la prova di un inserzione lucana all'originale lettera 1 - 3,1a + 3,16 - 4,23 che, dopo la morte dell'apostolo, che avrebbe come effetto « de souligner le caractère inaccompli de la course et la difficulté, si ce n'est l'impossibilité, d'atteindre le nut. L'éditeur montre que Paul n'est pas sage selon les catégories de ce monde. Cette sagesse est présentée simultanément par la reprise du vocabulaire de l'hymne, et plus particulièrement du verbe ἥγεσθαι. Le vrai sage est celui qui s'identifie au Christ par une mort semblable à la sienne, aboutissement ultime d'un φρονεῖν conforme au sien ».

⁹⁰ Solo non cogliendo questa omogeneità si può affermare che « the final sentence in this section is the most difficult of all », come fa G. F. HAWTHORNE, *Philippians*, 157.

⁹¹ G. D. FEE, *Philippians*, 361-362.

I versetti 3,15-16 portano così a conclusione l'itinerario cominciato in 3,2. Eppure la proposta paolina non è terminata. Troviamo infatti nella sezione seguente un'esortazione tendente esplicitamente a far "rimbalzare" su una *tipologia etica applicabile* sia gli *exempla* di 2,19-30 che quello di 3,2-16.

2. L'ESORTAZIONE DI 3,17-4,1

La sezione che si apre con 3,17 si distingue chiaramente da quella che precede sia poiché non vi è tra 3,16 e 3,17 alcun elemento grammaticale o sintattico di collegamento, sia poiché la relazione epistolare passa dalla prima persona singolare-plurale di 3,3-16 alla relazione esortativa-imperativa caratterizzata dalla seconda persona plurale. Il vocativo ἀδελφοί, inoltre, suggerisce un nuovo inizio. Tuttavia, c'è una continuità che è data dal passaggio dall'indicativo dell'*exemplum* all'imperativo della *mimesis*, dell'imitazione di tale esempio, proiettandolo esplicitamente su un orizzonte etico per la comunità. Più difficile appare un'identificazione chiara della conclusione di questa sezione. Infatti 4,1 potrebbe essere interpretato sia come versetto conclusivo[92] che come introduzione alle vicende della comunità di cui Paolo si interessa e riguardo alle quali interviene[93]. Probabilmente siamo davanti ad un ulteriore esempio di versetto di transizione che, in questo caso, collega l'orizzonte esortativo dell'imitazione del criterio delle scelte di Paolo con l'orizzonte comunitario nel quale con 4,2-9 ci si immerge[94].

---

[92] Dando particolare enfasi all'andamento sintattico (presenza della congiunzione di inferenza ὥστε e suo legame con οὕτως) del versetto. È questa la posizione della maggioranza dei commentatori, specialmente coloro che optano per una lettura composita di Fil (come ad es. J.-F. COLLANGE, *Philippiens*, 119 o J. GNILKA, *Filippesi*, 334, che propone di concludere la sua presunta seconda lettera con 4,1.8-9).

[93] Vanno in questa direzione coloro che sottolineano i vocativi qui utilizzati (ἀδελφοί μου, ἀγαπητοὶ καὶ ἐπιπόθητοι, χαρὰ καὶ στέφανός μου) che rimandano ad un nuovo inizio. Cf. specialmente M. R. VINCENT, *Philippians*, 129-130 e G. F. HAWTHORNE, *Philippians*, 177.

[94] La funzione di transizione di 4,1 non sfugge ad alcuna interpretazione esegetica proposta sopra. Cf. per es. J. GNILKA, *Filippesi*, 334: « Il vocativo "fratelli" segna certo,

2.1. Il contenuto di 3,17-4,1

2.1.1. Dalla *narrazione di sé* alla *tipologia etica*.

Entrando maggiormente nell'analisi dei contenuti, si coglie immediatamente il passaggio dall'*exemplum* di 3,2-16 all'esplicitazione del suo riferimento mimetico. La narrazione di sé dei versetti precedenti viene infatti ora mostrata come un criterio *tipologico* per l'agire etico-religioso della comunità. Questa connotazione esplicita della centralizzazione dell'*io* di Paolo[95] non è qui "moderata" né dal riferimento comune all'imitazione di Cristo[96] (come in 1Cor 11,1 e 1Ts 1,6),

---

in qualche modo, un nuovo inizio; ma lo scopo è di sintetizzare ora positivamente tutti gli elementi che riguardano la minaccia della comunità »; oppure G. F. HAWTHORNE, *Philippians*, 177: « This verse is a transitional verse. [...] Hence, this verse is no more linked with what precedes than it is with what follows »). È significativo inoltre sottolineare le proposte che vanno nella direzione di una divisione del brano da 3,17 a 4,3, con un chiaro ruolo per 4,1 di continuità con quanto precede (3,17-4,1) e di apertura dell'ultima proposizione del brano (4,1-3). Così G. D. FEE, *Philippians*, 362 n.2 e 385-389; M. BOCKMUEHL, *Philippians*, 224, che parlano entrambi di *singleflow of thought*.

[95] Ancora si trova oggi chi crede di dover "difendere" Paolo dal "bruttissimo costume" di citarsi come esempio per altri, memore forse della violenta requisitoria di DIONIGI DI ALICARNASSO, *Ep. ad Pomp.* 1.11: « ... dal momento che Platone stesso ha scelto di darsi alla più volgare e la più insopportabile delle pratiche, quella di lodare se stesso [αὐτὸν ἐπαινεῖν] per il suo talento oratorio ... » (cf. DENIS D'HALICARNASSE, *Opuscules Rhétoriques Tome V*, Paris (Les Belles Lettres) 1992, 81; trad. mia) e a ormai milleseicento anni di distanza da GIOVANNI CRISOSTOMO, la cui quinta omelia elogiativa di Paolo è interamente dedicata a questa difesa (*De Laudibus sancti Pauli*, 5. Testo e note critiche in *Sources Chrétiennes* 300, 230-259). Così, per esempio W. MICHAELIS, «μιμέομαι», GLNT VII, 278: « La posizione speciale che assume l'Apostolo dovrebbe dipendere dalla sua autorità apostolica. Perciò anche qui il concetto di imitazione (sia che l'esortazione vada collegata a 3,16 o che introduca a quel che segue) ha un significato più vasto di quello di cercare di prendere un modello precedente come tipo da copiare. [...] Συμμιμηταί μου γίνεσθε significa [...] per prima cosa: "riconoscete la mia autorità, seguite quello che vi dico, siate obbedienti!". 'Imitazione', dunque, non come ripetizione del modello, ma come espressione dell'obbedienza ».

[96] Non accettando questa differenza, secondo me in un modo un po' pregiudiziale, moltissimi critici leggono συμμιμηταί μου γίνεσθε in questa prospettiva, traducendo, *diventate insieme a me imitatori (di Cristo)*, quando nulla nel nostro contesto porta a pensare questo. Di certo nella narrazione di sé di 3,4-14 Paolo non si è mai presentato

né da un aspetto particolare, oggetto dell'imitazione (come in 2Ts 3,7). L'unico passo che presenta nell'epistolario paolino una certa similitudine è 1Cor 4,14-17[97]. Ed è un passo interessante perché mette in evidenza la stessa dinamica pedagogica dell'invito all'imitazione. Con l'importante differenza di tono retorico delle due lettere.

Nella prima lettera ai Corinzi, infatti, di fronte alla possibilità che si presenta alla comunità di Corinto di "scegliere" tra vari maestri, ognuno diverso interprete e trasmettitore del Vangelo, Paolo si propone esplicitamente, con una tonalita di *reprehensio* per la comunità, come tra coloro che possono affermare ἡμεῖς δὲ νοῦν Χριστοῦ ἔχομεν (2,16), e quindi οὕτως ἡμᾶς λογιζέσθω ἄνθρωπος ὡς ὑπηρέτας Χριστοῦ καὶ οἰκονόμους μυστηρίων θεοῦ (4,1). In questo quadro Paolo afferma di essere l'unico *padre* per la comunità: ἐν γὰρ Χριστῷ Ἰησοῦ διὰ τοῦ εὐαγγελίου ἐγὼ ὑμᾶς ἐγέννησα (4,15). Ecco allora la richiesta di un'imitazione che non è solo parametro etico, ma vera e propria scelta di campo in ordine al Vangelo di Cristo: Παρακαλῶ οὖν ὑμᾶς, μιμηταί μου γίνεσθε (4,16). Solo così si capisce il violento monito conclusivo di 1Cor 4,21: τί θέλετε; ἐν ῥάβδῳ ἔλθω πρὸς ὑμᾶς ἢ ἐν ἀγάπῃ πνεύματί τε πραΰτητος;

Nella lettera ai Filippesi, invece, l'esortazione all'imitazione si inserisce nelle convenzioni argomentative e retoriche delle *lettere di*

---

come *imitatore di Cristo*. Al più, come abbiamo visto, si può sostenere come, nell'amore, Paolo e Gesù Cristo condividano lo stesso φρονεῖν. Si vedano comunque le argomentazioni di J. GNILKA, *Filippesi*, 335 e di T. E. POLLARD, «The Integrity», 63. Più sfumati, ma in questa linea, G. BARBAGLIO, *La Teologia di Paolo*, 375 e B. FIORE, *Personal Example*, 185.

[97] Oltre ai numerosi commentari – tra gli ultimi, cf. G. BARBAGLIO, *La Prima Lettera ai Corinzi*, Bologna (EDB) 1996; R. F. COLLINS, *First Corinthians*, Collegeville (The Liturgical Press) 1999; R. FABRIS, *Prima Lettera ai Corinzi*, Milano (Paoline) 1999 – si possono vedere i seguenti studi: E. A. CASTELLI, *Imitating Paul: A Discourse of Power*, Louisville (John Knox) 1991; E. A. JUDGE, «Paul's Boasting in Relation to Contemporary Professional Practice», *AusBR* 16 (1968), 37-50 ; E. M. LASSEN, «The Use of the Father Image in Imperial Propaganda and 1 Corinthians 4:14-21», *TynB* 42 (1991), 127-136; A. REINHARTZ, «On the Meaning of the Pauline Exhortation: "*mimētai mou ginesthe* – become Imitators of me"», *StRel* 16 (1987), 393-403; B. SANDERS, «Imitating Paul: 1Cor 4:16», *HTR* 74 (1981), 353-363; W. SCHRAGE, «Das apostolische Amt des Paul nach 1Kor 4,14-17, in A. VANHOYE (ed.), *L'Apôtre Paul*, Leuven (Un. Press) 1986, 103-119.

amicizia, con cui è coerente l'andamento argomentativo della nostra. L'orizzonte dell'insegnamento proposto da Paolo in un contesto amicale è quello che più frequentemente viene notato dalla maggioranza dei critici ma non sempre viene visto nell'architettura della lettera. Citando solo alcuni esempi:

> The letter-form itself from the outset carried philosophical paraenesis tied to autobiographical traces. Thus, along with the tone and context of friendship in the instructional letter as already noted above, there is also the self-presentation of the author. These belong to the letter's essence[98]. Friendship offers the presupposition for the exchange of letters and the intimate self-expression is both proper to the letter form and understandable in a context of friendship[99].
> The letter, for all intents and purpose, becomes the personal presence of the friend who advises and instructs. Personal presence achieved through the letter may actually be more effective and "pure" than physical presence[100]. [...] In order to understand the meaning of the self-description in a letter, a distinction must be made between two levels on which this personal witness is asserted. The first finds expression in the epistolary commonplaces, mostly at the beginning and end of the letter. These establish the situation of the letter, whether real or fictitious, and create in concrete detail the intimate space shared by the friends. [101]

> The use of *paradeigmata* follows from the teacher-student relationship. In using examples, the teacher points to noteworthy humans whose lives and actions are portrayed as incorporating either the virtues or vices of the larger social order under discussion at a given point. Legendary, historical, and contemporary

---

[98] L'autore cita qui DEMETRIO, *Eloc.* 227

[99] H. KOSKENNIEMI, *Studien*, 35ss, in cui si riportano passi di SENECA, *Epp.* 6.6; 11.8,10; 38.1; 67.2; 75.2.

[100] K. THRAEDE, *Grundzüge griechisch-römischer Brieftopik*, Munich (Beck) 1970, 70-71; B. J. HIJMANS, *Inlaboratus et Facilis: Aspects of Structure in Some Letters of Seneca*, Leiden (Brill) 1976, 145-146.

[101] B. FIORE, *Personal Example*, 87-88

> examples of virtue or vice are presented, as well as ideal types (Aristotle, *Ars rhetorica*, 2.20.2) [...] However, those usually considered the best examples for emulation were the student's family members, teachers and friends, i.e., those from the more intimate communities. [102]
>
> According to Greco-Roman thought, friendship provided the context for moral instruction, including exhortation by letter. The classic case is Seneca's letters to Lucilius. We can best understand Philippians as a **hortatory or psychagogic letter of friendship**. It differs from Seneca's letters in being addressed to a community of friends rather than an individual. Paul aims for the Philippians to become people of a certain quality or type, but not as isolated individuals [...] Philippians is exactly the sort of letter one would expect a leader in the Greco-Roman world to write to his friends when in a vulnerable situation. Paul must deal with the misfortune of his imprisonment in the light of both his friends and his enemies. Since ancient friendship is by nature agonistic, Paul's discourse of friendship must emphasize the common struggle against enemies. [103]
>
> Such exhortations and advice as given here and in the rest of the letter are perfectly proper in letters to friends for friendship provides a fitting context for moral instruction. [...] Paul's letter to the Philippians is thus a good example of moral instruction designed to further the moral progress of friends. [104]

Si comprende allora meglio come alla proposta di esempi con funzione esortativa in 2,19-30 e in 3,2-16, segua l'esplicitazione mimetica di 3,17-4,1 con delle esortazioni più circostanziate in 4,2-9 che solo nel contesto dell'amicalità riescono ad essere efficaci nella comunicazione epistolare.

---

[102] L. G. PERDUE, «The Social Character», 16.

[103] S. K. STOWERS, «Friends and Enemies», 108.114.

[104] J. T. FITZGERALD, «Friendship», 147.

Non si può contestualmente nascondere il fatto che molti studiosi sono estremamente critici nei confronti di una simile lettura di Filippesi[105]. Un articolo di John Reumann propone un'analisi approfondita delle opinioni su tale problematica[106] e giunge alla conclusione che non vi è alcuna evidenza dell'esistenza per Filippesi della 'forma' *lettera di amicizia*. Eppure deve affermare:

> The chief finding from the history of research and patristic references is that the notion of influence from the vocabulary of φιλία or a friendship *topos* on Paul is better supported than a literary category of ἐπιστολὴ φιλική. There is something of a jump from the mood created by certain words and phrases to a proposed letter form.[107]

---

[105] In modo particolare coloro che preferiscono le categorie legate ai generi retorici greci, come G. KENNEDY, *New Testament Interpretation through Rhetorical Criticism*, Chapel Hill (University of North Carolina Press) 1984, 77 e C. BASEVI and J. CHAPA, «Philippians 2.6-11: The Rhetorical Function of a Pauline Hymn», in S. E. PORTER – T. H. OLBRICHT (edd.), *Rhetoric and the New Testament: Essays from the 1992 Heidelberg Conference*, Sheffield (Sheffield Academic Press) 1993, 350-355, che collocano la lettera sotto il genere retorico *epidittico*; D. F. WATSON, «A Rhetorical Analysis», 57-88 che la legge invece come di genere deliberativo. J. P. SAMPLEY, *Pauline Partnership in Christ: Christian Community and Commitment in Light of Roman Law*, Philadelphia (Fortress Press) 1980, proietta invece le affermazioni relazionali della lettera su quadri più sociologici di *societas*. Altri invece leggono la relazione Paolo-Filippesi sul versante della relazione commerciale o di "patronato", come L. BORMANN, *Philippi*; B. J. CAPPER, «Paul's Dispute with Philippi: Understanding Paul's Argument in Phil 1-2 from his Thanks in 4.10-10», *TLZ* 49 (1993), 193-214; D. PETERLIN, *Philippians*.

[106] J. REUMANN, «Philippians, especially Chapter 4, as a "Letter of Friendship": Observations on a Checkered History of Scholarship», in J. T. FITZGERALD (ed.), *Friendship, Flattery and Frankness of Speech: Studies on Friendship in the New Testament World*, Leiden (Brill) 1996, 83-106. È comunque interessante l'osservazione che il recente studio di P. A. HOLLOWAY, *Consolation in Philippians* – che sostiene di vedere nella lettera una *lettera di consolazione*, pur affermando che: « The strong form of this argument, that Philippians is a "letter of friendship" is rightly criticized by Reumann » (p. 31 n. 120) – è costretto più volte alla constatazione che, se di consolazione-esortazione si può parlare, questo può essere fatto solo nel contesto della forte amicizia tra Paolo e la comunità di Filippi: « added to these "facilities" and informing his interpretation of them is Paul's intimate and long-standing relationship with the Philippians » (cf. pp. 42-45).

[107] *Ivi*, 105.

Pur non forzando l'affermazione di un'esistenza di un *genere* qui applicato da Paolo, mi sembra però non facilmente contestabile il dato "retorico" della lettera in un quadro di *amicizia*[108].

In questo quadro, la relazione *maestro-discepoli* proposta da Paolo dal carcere nella possibile sua "ultima" lettera non è più "dall'alto", nella prospettiva apostolica di chi ha un qualche "mandato", ma nella prospettiva amicale di chi vuol far progredire *insieme* coloro ai quali si rivolge, sulla stessa linea interpretativa della *propositio* della lettera di 1,9-11. Non è un caso che questo aspetto sia stato colto anche su diverse basi di lettura della lettera ed emerga parimenti dal nostro approccio argomentativo-strutturale:

> ... the only way in which Paul may reach his aim with regard to the Philippians is by speaking and acting in ways that will make them *themselves* move up to his level. He cannot just order them to do it since no matter how much they may wish to comply, if they do not themselves *see what he sees*, they will remain at their pole. And so all of Paul's parakletic practices are held together by his aim of making them *see for themselves* what they *should see*. [...] In all this Paul is speaking and acting as a teacher in relation to his pupils in the way of the Stoic sage. [...] The sage has reached an all-comprehending insight that he wishes to impart to his pupils. But he aims to make them acquire it as it were for themselves. Otherwise, it will not be theirs in the way he intends: as understood by them in such a way that they will use it for themselves in their own practice and 'live' it as their own form of life. [109]

> Bien des passages des lettres de Paul sont sous le signe d'énoncés au «je» et au «nous» qui dépasse et intègre ce «je». À la différence des Apôtres historiques qui peuvent puiser dans le

---

[108] Mi sento così di appoggiare fortemente, come anche i recenti commentari di P. T. O'BRIEN, di G. D. FEE, di R. FABRIS e di C. OSIEK, l'affermazione di M. L. WHITE, «Morality between Two Worlds: A Paradigm of Friendship in Philippians», in D. L. BALCH - E. FERGUSON - W. A. MEEKS (edd.), *Greeks, Romans and Christians*, Minneapolis (Fortress Press) 1990, 206, che definisce Fil: *a friendly hortatory letter*.

[109] T. ENGBERG-PEDERSEN, *Paul and the Stoics*, 107-108.

matériau de la tradition du Seigneur en s'autorisant di fait qu'ils ont vécu avec lui, à la différence des rabbis qui vivent de l'interprétation de la Loi et s'effacent devant elle, Paul s'autorise d'une expérience dont on a dit qu'elle était singulière. Il n'a finalement pas de meilleur ciment que son «je» pour mettre en cohérence les figures d'un discours porteur d'Évangile [...] On débouche ici sur une spiritualité où la mémoire du Crucifié fournit un language qui permet au croyant de dire son identité.[110]

2.1.2. Un'analisi di 3,17-4,1

Scendendo in maggiori dettagli interpretativi, due particolarità colpiscono di 3,17: il termine συμμιμηταί[111] che sembra comparire qui per la prima volta nella grecità, e il passaggio dalla prima persona singolare alla prima persona plurale del τύπος proposto. Entrambi questi artifici letterari[112], che sono una volta di più espressione della capacità plastica nell'uso della lingua di Paolo, vanno nella stessa direzione, di allargamento, cioè, sovra-individualistico del processo etico. Si tratta di un invito fatto alla comunità, formata da individui che sono insieme coinvolti, a vedere in Paolo, in Timoteo, in Epafrodito[113] (cf. 2,19-30 e la analisi di questa sezione che seguirà) individui da imitare non come

---

[110] P.-M. BEAUDE, «Saint Paul ou l'impossible effacement d'un encombrant épistolier», in L. PANIER (ed.), *Les Lettres dans la Bible et dans la Littérature*, Paris (Cerf) 1999, 145.

[111] Come abbiamo già visto sopra, non si ritiene qui possibile una lettura che unisca συν- con μου, intendendo la costruzione paolina da leggersi nel suo senso più immediato *con-imitatori di me*, con μου genitivo oggettivo e συν- in relazione all'atteggiamento di unione comunitaria sovra-individuale. Così anche la grande maggioranza dei commentatori.

[112] Nell'invenzione di un termine che unisce la particella di unione συν- con la radice μιμέομαι e nel passaggio da συμμιμηταί *μου* a καθὼς ἔχετε τύπον *ἡμᾶς* senza modificare l'orizzonte di riferimento nella stessa frase.

[113] Mi pare che la proposta del solo G. F. HAWTHORNE, *Philippians*, 160-161, di leggere ἡμᾶς come equivalente di ἐγώ sia quanto meno originale.

"eroi" etici, ma come capaci di attualizzare un comune modo di sentire e di procedere e, solo per questo, rappresentativi del τύπος imitabile[114].

Nel contesto della lettera di amicizia, come abbiamo visto anche altrove, al riferimento "amicale" segue, in 3,18-19, il riferimento "inimicale", degli oppositori[115]. Questi, gli stessi di 3,2, sono ora presentati non più attraverso categorie distinte (pagani, missionari "alternativi" al vangelo paolino, giudaizzanti), ma accomunati dalle loro categorie di discernimento per le scelte etiche. Tali categorie sono mostrate come antitetiche sia al τύπος imitabile in Paolo e nei suoi compagni, sia alla *croce di Cristo*. L'orizzonte è chiaramente etico-religioso[116] (πολλοὶ γὰρ περιπατοῦσιν: con lo stesso verbo di 3,17 indicante tradizionalmente nel testo biblico – in ebraico הלך – il comportamento morale) e rimanda a un *già detto* enfatico di Paolo[117]. In questa prospettiva pare evidente la contrapposizione alla *croce di Cristo* ("luogo" della morte di 2,8, punto di arrivo del non-utilizzo della propria identità per proprio beneficio esclusivo di 2,6, che esprime a sua volta nel modo

---

[114] Questa lettura esclude un'interpretazione causale di καθώς. Cf. il dibattito riferito esaustivamente da P. T. O'BRIEN, *Philippians*, 448.

[115] Vedi la nota relativa a 3,1-2. Interessante poi la sottolineatura di T. C. GEOFFRION, *The Rhetorical Purpose*, 153-154 che mostra come nel greco ellenistico ἐχθρός si riferisca a un uomo che un tempo era stato φίλος, amico, a differenza del termine πολέμιος che indica invece il nemico in una guerra (nella LXX per esempio, dei 42 utilizzi di πολέμιος, 20 sono in 1 e 2 Maccabei!).

[116] Così anche M. BOCKMUEHL, *Philippians*, 230: « Despite the assertions of many commentators, false teaching is never explicitly mentioned. It is evidently their way of life which denies the Cross ». Cf. anche P. T. O'BRIEN, *Philippians*, 453.

[117] Si può fare riferimento ad un insegnamento continuo e enfatizzato alla comunità nelle precedenti visite di Paolo. Eppure si potrebbe anche, senza forzare in alcun modo il testo, vedere in questa espressione una forte sottolineatura del contesto della stessa epistola. È infatti ormai *più volte* che Paolo sta contrapponendo i criteri fondamentali per il discernimento etico che l'autentico discepolo di Gesù Cristo deve avere, a diversi criteri a questi antitetici. Qui sono definiti sinteticamente come *nemici della croce di Cristo*. Una certa enfasi è data dalla presenza dei tre articoli: τοὺς ἐχθροὺς τοῦ σταυροῦ τοῦ Χριστοῦ. L'elemento delle *lacrime* è il tocco finale nel calore esortativo della lettera, che da qui si farà quasi "intima" nel portare a risoluzione in 3,17-4,1; 4,2-9; 4,10-20; 4,21-22 tutte le tematiche precedentemente enunciate. Si può anche collegare questo pianto di Paolo alle espressioni di "tenerezza esortativa" di 4,1.

più alto il *non pensare a sé ma agli altri* di 2,4) di coloro che invece fanno del proprio interesse personale l'unico scopo del vivere.

Non sembra semplicissimo identificare con esattezza a cosa Paolo si riferisca attraverso l'utilizzo delle espressioni ellittiche di 3,19. Tuttavia, più che uno studio sui sintagmi presi autonomamente, mi pare che il contesto nel quale sono inseriti possa gettare una qualche luce per la loro comprensione. Infatti, la proposizione paolina si presenta nella sua interezza così schematizzabile:

(πολλοὶ γὰρ περιπατοῦσιν)
    τοὺς ἐχθροὺς τοῦ σταυροῦ τοῦ Χριστοῦ[118]

       ὧν   τὸ τέλος   ἀπώλεια,
       ὧν   ὁ θεὸς   ἡ κοιλία
                    καὶ   ἡ δόξα ἐν τῇ αἰσχύνῃ αὐτῶν,

οἱ τὰ ἐπίγεια φρονοῦντες

Se si considerano le due relative come una sorta di proposizione parentetica, si vede che l'essere nemici della croce di Cristo è connotato da un φρονεῖν che non è rivolto ad altro che alle τὰ ἐπίγεια. Non è quindi in questione, come del resto in 3,2, un qualche riferimento polemico ad una categoria specifica di oppositori, ma alla finalità del loro agire che va nella direzione contraria a quanto tutta la lettera sta fin qui proponendo[119]. Tale finalità viene mostrata attraverso

---

[118] La presenza dell'accusativo è spiegata dall'inserzione della incidentale οὓς πολλάκις ἔλεγον ὑμῖν, νῦν δὲ καὶ κλαίων λέγω che regge questa espressione, ma non ci sono dubbi che si debba leggere in parallelo πολλοὶ γὰρ περιπατοῦσιν / τοὺς ἐχθροὺς τοῦ σταυροῦ τοῦ Χριστοῦ / οἱ τὰ ἐπίγεια φρονοῦντες. Cf. per un'interessante *status quaestionis* sull'intricata sintassi della proposizione G. D. FEE, *Philippians*, 368 n.26. Meno giustificata è l'opinione di coloro che vedono in questa costruzione un segno della « eccitazione con cui sono state scritte tali righe », come J. GNILKA, *Filippesi*, 336 n.104; J.-F. COLLANGE, *Philippiens*, 120; H. KOESTER, «The Purpose», 325 n.2.

[119] Anche K. BARTH, *Filippesi*, 180-181 legge allo stesso modo, indipendentemente cioè da qualunque riferimento a qualche categoria specifica di "oppositori": « La "croce di Cristo" è l'espressione più forte del radicale contrasto non tanto fra la verità cristiana e la mancanza di disciplina morale, la vita sensuale di godimento terreno, quanto piuttosto il radicale contrasto con la presunzione religioso-morale, quella presunzione che vuole raggiungere ciò che l'uomo assolutamente non può

una gamma di espressioni che potremmo chiamare "autocentrate". Chi va in questa direzione fa della (propria) distruzione un fine, là dove per ἀπώλεια non si può intendere qualcosa di diverso rispetto a 1,28. Se il "salvarsi la vita" è la finalità del loro agire (*versus* qualunque forma di "croce"), questo non può non divenire la loro ἀπώλεια.

Così è anche per le altre espressioni che mostrano, indipendentemente dal possibile riferimento alla sfera della soddisfazione sessuale o alimentare, come qualunque ricerca di sé stessi provochi lo sviamento assoluto, nell'accostamento antitetico tra *Dio* e *ventre*[120] e tra *gloria* e *vergogna*. Questi "oppositori" non sono allora in qualche contrasto con la comunità, né in 3,2, né qui. Sono piuttosto i portatori del criterio di discernimento antitetico rispetto a quell'*amore* che deve sempre più crescere, come indicava la *propositio* in 1,9-11.

I versetti 3,20-21 che seguono mostrano quale debba essere il corretto orientamento della comunità credente. Tutta la terminologia utilizzata richiama qualche passaggio della lettera, permettendo un corretto inquadramento anche di 3,17-19.

---

raggiungere, vale a dire ciò che per lui può essere dato soltanto nella fede. [...] Coloro che non vogliono camminare sulla via, descritta nei vv. 4-14, della povertà del *non* essere santi, del *non* essere giusti, del *non* essere perfetti, del *non* essere tutto ciò per amore di Cristo, sono i "nemici della croce di Cristo"»; va in questa linea anche J.-B. EDART, *Philippiens*, 253.

[120] Paolo sarebbe qui più vicino alla comprensione ellenistica di κοιλία quale "luogo" antropologico di quelli che chiameremmo oggi gli *interessi carnali*, comprendenti sia la sfera sessuale come quella dell'uso smodato di cibo, come del resto in Rom 16,18 e 1Cor 6,13. È una categoria particolarmente utilizzata in questo senso da FILONE (*Spec. Leg.* I, 148; *Migr. Abr.* 66; *Quest. in Gen.* IV, 191). Del tutto inconsistente e priva di supporti testuali nella grecità, è la linea di coloro che vi vogliono leggere la "carnalità" della circoncisione o delle leggi alimentari, sullo sfondo di una polemica anti-giudaizzante, anche se questa è la lettura più frequente nella patristica (in particolar modo nell'area latina: tra gli altri, Teodoro di Mopsuestia, Ambrosiaster, Agostino, Pelagio, Ilario) e viene ancor oggi propugnata da G. F. HAWTHORNE, *Philippians*, 166; B. WITHERINGTON III, *Friendship and Finances in Philippi*, 68; J. MOISER, «The Meaning of *koilia* in Philippians 3,19», *ExpTim* 108 (1997), 365-366.

ἡμῶν γὰρ τὸ πολίτευμα ἐν οὐρανοῖς ὑπάρχει	→cf.		1,27	
ἐξ οὗ καὶ σωτῆρα ἀπεκδεχόμεθα	→cf.	1,19	1,28	2,12
κύριον Ἰησοῦν Χριστόν	→cf.		2,11	3,8
ὃς μετασχηματίσει	→cf.		2,7	
τὸ σῶμα τῆς ταπεινώσεως ἡμῶν	→cf.	1,20	2,3.8	
σύμμορφον τῷ σώματι τῆς δόξης αὐτοῦ	→cf.		2,6.7.11	3,10
κατὰ τὴν ἐνέργειαν τοῦ δύνασθαι αὐτὸν	→cf.			2,13 3,10
καὶ ὑποτάξαι αὐτῷ τὰ πάντα	→cf.		2,9-10	

Come si può vedere, questi due versetti portano al loro compimento tutta una serie di tematiche che avevano segnato l'argomentazione paolina là dove erano in gioco i criteri di discernimento che portavano alla "donazione di sé". Tale orientamento della vita di Paolo, di Cristo, del credente non aveva nell'annullamento di sé il proprio fine, ma, al contrario, portava al più alto risultato personale. Come abbiamo già visto più volte, mai nella lettera l'ottica del mettere "l'altro" al centro porta all'annullamento di sé, ma porta piuttosto al maggior benessere, in termini di *vita*, in termini di relazioni, in termini di *premio* escatologico.

Ecco allora ricomparire il tema del πολιτεύειν di 1,27 che permette scelte non più condizionate da τὰ ἐπίγεια [121], ma nella *patria nei cieli*. L'uso di πολίτευμα in Fil 3,20 richiama senz'altro la partecipazione attiva e libera alla vita di una πόλις, con un chiaro riferimento all'identità del fiero cittadino "romano" della colonia di Filippi[122]. Questo vocabolario, oltre ad identificare un'appartenenza "civile", propone anche una affermazione relativa alla qualità di un'etica legata a

---

[121] Anche se non è universalmente riconosciuta come protopaolina, anche la lettera ai Colossesi presenta la stessa dinamica in 3,2: τὰ ἄνω φρονεῖτε, μὴ τὰ ἐπὶ τῆς γῆς. I versetti seguenti e il contesto orientano poi alla comprensione di un fuggire il peccato.

[122] Non si può tralasciare di ricordare lo speciale statuto della città concesso da Ottaviano Augusto dopo il 42 a.C. di appartenenza allo *Ius Italicum*, sia nell'amministrazione della colonia che nei diritti-doveri di cittadinanza romana dei suoi abitanti. Per un inquadramento storico della colonia di Filippi all'epoca di Paolo si vedano gli studi di L. BORMANN, *Philippi*; W. ELLIGER, *Paulus in Griechenland. Philippi, Thessaloniki, Athen, Korinth*, Stuttgart (Katholisches Bibelwerk) 1978, 23-77; H. L. HENDRIX, «Philippi», *ABD* V, 313-317; D. PETERLIN, *Philippians*, 135-170; P. PILHOFER, *Philippi I: Die erste christliche Gemeinde Europas*, Tübingen (Mohr-Siebeck) 1995.

tale appartenenza[123]. Anche semplicemente dalla lettura del testo questo sembra intuitivamente il senso, dato l'evidente contrasto tra un'etica legata a τὰ ἐπίγεια di 3,18-19 e τὸ πολίτευμα ἐν οὐρανοῖς di 3,20. Eppure anche questo orizzonte etico non è mai autoreferenziale: c'è un *salvatore* da *attendere* e non ci si può attribuire nulla di diverso come principio di *solidità* (cf. 3,4). Questo *salvatore* rimanda immediatamente al tema della *signoria* personale *di Gesù Cristo* che diventa l'unico riferimento del proprio *servizio*; al tema della *trasformazione* dalla povertà alla gloria, in una sorta di rovesciamento rispetto al percorso compiuto da Gesù Cristo stesso nella sua esistenza; e al tema della *potenza* che a Gesù Cristo è stata *data* da quel Dio che, sebbene non nominato direttamente, è presentato come l'orizzonte ultimo di *tutto*.

---

[123] Oltre a quanto abbiamo già scritto commentando 1,27, i riferimenti letterari al πολίτευμα coinvolgono, oltre alla denominazione di appartenenza ad un territorio cittadino o statuale, una *prassi*, un'*etica* specifica, degna di tale appartenenza. Nella riflessione più antica infatti πολίτευμα indicava quell'insieme di cittadini (*stato* o *città*) come soggetto di governo e di azioni politiche (e in quanto tali eticamente connotate): cf. PLATONE, *Leg.* XII, 945d; ARISTOTELE, *Pol.* 3.6.1278b; 3.7.1279a; 3.13.1283b; 4.6.1293a; 4.13.1297b. Con POLIBIO e PLUTARCO viene maggiormente ad indicare l'insieme delle regole-leggi, dei diritti-doveri dell'insieme dei cittadini (un po' secondo il moderno valore delle Costituzioni nazionali). Tale terminologia è, poi, abbondantemente utilizzata da FILONE, *De Op. Mun.* 143s.; *De Agr.* 81; *De Conf. Ling.* 78.109; *De Ios.* 69; *De Spec. Leg.* II, 45, ove l'ideale appartenenza ad un πολίτευμα celeste coinvolge una *sapienza* e una serie di virtù proprie di quella regione di cui l'uomo è in realtà cittadino pur vivendo sulla terra: πατρίδα μὲν τὸν οὐράνιον χῶρον ἐν ᾧ πολιτεύονται (*De Conf. Ling.* 78). Esiste comunque un abbondante letteratura sull'argomento. Rimandando solo ai testi secondo me più significativi per uno studio più approfondito: R. FABRIS, *Filippesi* (2000), 225 nn.50.51.52 con abbondante bibliografia; J. LAMBRECHT, «Our Commonwealth is in Heaven», *Louvain Studies* 10 (1984-85), 199-205; A. T. LINCOLN, *Paradise Now and Not Yet*, Cambridge (Cambridge University Press) 1981, 97-101; G. LÜDERITZ, «What is the Politeuma?», in J. W. VAN HENTEN – P. W. VAN DER HORST (edd.), *Studies in Early Jewish Epigraphy*, Leiden (Brill) 1994, 183-225. Un recente articolo rovescia la prospettiva e suggerisce che qui Paolo intenda dare un criterio di riferimento per le domande di tipo "laicale" (come diremmo oggi) dei Filippesi relativamente alla loro appertenenza "politica" alla città. Si tratterebbe cioè della proposta di *virtù celesti* come capaci di rimodellare le *virtù terrene-politiche*: cf. A. M. PARRENT, «Dual Citizens, Not Resident Aliens», *Sewanee Theological Review* 44 (2000), 44-49. Proposta bella, ma ... assolutamente fuori dalla logica del contesto di Fil 3,19-4,1 che si pretende di commentare!

La conclusione di 4,1 non fa altro che richiamare i Filippesi, denominati attraverso una serie di appellativi che mostrano il legame relazionale amicale-affettivo di Paolo con tale comunità[124], ad uno *stare - perseverare nel Signore*. Attraverso il sintagma ἐν κυρίῳ si riassume evidentemente tutta la portata dell'esortazione, trasferendo i criteri autentici di discernimento ad ogni possibile circostanza della vita. Mi pare di poter vedere in questo il significato dei generici ὥστε - οὕτως che guidano sintatticamente alle conseguenze di quanto già detto[125] nella ricca gamma delle scelte del vivere, sulla stessa linea della "preghiera" di Paolo nella *propositio* di 1,9-11, che inferiva sul continuo progresso della vita.

2.2. La relazione tra 3,20-21 e 2,6-11

2.2.1. Lo *status quaestionis*

Occorre spendere una parola, quasi come *excursus*, sul dibattito concernente le espressioni utilizzate in 3,20-21 che, come abbiamo visto anche sopra, richiamano esplicitamente quelle del cosiddetto inno cristologico di 2,6-11. Tale corrispondenza ha infatti suscitato un ampio dibattito relativo alla possibilità di trovarci di fronte anche in 3,20-21 a materiale pre-paolino, se non addirittura collegato stroficamente a 2,6-11. Un altro articolo di John Reumann apparso nel 1984 ha fatto il punto della situazione - a cominciare dall'opera di Johannes Weiss del

---

[124] Particolare è il riferimento alla *mia corona* che la comunità sarebbe per Paolo. Un'interessante suggestione viene da A. PITTA, «Filippesi», 2848: «la corona a cui si riferisce è quella che spetta ai vincitori dei giochi agonistici, alla fine delle gare (cf. 1Ts 2,19; 1Cor 9,25). Così il motivo agonistico stabilisce un significativo legame sia tra 4,1 e 3,2-21 che fra 3,2-21 e l'intera lettera».

[125] Anche se legge ὥστε e οὕτως solo in connessione con elementi interni alla lettera, e quindi non con un contenuto "esistenziale", si muove nella stessa direzione di comprensione G. F. HAWTHORNE, *Philippians*, 177: «The ὥστε ia a conjunction designed to ask the readers to look back and to take action in light of what has just been said [...] And with the word οὕτως the apostle points them in the opposite direction - not backward now, but forward and onward to undertake immediately those things he is about to introduce with a flurry of imperatives».

1897 – con un esaustivo *excursus* storico della ricerca a quella data[126]. Le conclusioni alle quali giunge l'autore lo vedono propenso a considerare 3,20-21 come una piccola composizione innica precedente la composizione della lettera, ma molto difficilmente pre-paolina[127]. Altri esegeti si orientano per una lettura più teologica di questi versetti e propongono che 3,20-21 costituisca il punto di arrivo di 2,6-11 (che mancava del tutto della dimensione soteriologica)[128].

Era questo un forte argomento a favore dell'unità della lettera, trattandosi di una zona del testo caratterizzata dalla dimensione polemica che la proponeva come uno scritto autonomo rispetto al resto di Fil[129]. Oggi che l'unità di lettura di Fil sembra più rispondente all'insieme complessivo dei fenomeni presenti al suo interno, la corrispondenza tra 2,6-11 e 3,20-21 è messa in forte discussione e si arriva al massimo a domandare:

> Is it not more likely that material from the first hymn has been deliberately and skilfuly adapted to produce a correspondence

---

[126] J. REUMANN, «Philippians 3.20-21 – A Hymnic Fragment?», *NTS* 30 (1984), 593-609. Cf. anche la più recente e aggiornata, sebbene meno storicamente completa, appendice (F) del commentario di P. T. O'BRIEN, *Philippians*, 467-472, intitolata: «Is Phil. 3:20-21 a Hymnic Fragment?» che però giunge al risultato diametralmente opposto: 3,20-21 è una composizione di Paolo *ad hoc* per questo punto di Fil.

[127] J. REUMANN, «Philippians 3.20-21», 604.

[128] Su questa linea i non citati da Reumann, M. D. HOOKER, «Interchange», 349-361 e ID, «Philippians 2:6-11», in E. E. ELLIS – E. GRÄSSER (edd.), *Jesus und Paulus. Festschrift für Werner Georg Kümmel zum 70. Geburtstag*, Göttingen (Vandenhoeck & Ruprecht) 1978², 151-164. Nella stessa prospettiva "innica", ma con l'opinione di un inno differente rispetto a 2,6-11: G. F. HAWTHORNE, *Philippians*, 169-170. Sulla questione soteriologica di Fil 2,6-11, si veda anche il recente articolo di N. CAPIZZI, «Soteriologia In Fil 2:6-11?», *Greg* 81 (2000), 221-248.

[129] I negatori dell'unità della lettera sono qui costretti a vere e proprie 'acrobazie' filologiche, giungendo a sostenere la assoluta diversità cristologico-soteriologica tra 2,6-11 e 3,20-21. Si vedano per esempio le argomentazioni di J.-F. COLLANGE, *Philippiens*, 122 che afferma al termine: « ... la pensée est aussi éminement paulinnienne, notamment au v. 21 et est l'aboutissement obligé de tout le propos qui précède. Aussi préférons-nous penser que, à l'aide de motifs traditionnels, se termine ici la présentation polémique de ce qu'est la vie chrétienne ». Cf. anche J. GNILKA, *Filippesi*, 342-344.

which would suit the apostle's purpose at this stage in his argument? [130]

2.2.2. La portata argomentativa di 3,20-21

Da un punto di vista argomentativo, i versetti finali della sezione esortativa 3,17-4,1 costituiscono il chiaro punto di arrivo di tutto il percorso della vita ἐν κυρίῳ (4,1) così come è stata proposta fin qui dall'intera lettera.

Costituiscono cioè il termine escatologico che realizza uno degli scopi dell'argomentazione indicato dalla *propositio* 1,10b-11: ἵνα ἦτε εἰλικρινεῖς καὶ ἀπρόσκοποι εἰς ἡμέραν Χριστοῦ, πεπληρωμένοι καρπὸν δικαιοσύνης τὸν διὰ Ἰησοῦ Χριστοῦ εἰς δόξαν καὶ ἔπαινον θεοῦ. Se partiamo da questa considerazione, risulta evidente che l'affermazione non possa costituire un insegnamento *ex novo* in una lettera che è più preoccupata di mostrare il φρονεῖν di discernimento del cristiano che di insegnare contenuti cristologici, teologici o soteriologici. Dovrebbe essere chiaro a tutti il "punto di arrivo", il "traguardo della corsa": Paolo come un amico indica il *come* giungerci, non *dove* giungere! Da qui si comprende l'utilizzo di una terminologia e di immagini condivise nell'ambito (liturgico?) della vita della comunità. Ecco perché mi pare che l'ipotesi più plausibile sia quella dell'utilizzo da parte di Paolo di materiale tradizionale all'interno della comunità "modellato" sul percorso argomentativo:

> Gli elementi di similitudine tra 3,20-21 e 2,6-11 non sono sufficienti per provare la preesistenza di una composizione. Invece sono indizi del fatto che, nella stesura della Lettera ai Filippesi, Paolo ha utilizzato materiale tradizionale. [...] Il testo è così breve che non è possibile farsi un'idea precisa dell'eventuale composizione primitiva. In ogni caso Paolo, nella sua lettera in-

---

[130] A. T. LINCOLN, *Paradise Now and Not Yet*, 88. Vedi anche le osservazioni di G. D. FEE, *Philippians*, 376-377; J. LAMBRECHT, «Our Commonwealth», 204: « Paul has composed 3:20-21 with no fewer than three of his own previously written texts in mind ». Quest'ultimo autore cita Fil 2,6-11, 3,10-11 e 1Cor 15,25-28 nella comune fenomeno della ripresa e dello 'slittamento di significato' di Sal 8,7.

viata ai filippesi, ha integrato in modo coerente gli elementi nuovi e quelli tradizionali. [131]

La sottolineatura escatologica, così, esige che una tale valenza trovi il suo senso all'interno dell'argomentazione della lettera, senza isolare questi versetti dal resto del testo. Se allora partiamo dall'utilizzo di queste immagini "tradizionali" nella comunità filippese, si nota una volta di più come Paolo inviti all'*attraversamento* delle conseguenze di un φρονεῖν di umiliazione, di abbassamento, di rinuncia del proprio *status* per il dono della vita, di dedizione all'altro prima (invece) che a se stessi, etc. Qui, se l'enfasi è certamente posta sul punto di arrivo (come del resto in 1,25-26; 2,9-11; 3,13-14), la pedagogia paolina è tutta protesa non alla qualità del nuovo σῶμα τῆς δόξης Χριστοῦ (come mi sembra essere invece la finalità argomentativa di 1Cor 15[132]), né all'insegnamento di un'escatologia *già* realizzata (come in Col 3,1-4[133]), ma al percorso etico *attuale* della comunità e dei suoi componenti (in quella *crescita dell'amore nella capacità di discernimento* di 1,9). Mi sembra di poter condividere, grazie allo studio argomentativo, le conclusioni a cui giunge, pur su diverso orizzonte interpretativo, Troels Engberg-Pedersen:

---

[131] R. FABRIS, *Filippesi* (2000), 229.

[132] Mettono in parallelo questi brani per lo studio delle valenze escatologiche paoline moltissimi autori. Cito soltanto tra i tanti G. BAUMBACH, «Die Zukunftserwartung nach dem Philipperbrief», in R. SCHNACKENBURG – J. ERNST – J. WANKE (edd.) *Die Kirche des Anfangs. Für Heinz Schürmann*, Freiburg, Basel, Wien (Herder) 1977, 435-457; P. HOFFMANN, *Die Toten in Christus. Eine religionsgeschichtliche und exegetische Untersuchung zur paulinischen Eschatologie*, Münster (Aschendorff) 1966, 268-320.

[133] La lettura "in parallelo" di questi testi è caratteristica di coloro che insistono sulla *escatologia realizzata* di Fil 3,20-21, come A. T. LINCOLN, *Paradise Now and Not Yet*, 101: « Here in Phil 3:20 Paul affirms a 'realized eschatology' in the sense that the source of the life the believer now enjoys, its determinative power, is in heaveb, but he sets off his own perspective by combining such an emphasis with a future eschatological reference. The tension between the present and the future is maintained as spatial (representing the former) and temporal (representing the latter) are interwoven ». J.-N. ALETTI, *Colossiens*, 215-216.221-222 mette invece in mostra le differenze fra l'approccio di Col 3,1-4 e quello di Fil.

The final goal towards which Paul is himself striving and aiming to make the Philippians strive is not merely the state of being present in the heavenly *politeuma* (3:20) conceived in some physical form (3:21). It certainly is that. But it is also the state of belonging to a group of people (no doubt to be found in heaven) who are all characterized by some *mindset*. We have seen that **the *earthly* goal to which Paul aims to bring the Philippians is the life of mutual love and 'self-abasement' described in 2:1-5, the life that consists in leaving behind everything that is connected with one's own individual self.** We may add that this kind of life apparently constitutes the precise content of what the Philippians must do in order to 'live in a *politeuma*' in the proper way *here on earth* too (1:27; 3:20). [...] The resurrected (cf. 3:11) life in the heavenly politeuma too will be one of mutual love, only now a life that has been brought to its final 'moral' perfection (3:12). And indeed, **Paul more or less explicitly refers back in 3:21 to the earlier idea of self-abasement when he speaks of the change that will happen to 'our lowly body': to everything in our individual, bodily being that needs to be left behind.** Apparently, life in the heavenly *politeuma* will be one of – literally – transfigured self-abasement. [134]

2.3. Il parallelismo tra 3,17-4,1 e 1,27-30

Non sono mancate le annotazioni relative alle risonanze sia tematiche che verbali di questi versetti con la sezione 1,27-30[135]. Esiste infatti un preciso richiamo tra le due sezioni che coinvolge lo stesso schema strutturale-argomentativo delle parti in cui queste due sezioni esortative sono inserite.

Specularmente rispetto alla prima parte, alla sezione di *exemplum* è legata una sezione esortatoria caratterizzata dalla relazione Pa-

---

[134] T. ENGBERG-PEDERSEN, *Paul and the Stoics*, 125. Le sottolieature sono mie. Questa visione viene esplicitamente condivisa anche da Victor Paul Furnish nel dibattito sul libro e le sue tesi proposto in J. T. FITZGERALD (ed.), «Engberg-Pedersen, Troels: *Paul and the Stoics*. A discussion», *Review of Biblical Literature* 3 (2001), 17-18.

[135] Cf. anche le considerazioni di P. WICK, *Der Philipperbrief*, 43-45.101-106 che fa di questo parallelismo un punto chiave nella sua struttura chiastica della lettera.

olo-Filippesi. L'io/voi epistolare si fa esplicito. Se in 3,2-16 prevaleva la prima persona (singolare e plurale), in 3,17-4,1 l'imperativo paolino propone il suo esempio come "normativo" per la comunità.

Da un punto di vista argomentativo, nella prima parte della lettera, la sezione 1,27-30 costituiva il passaggio nella convenzione epistolare relazionale da τὰ κατ' ἐμέ (di 1,12) a τὰ περὶ ὑμῶν (di 1,27) e apriva la possibilità di presentare l'*exemplum* di Gesù Cristo come "normativo" del φρονεῖν del cristiano. La sezione trovava quindi, come abbiamo visto, una sua centralità argomentativa secondo lo schema:

1,12-26 La vicenda particolare di Paolo
    1,27-30 Paolo e i Filippesi: esortazione
        2,1-18 L'*exemplum* di Cristo Gesù

Troviamo lo stesso dispositivo argomentativo anche in questa seconda parte, solo che, secondo il criterio della ripetizione esposto in 3,1, trova nella specularità la sua ragion d'essere. La seconda parte di Fil ha nell'*exemplum* di Paolo il suo punto di inizio e presenta il φρονεῖν paolino come normativo per la comunità attraverso l'esortazione di 3,17-4,1. Anche qui prevale la convenzione epistolare dell'io/voi che permetterà a Paolo di passare alle vicende comunitarie, come farà poi nelle esortazioni particolari di 4,2-9. La sezione risulta così, parallelamente a 1,27-30, centrale, secondo lo schema:

3,2-16 L'*exemplum* di Paolo
    3,17-4,1 Paolo e i Filippesi: esortazione
        4,2-9 Esortazioni particolari ai destinatari

Ma tale parallelismo non è solo un artificio strutturale-argomentativo. È infatti esplicito il richiamo sia dei contenuti che dei sintagmi significativi tra le due sezioni centrali.

Schematizzando, abbiamo infatti:

3,17-4,1	1,27-30
- motivo mimetico: imitazione di un περιπατεῖν	- motivo mimetico: imitazione di un πάσχειν / τὸν αὐτὸν ἀγῶνα
- nemici: un diverso περιπατεῖν;	- (nemici): avversari diretti del *vangelo*
- nemici della *croce di Cristo*	
- πολίτευμα	- πολιτεύομαι
- sconfitta (ἀπώλεια) nella ricerca di sé	- salvezza (σωτηρία) nella "sconfitta" (ἀπώλεια) del dare la vita
- salvatore (σωτῆρα) atteso	
- stessa μορφή di Cristo: dal σῶμα di umiliazione al σῶμα di gloria	- stessa sorte di Cristo: persecuzione, sofferenza (morte)
- *rimanere* (στήχετε) in Cristo	- *rimanere* (στήχετε) uniti

Utilizzando le stesse categorie, queste due sezioni centrali svolgono un'importante funzione argomentativa, ognuna relativamente alla propria parte, all'interno delle convenzioni amicali[136], in continuità con la *propositio* di 1,9-11.

3. ESORTAZIONI PARTICOLARI AI DESTINATARI: 4,2-9

Abbiamo già affrontato il dibattito sul ruolo di transizione di 4,1 che fa da "ponte" tra l'invito all'imitazione dell'*exemplum* paolino e le esortazioni che toccano più direttamente la vita comunitaria della sezione che segue[137]. Tale sezione, che inizia in 4,2, trova la sua conclusione con μεθ' ὑμῶν di 4,9. La possibilità di leggere 4,2-9 come un'unità è messa da varie parti in discussione, a seconda delle opzioni di lettura scelte dagli interpreti. È abbastanza chiaro comunque che siamo dinanzi a tre brani relativamente distinguibili:

---

[136] Già del resto sottolineato, seppur di passaggio e ora maggiormente evidente, nella nostra analisi di 1,27-30.

[137] Cf. D. A. BLACK, «Discourse Structure», 42: « For Paul "standing firm" (4:1) means above all living in harmony with one another in the church (4:2-6) and enjoying the peace and harmony that God alone can give (4:7-9) ».

4,2-3: il caso di Evodia e Syntiche, nella relazione io-tu di Paolo con una persona appellata dal vocativo γνήσιε σύζυγε;

4,4-7: invito alla gioia e alla pace, nella relazione io-voi di Paolo con la comunità;

4,8-9: i valori etici, nella relazione io-voi di Paolo con i *fratelli*.

Questo accostamento di brani dall'apparente diversità di stile, di argomento e di destinatari ha portato qualcuno a dire:

> ... la connessione dei versetti fra di loro è per noi inconoscibile. È stata probabilmente una connessione del tutto concreta per ricostruire la quale ci mancano i mezzi. I vv. 2-3, e in modo un po' più libero i vv. 6-7 e 8-9, sono connessi fra di loro mentre stanno del tutto di per sé il v. 4, il v. 5a e il v. 5b. [138]

Altre soluzioni meno drastiche fanno di 3,17-4,9 un'unica unità[139], oppure legano i vv. 2-3 o 2-7 a quanto precede[140], mentre non sono molti a vedere 4,2-9 in una forte unità di lettura. L'unica caratteristica infatti che sembra unire questi versetti è il tono esplicito di esortazione di Paolo (con la presenza di dieci imperativi, un infinito con valore imperativale e tre futuri con valore volitivo[141]), anche se indirizzato a diversi destinatari.

---

[138] K. BARTH, *Filippesi*, 189. Per altri questo fenomeno è addirittura una prova della presenza qui di varie lettere: cf. J.-F. COLLANGE, *Philippiens*, 127: « Par rapport à 4,4-7, 4,8-9 constituent une sorte de doublet dont on voit mal, dans l'hypothèse de l'intégrité de l'épître, la justification ».

[139] Come G. H. GUTHRIE, «Cohesion Shifts and Stitches in Philippians», in S. E. PORTER – D. A. CARSON (edd.), *Discourse Analysis and Other Topics in Biblical Greek*, Sheffield (Sheffield Academic Press) 1995, 36-59.

[140] Legano 4,2-3 alla sezione precedente per es. M. BOCKMUEHL, *Philippians*, 243; G. D. FEE, *Philippians*, 362 n.2. Tra coloro che legano 4,2-7 alla sezione precedente: G. L. BLOOMQUIST, *The Function of Suffering*, 113.137; J.-F. COLLANGE, *Philippiens*, 124-126. Più curioso mi pare dividere il testo tra 4,5 e 4,6 come fanno A. B. LUTER – M. V. LEE, «Philippians as Chiasmus», 89-101.

[141] Cf. *BD* § 362.

Nella convenzione epistolare della *assenza* del mittente che si rende *presente* attraverso lo scritto, alla comunicazione delle vicende che lo riguardano (τὰ κατ' ἐμέ: cf. 1,12 e la sezione 1,12-26) corrisponde l'intervento diretto sulle vicende dei destinatari. Da una parte cioè si ha l'*informazione* sulle proprie vicende (1,12-26), dall'altra l'*intervento* sulle vicende della comunità di cui ha avuto notizia (4,2-9)

Se si esclude la sezione centrale della lettera, 2,19-30, su cui torneremo tra poco, 4,2-9 rappresenta l'unico intervento diretto di Paolo nelle questioni riguardanti la comunità. Questo aspetto è stato colto in modo particolare da David A. Black, al punto da portarlo a vedere nel problema stigmatizzato da 4,2-3 la vera causa dell'intera argomentazione. Il dissidio venutosi a creare ai vertici della comunità porterebbe cioè Paolo a intervenire, inviando una lettera di genere deliberativo, dovendo "convincere" i Filippesi al valore dell'unità. Senza condividere una tale affermazione, mi pare però significativa la forte caratterizzazione "relazionale" che Black sottolinea con forza e che la maggioranza dei commentari e degli studi da me consultati riconoscono a questi versetti[142]. Non si è qui davanti cioè ad esortazioni fatte al "lettore" dell'argomentazione della lettera, ma fatte a coloro che stanno vivendo esistenzialmente una specifica situazione dinanzi alla quale Paolo vuole prendere posizione ed indicare vie di uscita. D'altro canto, come non ci è dato poter descrivere con assoluta precisione storica – ma soltanto in via del tutto ipotetica – il valore di molte delle espressioni riguardanti la prigionia di Paolo in 1,12-26[143] o delle circostanze relative ai viaggi di Epafrodito e Timoteo citati in 2,19-30, così non ci può essere noto quale sia il reale riferimento storico delle

---

[142] Solo come esempi, si va da chi vede in questi versetti una connotazione *conclusiva* nella relazione Paolo-comunità (come M. BOCKMUEHL, J.-F. COLLANGE, F. B. CRADDOCK, G. D. FEE, J. GNILKA, G. H. GUTHRIE, P. T. O'BRIEN, A. PITTA) a chi vi vede un riferimento gioioso e affettuoso (K. BARTH, R. FABRIS, G. F. HAWTHORNE, I-J. LOH – E. A. NIDA, C. OSIEK), a chi ancora vi legge un *sommario* applicativo, una *repetitio* retorica (D. F. WATSON).

[143] Relativamente al *pretorio* di 1,13; ai *fratelli che per invidia annunciano la parola* di 1,14.15.17; alla possibilità di *morire* di 1,20ss.: tutte situazioni contingenti ben note ai destinatari, ma la cui particolarità storica ci sfugge (e permette agli studiosi di spendere fiumi di inchiostro in ipotesi che non potranno mai né essere provate con certezza assoluta né smentite con la stessa certezza).

espressioni di 4,2-9 e a quali eventi comunitari ci si intenda riferire[144]. L'apparente frammentarietà risulta così riconducibile ad unità unicamente per i destinatari "storici", ma non per noi, che dobbiamo attenerci agli elementi formali presenti nel testo e a cui la distanza cronologica rende impossibile qualunque accesso (relativamente ai problemi comunitari, ovviamente).

In questo quadro di riferimento, si può leggere la sezione come la risposta di Paolo a τὰ περὶ ὑμῶν che egli è venuto a sapere con gioia (εὐψυχῶ) di 2,19. Così, sempre rimanendo nel quadro dell'espressione amicale della relazione (non si deve dimenticare la transizione di 4,1 e delle espressioni affettuose con cui Paolo prepara 4,2-9), l'esortazione, anche talora forte nei suoi tratti, trova il suo posto nell'argomentazione della lettera. Non a caso gli interpreti che l'hanno letta a partire dall'uso della *friendship letter* nell'antichità, trovano qui (e in 4,10-20 che immediatamente segue) gli elementi maggiormente "convenzionali" di essa[145].

È a partire da una tale prospettiva che analizzeremo questi versetti, senza pretendere in alcun modo di toccare le varie ipotesi "storiche" proposte o i vari tentativi di "mirror-reading" con cui sono stati letti.

---

[144] Vale sempre il riferimento critico che abbiamo fatto riguardo alla ricerca relativa ai presunti oppositori in 3,2-3, nel pericolo sempre presente di *mirror reading* e nella confusione tra *uso* e *interpretazione* dei testi paolini. Vedi anche la lapidaria affermazione di M. BOCKMUEHL, *Philippians*, 239: « The problem is fundamentally personal, and Paul's appeal is exclusively individual and personal » o di G. D. FEE, *Philippians*, 389: « ... because the situation here addressed is so case-specific, we are left in the dark about much ».

[145] Vedi il commento a 4,10-20. Conviene comunque citare qui G. L. BLOOMQUIST, *The Function of Suffering*, 114-115 che mostra come in 4,2-7 ci si trovi dinanzi ad una serie di *clichés* caratteristici delle lettere familiari. Stessa riflessione in J.-B. EDART, *Philippiens*, 288: « Insérés dans cette conclusion rhétorique, les versets 2 et 3 ont un style et une fonction clairement épistolaires. Ils correspondent à la formule d'une lettre de demande. [...] Nous avons là un autre exemple de la liberté avec laquelle Paul utilise les canons littéraires de son époque ».

3.1. 4,2-3: L'unità comunionale

Da un punto di vista argomentativo, i due versetti riprendono, nell'esortare alla composizione di un dissidio[146], categorie già altrove utilizzate nel corso della lettera:

- τὸ αὐτὸ φρονεῖν → 2,2
- ἐν κυρίῳ → cf. specialmente 4,1 e il legame tra φρονεῖν e κύριος di 2,5 e 2,11
- ἐν τῷ εὐαγγελίῳ συνήθλησάν μοι → 1,27
- μετὰ ... τῶν λοιπῶν συνεργῶν μοι → 2,25

Quasi a dire che anche i dissidi più 'importanti' possono trovare, nella criteriologia del vivere cristiano che Paolo ha presentato (la ricerca del bene dell'altro prima del proprio, nell'annuncio del Vangelo, nell'imitazione del φρονεῖν di Cristo che orienta anche le scelte comunitarie, nella collaborazione ...), le piste di risoluzione[147]. Ci sono inoltre altri due accenni che trovano il loro senso all'interno della lettera. Il primo è nel coinvolgimento di terzi in una disputa tra due persone, che è senz'altro un modo concreto di poter applicare la criteriologia comunitaria di 2,3-4 (considerare gli altri superiori a se stessi, mettendosi al loro servizio e non pensando ai fatti propri, ma a quelli degli altri). In questo senso, la "sgridata" di Paolo è più a Evodia e Syntiche o al "compagno di giogo" di Paolo che non le sta aiutando[148]?

---

[146] Pur non entrando nel merito dei dibattiti, si vedano E. BARNES, «Women in Ministry. A Matter of Disciplinship», *Faith and Mission* 4 (1987), 63-69; N. A. DAHL, «Euodia and Syntyche and Paul's Letter to the Philippians», in M. L. WHITE – O. L. YARBROUGH (edd.), *The Social World of the First Christians*, Minneapolis (Fortress Press) 1995, 3-15. Già abbiamo visto che D. A. BLACK, «The Discourse Structure», fa di questo dissidio il cuore stesso dell'invio della lettera a Filippi. Così anche D. E. GARLAND, «Composition and Unity», 173 afferma che qui Paolo *apertamente* smaschera « the dissention that had sundered the unity of the church » e cerca di « defuse the dispute between these two women that was having disastrous repercussions for the unity of the church ».

[147] D. A. BLACK, «The Discourse Structure», 42: « ... 4:2-3 is the concrete implementation of all that Paul has to say about unity ».

[148] Mi sembra un po' difficile da accettare criticamente l'opinione di chi vede Timoteo (1,1 e 2,19) come referente di γνήσιε σύζυγε, come fa, per esempio W. SCHENK,

Il secondo è il riferimento al *libro della vita* che Paolo qui cita. Questa espressione, mai utilizzata altrove da Paolo e tipica del linguaggio apocalittico[149], non poteva non essere nota alla comunità ed è utile qui per riportare una vicenda 'domestica', per quanto grave, alle sue vere dimensioni. Un po' come se Paolo dicesse, « per quanto grave sia il vostro dissidio, ricordatevi che il vostro nome è scritto nel libro della vita per ben altre cose e non per il vostro "aver ragione" in questo dissidio ». Questo tipo di riferimento escatologico ha accompagnato tutti i passi argomentativi che Paolo ha fatto fare ai lettori della lettera e che, fin dalla *propositio* di 1,9-11, è stato proposto come la vera méta di ogni discernimento. A maggior ragione lo può essere nel dirimere un dissidio!

3.2. 4,4-7: Gioia e Pace

Una serie di frasi ricche di espressioni particolarmente cariche di affetto sono qui giustapposte producendo quell'effetto di 'staccato'[150] che spesso Paolo utilizza al termine delle sue lettere[151]. Anche in altre lettere le ultime frasi sono utili per un contatto epistolare più

Der Philipperbrief, 272. Cf. anche J. W. VOELZ, «"Some Things Old, Some Things New". A Response to Wolfgang Schenk, *Die Philipperbriefe des Paulus*», Semeia 48 (1989), 161-169.

[149] Cf. per esempio nell'AT, Ez 13,9; Dan 12,1; nel NT, Ap 3,5; 13,8; 17,8; 20,12-15; 21,27; nella letteratura apocalittica giudaica, 1QM XII,3; 1En 47,3; 104,1. C'è qualche riferimento, almeno fonetico anche con 2,16, λόγον ζωῆς ἐπέχοντες, anche lì in contesto escatologico, nel richiamo alla composizione della disputa?

[150] Sono vari gli esegeti che utilizzano la metafora di carattere musicale per descrivere l'accostamento di queste brevi esortazioni: G. D. FEE, *Philippians*, 400; M. BOCKMUEHL, *Philippians*, 245. Credo abbia una certa importanza la sottolineatura di P. T. O'BRIEN, *Philippians*, 484-485 di non smarrire la portata degli asindeti di questi versetti e di non leggere tutte le espressioni sotto l'unico 'ombrello' dell'invito alla gioia, mantenendo la sottolineatura 'relazionale' delle esortazioni di Paolo a *quella* comunità di Filippi: « Here in Phil 4:4-7, through the use of asyndeton, the apostle's commands take on an individual importance; each is isolated and so made emphatic ».

[151] G. L. BLOOMQUIST, *The Function of Suffering*, 115: « In 4,4-6 we find more of the kind of exhortation we have been led to expect from Paul's paraeneses ».

amicale, specialmente là dove non è evidente una conoscenza reciproca tra Paolo e i destinatari – come Rom 16,19-20 – o dove la lettera era caratterizzata dalla forza retorica degli insegnamenti o dalla veemenza delle apostrofi – come 1Cor 16,13-23 o 2Cor 13,11-13 – nell'utilizzo retorico della *captatio benevolentiae*[152]. Nella nostra lettera tutta attraversata dalla connotazione amicale, non c'è certamente ricerca di questa. L'effetto prodotto dalle brevi frasi in 4,4-7, caratterizzate da fenomeni fortemente asindetici, è piuttosto quello della *sintesi*. Non si può minimizzare il richiamo alla *ripetizione* che πάλιν ἐρῶ di 4,4 produce negli uditori. Questa espressione non è certo isolabile nell'invito alla gioia del versetto, ma l'effetto uditivo che produce richiama, credo esplicitamente, l'annuncio di 3,1[153].

---

[152] C. J. ROETZER, *The Letters of Paul*, London (SCM) 1983, 35-36 parla per questi versetti di un *terse, gnomic style*. Mentre per sottolineare la dimensione relazionale di questi versetti W. G. DOTY, *Letters in Primitive Christianity*, Philadelphia (Fortress Press) 1973, 37-38 mostra come Paolo si riferisca a « his background and training to supplement and to support his contextualism ». Lo stesso tipo di conclusione si ha nell'altra lettera caratterizzata da tonalità amicali: cf. 1Ts 5,12-22.

[153] D. F. WATSON, «A Rhetorical Analysis», 76-77 parla per questi versetti di *repetitio* sottolineando il comparire in essi di tutti i temi fondamentali della lettera. Per lui questa necessità nasce dal conflitto tra Paolo e la comunità di Filippi (!!!): « Deliberative rhetoric requires a *repetitio* only when there is a conflict of opinion. The presence of nine verses of recapitulation is indicative of the fact that Paul is encountering conflict from the Philippian congregation with regard to what constitutes a life worthy of the gospel ». Seppur lontano da questa opinione, mi pare di poter condividere la possibilità che 4,2-9 siano una sorta di ricapitolazione applicativa delle tematiche della lettera, anche se Watson 'forza' la comprensione di alcuni termini per mostrare come siano la ripetizione di qualche cosa. Così è per esempio la sorte di ἐπιεικές che egli traduce con *forbearance*, mettendola in relazione a tutti i vocaboli apparentati alla *stabilità-forza nel combattimento* di 1,27-30, quando non mi pare un significato così evidente in greco. Tuttavia, mi sembra comunque eccessivo J. T. REED, «Using Ancient Rhetorical Categories to interpret Paul's Letters: A Question of Genre», in S. E. PORTER – T. H. OLBRICHT (edd.), *Rhetoric and the New Testament: Essays from the 1992 Heidelberg Conference*, Sheffield (Sheffield Academic Press) 1993, 321, nella sua critica all'analisi di Watson, quando afferma: « the specific nature of Paul's exhortation suggests that Paul is not recapitulating past arguments, but continuing to advance new informations ». Watson non è in ogni modo l'unico a parlare di ricapitolazione. Cf. anche M. BOCKMUEHL, *Philippians*, 242: « Verses 4,4-9 appear to recapitulate and bring to a point several of the major practical themes of the letter in a series of aphorisms about the joy, peace and freedom of the Christian life ».

Le grandi argomentazioni articolate trovano qui un'applicazione diretta alle vicende concrete della comunità nei richiami alla *gioia nel Signore* (cf. 1,4.8.25; 2,2.17.18.28.29; 3,1; 4,1), alla capacità relazionale amicale che si estende dall'interno della comunità al suo esterno[154] (πᾶσιν ἀνθρώποις: cf. 1,13; 2,14-15), all'attenzione ad un'escatologia pacifica (cf. 1,10-11; 3,14.20-21), alla necessità di non avere timore (nelle specifiche situazioni di contrasto della comunità, cf. 1,28-29), al legame tra preghiera – richiesta – ringraziamento (cf. 1,3-4.9.19).

Interessante inoltre in 4,7 (come in 4,8 che segue) il legame tra l'aspetto etico e quello più propriamente conoscitivo che ha attraversato l'intera epistola, sin dalla *propositio* di 1,9-10. Non è questione quindi primariamente di un *buon agire*, quanto di un φρονεῖν, che diventa νοῦς, καρδία, νοήματα e di un *pensare-agire* connotato relazionalmente dalla *pace* con Dio. Non è nuovo il legame tra εἰρήνη e δικαιοσύνη (1,11) nella relazione tra uomo e Dio in Cristo Gesù[155] e che qui trova un punto di sintesi esistenziale nell'immagine del Dio-sentinella, richiamo forse dell'ambiente militare che caratterizzava la custodia di Paolo nel pretorio di 1,13[156].

---

[154] Interessante la suggestione di J.-F. COLLANGE, *Philippiens*, 126: «La solution aux problèmes de l'église de Philippes ne se trouve pas dans une sorte d'introspection, mais dans un *désir de se tourner vers les autres* (πᾶσιν ἀνθρώποις); alors la communauté trouvera la «mesure» (τὸ ἐπιεικές) qui lui fait actuellement si cruellement défaut. C'est bien ainsi en effet qu'il faut comprendre ἐπιεικές et non comme «douceur» ou «mansuétude» comme la plupart des traductions ».

[155] Cf. in modo particolare Rom 5,1 Δικαιωθέντες οὖν ἐκ πίστεως εἰρήνην ἔχομεν πρὸς τὸν θεὸν διὰ τοῦ κυρίου ἡμῶν Ἰησοῦ Χριστοῦ (si veda anche anche Rom 14,17), dove occorre sempre dare al termine *pace* la ricchezza del concetto biblico di שלום che non riguarda l'assenza di conflitto ma l'esistenza di una pienezza relazionale che comporta l'essere in un *giusto* rapporto interpersonale. È questa un'acquisizione ermeneutica così diffusa che basta aprire qualunque commentario o dizionario terminologico biblico per trovare ampi riferimenti bibliografici. Qui vorrei solo citare due capitoli per me particolarmente profondi nell'analisi di tale relazione: J.-N. ALETTI, *Comment Dieu est-il juste?*, Paris (Éd. du Seuil) 1991, 232-254; P. BOVATI, *Ristabilire la Giustizia. Procedure, vocabolario, orientamenti*, Roma (PIB) 1986, 138-148.

[156] Interessante l'osservazione di A. B. LUTER - M. V. LEE, «Philippians as Chiasmus», 93: « Perhaps Paul's time in prison gave him the idea of having the peace of God 'guard' (φρουρέω: i.e., in a military or custodial manner) their hearts and minds (4.7), since he was constantly aware of the presence of the guards attached to the

3.3. 4,8-9: La relativizzazione dei modelli etici contemporanei a Paolo

L'ultimo brano riprende il sintagma τὸ λοιπόν ἀδελφοί di 3,1 (cf. anche 4,1), qui con un chiaro valore di chiusura di questa serie di esortazioni alla comunità.

Con una vera e propria "sintesi della sintesi", o ripetizione nella ripetizione, Paolo unisce tre valenze caratteristiche dell'etica così come è venuto proponendola nella lettera:

- non c'è relazione diretta tra "virtù" e prassi, ma questa deve essere sempre mediata dall'interiorizzazione conoscitiva;
- la prassi non è risposta obbediente ad una morale "tassonomica", ma ad una "imitazione" esistenziale;
- il fine del comportamento del cristiano non porta ad una perfezione etica ma ad una relazione con Dio.

Si proporranno nella conclusione di questo lavoro alcune proposte di apertura per verificare come la lettura argomentativa della lettera che si sta qui proponendo possa essere un utile strumento per far emergere elementi per una comprensione dei fondamenti per una riflessione sull'etica paolina. Nella lettura di questi due versetti, mi limiterò pertanto ad evidenziare come, se da una parte Paolo fa uso di categorie comuni al suo ambiente culturale per descrivere le "virtù" etiche[157], con la presenza anche di valori mai altrove utilizzati nelle altre lettere[158], dall'altra il modo con cui le utilizza è assolutamente diffe-

---

Praetorium where he was being held (1.13) ». Potrebbe essere un ulteriore riprova della validità della corrispondenza da noi proposta di questi versetti con la sezione 1,12-26.

[157] Non c'è commento a questi versetti che non riporti dovizie di citazioni ellenistiche greche e latine relative a queste virtù. Cf. l'esaustivo *excursus* in P. T. O'BRIEN, *Philippians*, 501-503. Rimane tuttavia vero quanto ricorda R. FABRIS, *Filippesi* (2000), 253 n. 29: « In realtà spesso si tratta di accumulazione retorica più che di veri e propri elenchi ».

[158] In particolare προσφιλῆ e εὔφημα sono *hapaxlegomena* nel NT, mentre ἀρετή non si trova altrove nell'epistolario paolino.

rente rispetto al medesimo ambiente culturale. Ci si è molto concentrati nell'analisi esegetica sui singoli elementi (i sei preceduti da ὅσα e i due finali posti con la condizionale εἴ τις) e sulla loro "lista" così come è espressa da Paolo, cercando anche un presunto ordine di essi in base a qualche logica[159]. Ora, pur non negando la possibilità di tutto questo, mi pare che l'enfasi in questi versetti stia altrove. In un contesto di esortazione etica, al termine dell'argomentazione della lettera, in cui è al centro il *crescere nell'amore*, nel continuo discernimento per dare la propria vita per gli altri, nella relazione con Dio in Gesù Cristo, la conclusione di Paolo non può che essere di relativizzazione di qualunque altro valore etico (da qualunque parte esso venga) e non di una sua valorizzazione[160]!

Se proviamo a leggere il testo nella sua semplice scansione linguistica, abbiamo:

---

[159] Cf. solo a titolo esemplificativo: R. FABRIS, *Filippesi* (2000), 255: « ... si può individuare nelle prime quattro qualità l'indicazione dei valori etico-spirituali intrinseci e obiettivi e nelle ultime quattro quelli che riflettono l'approvazione o il consenso sociale e pubblico»; G. D. FEE, *Philippians*, 414 n. 5: « The first list is strikingly asyndetic (without connectives) as the second is polysyndetic (the same connective in each case). Each is thus a sentence unto itself. The difference between ὅσα and ἅ is that of "indefinite" and "definite" (i.e., "whatever things in general" and "what things in particular") »; J. GNILKA, *Filippesi*, 358: « Il primo verbo è preceduto da sei aggettivi, legati da ὅσα, e da due sostantivi, connessi con εἴ τις; quattro aoristi, congiunti rispettivamente con καί, precedono il secondo. Questa individuazione della struttura ritmica non è senza importanza per l'interpretazione »; P. T. O'BRIEN, *Philippians*, 499: « The six clauses in synonymous parallelism ... »; ecc.

[160] Nella stessa linea D. EZELL, «The Sufficiency of Christ. Philippians 4», *RevExp* 77(1980) 373-381, il quale considera il cap. 4 come un'unità in cui tira le conclusioni del suo pensiero che va sviluppando dal cap. 1. Perciò vi vede un unico "flusso" di pensiero unificato dall'avere in Cristo il proprio fulcro, la propria auto-sufficienza (cf. 4,1.3.4.5.7.10.13.18-19.21).

Del resto, fratelli,
tutto ciò che è vero, tutto ciò che è sacro, tutto ciò che è giusto, tutto ciò che è puro,
tutto ciò che è gradevole, tutto ciò che è di buon nome: [161]
se c'è (in ciò) qualche virtù e se c'è (in ciò) qualche lode,

$\boxed{\text{questo tenete in conto}} = \text{ταῦτα λογίζεσθε}$

e [= ma] [162]
ciò che avete imparato e ricevuto e ascoltato e conosciuto in me,

$\boxed{\text{questo mettete in pratica}} = \text{ταῦτα πράσσετε}$

e [= solo così] [163] *il Dio della pace sarà con voi.*

Il confronto è chiaramente tra ταῦτα λογίζεσθε e ταῦτα πράσσετε. Se c'è qualche cosa "di buono" nelle virtù umane, il massimo che Paolo propone è di farle entrare nel processo conoscitivo, in quella possibilità di metterle in relazione con l'unico terreno autentico di discernimento, così come è stato presentato in tutta la lettera e che va nell'unica direzione di quell'*aumento di amore* di 1,9-11. Il terreno del discernimento nell'agire etico per il cristiano è il φρονεῖν di Cristo, di Paolo, di Timo-

---

[161] Alcuni di questi termini possono essere tradotti con sfumature differenti. Appare evidente come non siano di grande interesse per la nostra ricerca le sfumature bibliche o stoiche delle varie virtù. Abbiamo comunque fatto una scelta relativamente ai termini σεμνά, di cui non farei smarrire il senso "teologico" tipico del greco classico ed ellenistico per appiattirlo con una resa attraverso *nobile-serio*, come fa C. SPICQ, «σεμνός», in *Notes de Lexicographie Néo-Testamentaire Tome II*, Fribourg (Éd. Universitaires) 1978, 793; εὔφημα, che abbiamo reso con *di buon nome*, seguendo le indicazioni critiche di C. J. CLASSEN, *Rhetorical Criticism of the New Testament*, Tübingen (Mohr-Siebeck) 2000, 38 n. 53.

[162] C'è dibattito sul valore di ἃ καί di 4,9. Se cioè sia da considerarsi come semplicemente *copulativo* (cf. G. D. FEE, *Philippians*, 413-414), come *avverbiale* (cf. R. FABRIS, *Filippesi* (2000), 255-256; P. T. O'BRIEN, *Philippians*, 500; M. R. VINCENT, *Philippians*, 140) o come *avversativo* (cf. W. SCHENK, *Der Philipperbrief*, 270). Più che per motivi strettamente grammaticali – dinanzi ai quali mi sembra ci possano essere valide ragioni *pro* o *contra* per ogni scelta – mi pare che sia il confronto tra ταῦτα λογίζεσθε e ταῦτα πράσσετε a suggerire se non la sfumatura avversativa, almeno a leggere nell'ἃ καί uno stacco tra il v. 8 e il v. 9 (malgrado tutte le posizioni portate contro questa posizione da P. T. O'BRIEN, *Philippians*, 507-508).

[163] Se c'è un consenso generale sul considerare il valore di questo καί come *consequenziale*, dato che segue un imperativo, si discute sul valore di ἃ καί di 9a. Mi sembra di maggior valore argomentativo la lettura *avversativa* di esso con G. F. HAWTHORNE, *Philippians*, 189, piuttosto che vedervi una semplice congiuzione copulativa, come P. T. O'BRIEN, *Philippians*, 508; M. BOCKMUEHL, *Philippians*, 254.

teo, di Epafrodito, non la maggiore o minore conformazione a qualche "virtù"[164]: si può al massimo tenere in conto[165] il "positivo" di esse!

Mi pare che qui, allora, più che di presentazione "cristianizzata" di valori etici di sapore cinico-stoico, si sia di fronte ad una loro relativizzazione nel confronto non con una imitazione di Paolo, ma nel confronto con i criteri di discernimento che sono stati quelli di Paolo (ἐν ἐμοί)[166]! Questo non è plausibile soltanto dalla lettura di 4,8-9, ma risulta ancor più evidente dal confronto con 4,7. La *pace di Dio* costituisce già il termine dell'itinerario proposto in 4,4-6, non necessita di ulteriori "virtù". Questo *Dio della pace* sarà con i cristiani solo in questo tipo di *prassi*[167]. È poi conseguente come il termine dell'esortazione

---

[164] Così anche J.-B. EDART, *Philippiens*, 308-309: « ce recours au stoïcisme est, tout comme en 4,8-9, purement circonstanciel et commandé par la volonté de trouver un écho favorable chez son auditeur. L'emploi de λογίζομαι et πράσσω forme un mérisme. Toute l'activité morale est incluse dans ces deux termes. [...] Les vertus énoncées au verset 8 peuvent être comprises sans référence directe à la foi chrétienne. Par contre, imiter l'Apôtre implique nécessairement une référence au Christ ».

[165] Per questa traduzione di λογίζομαι, cf. l'altro uso in Fil 3,13. È tuttavia il significato più diffuso in questi contesti. Si può vedere l'ampio studio di P. A. HOLLOWAY, «Notes and Observations. *Bona Cogitare*: An Epicurean Consolation in Phil 4,8-9», HTR 91 (1998), 89-96.

[166] Non mi pare che molti abbiano colto a sufficienza questa relativizzazione dei modelli etici contemporanei a Paolo qui proposti. Uno dei pochi studi che vanno in questa direzione mi sembra essere quello di O. GENEST, «La lettre de Paul aux Philippiens, figure de l'épistémê chrétienne», in L. PANIER (ed.), *Les Lettres dans la Bible et dans la Littérature*, Paris (Cerf) 1999, 172: « Le déictique "au reste", embrayage de l'instance d'énonciation, est courant dans les lettres pauliniennes. Il annonce un rapide "cela en plus", après un développement de quelque longueur. "Au reste", précise le texte, *attachez de l'importance à toutes les grandeurs des morales païennes, oui, mais mettez en pratique ce que vous avez reçu de moi, ce qui n'est pas que la transmission d'un nouveau code d'éthique nous apprend le syntagme suivant: "ce que vous avez vu en moi"* » (sottolineatura mia). In linea opposta, la maggioranza dei critici e delle traduzioni che tendono ad uniformarsi sulla visione che : « there is no implied contrast of v. 8 with v. 9 » (M. BOCKMUEHL, *Philippians*, 254). Un'altra dimensione poco sottolineata è il richiamo all'espressione utilizzata in 1,30 non solo in chiave terminologica (τὸν αὐτὸν ἀγῶνα ἔχοντες, οἷον εἴδετε ἐν ἐμοὶ καὶ νῦν ἀκούετε ἐν ἐμοί) ma anche argomentativa, relativa non all'imitazione di virtù, ma all'imitazione di un "atteggiamento".

[167] Cf. la nota qui proposta da M. R. VINCENT, *Philippians*, 140: « καί is here consecutive, as in v. 7 ».

etica di Paolo non vada nella direzione di un aumento della "perfezione" della virtù, quanto nella "perfezione" (occorre continuamente ricordare la valenza di *pienezza* insita nella terminologia della *pace – šalôm*?) della relazione con Dio, così come, un'altra volta, era stata annunciata proletticamente in 1,11.

Vale comunque la pena ricordare come anche questi versetti, nella nostra lettura, si riferiscano alla risposta esortativa a questioni specifiche, esistenziali, della comunità di Filippi. Ora non è assolutamente infrequente in qualunque comunità la possibilità della trasformazione del vangelo di Gesù Cristo in un insieme di virtù morali da custodire, invitando così se stessi e gli altri ad un "fare il proprio dovere" etico piuttosto che al "donare la vita per gli altri". Se qualcuno volesse oggi prendere posizione dinanzi ad una comunità riguardo ad un simile problema, non utilizzerebbe forse espressioni come quelle usate da Paolo?

4. Il ringraziamento finale: 4,10-20

Con uno stacco evidente rispetto al versetto precedente (δέ di transizione, ritorno alla prima persona singolare e all'indicativo che sostituisce l'imperativo di 4,9), si apre con 4,10 l'ultima sezione epistolare di Fil. Questa trova il suo punto esplicito di conclusione nella dossologia di 4,20. La sezione è caratterizzata da un'unità di tema e di relazione epistolare molto accentuata. Punto di partenza della pericope è la gioia di Paolo per il dono inviato dai Filippesi per mezzo di Epafrodito e da lui ricevuto nella sua situazione di prigioniero. Da tale evento, Paolo trae l'occasione per l'ultima 'pennellata' argomentativa della sua lettera. Quale occasione migliore infatti di un dono fatto e ricevuto per sottolineare un'ultima volta i due grandi "motori" di tutto l'insegnamento di questa lettera paolina: la gratuità e il riferimento teologico di ogni discernimento etico ordinato all'amore? Eppure proprio l'esplicito riferimento alla situazione contingente della prigionia e del dono ricevuto ha fatto leggere questo brano secondo i differenti sguardi interpretativi dei critici. Proporrei quindi una breve carrellata di queste diverse letture per poi mostrare l'assoluta omogeneità di

4,10-20 con l'argomentazione dell'intera lettera e il suo sostanziale "parallelismo" con l'*exordium* di 1,3-11.

4.1. Le diverse letture di 4,10-20

4.1.1. Il biglietto di "ringraziamento senza ringraziamento"

Il carattere specifico dell'occasione di 4,10-20, il fatto cioè che Paolo abbia ricevuto tramite Epafrodito i doni dei Filippesi e voglia ora rendere atto di ciò alla comunità, ha fatto giungere molti alla conclusione che siamo qui davanti ad un "biglietto di ringraziamento", o almeno ad una parte di esso. Questa interpretazione ha aperto la strada a due ordini di considerazioni.

• Se si tratta di un ringraziamento, non sembra avere molto senso che Paolo abbia atteso fino a questo punto della lettera per farlo[168] e, per di più, sembra molto debole il legame con quanto precede[169]. Ecco perché molti hanno supposto l'esistenza di una vera e propria lettera di ringraziamento, di cui 4,10-20 era parte, inviata da Paolo ai Filippesi, composta poi in un'unità redazionale – l'attuale lettera ai Filippesi – con le altre inviate alla stessa comunità in diversi momenti. Una tale supposizione renderebbe ragione dell'accostamento delle diverse tematiche in Fil e dei suoi diversi toni argomentativi. Questa ipotesi è stata quindi alla base di molte letture di Fil come lettera composta da due[170] o tre[171] lettere originarie. Vedremo sotto come l'enfasi su una

---

[168] Cf. J.-F. COLLANGE, *Philippiens*, 22: « Une telle place, à la fin d'une lettre, est-elle vraisemblable pour l'expression de remerciements? ».

[169] Eccezion fatta per gli accenni a questo dono in 1,3-11 e 2,25-30, che avrebbero tutto il loro significato se già Paolo avesse in quel momento inviato il biglietto di ringraziamento.

[170] Vanno in questa direzione, per esempio, G. B. CAIRD, *Paul's Letters from Prison*, Oxford (University Press) 1976, G. FRIEDRICH, *Der Brief an die Philipper*, Göttingen (Vandenhoeck & Ruprecht) 1965[10]; J. GNILKA, *Filippesi*; J. H. MICHAEL, *Philippians*; A. SUHL, *Paulus und seine Briefe: Ein Beitrag zur paulinische Chronologie*, Gütersloh (Mohn) 1975.

[171] Così, tra altri, F. W. BEARE, *The Epistle to the Philippians*, London (A&C Black) 1959; P. BENOIT, *Les épîtres de saint Paul aux Philippiens, a Philémon, aux Colossiens, aux*

presunta diversità tematica e stilistica di 4,10-20 rispetto al resto della lettera sia molto da relativizzare, al punto da chiedersi se addirittura esista[172]. Certamente rimane aperta la questione della posizione di questo ringraziamento all'interno dell'argomentazione paolina.

• Se davvero siamo davanti ad un ringraziamento di Paolo alla comunità che gli ha inviato beni nella sua prigionia, stupisce l'assenza dei termini caratteristici per *dire grazie*: εὐχαριστεῖν e εὐχαριστία. Da questo fatto molti interpreti hanno visto in questo brano un *grazie senza gratitudine*. L'espressione tedesca *Danklose Dank* è stata coniata da C. Holsten nel 1876[173] ed è stata in seguito ripresa da numerosi autori per descrivere 4,10-20[174]. Si è poi tentato di dare varie spiegazioni per questa tonalità 'non-ringraziante' del brano. Naturalmente nessuna delle proposte fatte ha dei fondamenti interni al testo e tutte sono di carattere piuttosto 'psicologico' o sono condizionate dai fenomeni, già più volte citati, di *mirror reading*. Si è infatti ipotizzato un risentimento di Paolo nei confronti della comunità che avrebbe 'trasgredito' l'ordine di

---

Ephésiens, Paris (Gabalda) 1959³; G. BORNKAMM, «Der Philipperbrief als paulinische Briefsammlung», in *Neotestamentica et Patristica. Eine Freudesgabe O. Cullmann*, Leiden (Brill) 1962, 192-202; J.-F. COLLANGE, *Philippiens*; B. MAYER, «Paulus als Vermittler zwischen Epaphroditus und der Gemeinde von Philippi. Bemerkungen zu Phil 2,25-30», BZ 31 (1987), 176-188; J. MÜLLER-BARDORFF, «Zur Frage der literarischen Einheit des Philipperbriefes», *Wissenschaftliche Zeitschrift der Universität Jena* 7 (1957-58), 591-604; R. PESCH, *Paulus und seine Lieblingsgemeinde. Paulus – neu gesehen. Drei Briefe an die Heiligen von Philippi*, Freiburg (Herder), 1985; B. D. RATHJEN, «The Three Letters of Paul to the Philippians», NTS 6 (1959/60), 167-173; W. SCHMITHALS, «Die Irrlehrer Philipperbriefes», ZTK 54 (1957), 297-341.

[172] Condividerei la secca affermazione di D. E. GARLAND, «Composition and Unity», 152: « Making 4:10-20 a separate letter of thanks is a "drastic, hypothetical solution" that is also highly improbable ». Cf. anche W. J. DALTON, «The Integrity of Philippians», *Bib* 60 (1979), 99.

[173] Cf. C. HOLSTEN, «Der Brief an die Philipper», *Jahrbuch für protestantische Theologie* 2 (1876), 58-165.282-372. L'espressione si trova a pag. 164.

[174] Colui che in realtà ha divulgato nel mondo accademico tedesco tale espressione è M. DIBELIUS, *An die Philipper*, 95, poi ripreso da E. LOHMEYER, *Die Briefe an die Philipper*, 178; J. GNILKA, *Filippesi*, 291; U. B. MÜLLER, *Philipper*, 200. In inglese è stata tradotta l'espressione di Holsten con l'equivalente *Thankless Thanks* da M. R. VINCENT, *Philippians*, 146, nel 1897 e da allora così è entrata nel mondo esegetico anglofono.

non sostenerlo economicamente (in parallelo a 1Cor 9,15-18)[175] oppure una sorta di disaccordo tra la comunità filippese che sosteneva Paolo e le sue frequenti affermazioni relative alla propria autosufficienza[176]. Un'altra possibilità è stata individuata nell'imbarazzo di Paolo di ricevere un dono che si presume essere di una certa entità[177], oppure il timore che l'aver provveduto a lui già più volte possa spingere i filippesi a sentirsi in qualche modo obbligati[178]. Più recentemente si è proposto un venir meno di un patto tra la comunità filippese e l'apostolo – il non avergli per un certo periodo inviato gli aiuti necessari – cosa che suscita la reazione di Paolo alla ripresa del flusso di fondi a lui necessari[179]. Non mi sembra essere necessaria una lettura 'in trasparenza' di questi versetti, ipotizzando scenari differenti da quelli che il testo stesso suggerisce nell'argomentazione dell'intera lettera. Anche così, però, rimane da spiegare l'assenza di un esplicito 'grazie' da parte di Paolo.

---

[175] Così C. O. BUCHANAN, «Epaphroditus' Sickness and the Letter to the Philippians», *EQ* 36 (1964), 161-163, che fa leva sulle affermazioni di 4,11-12.17-18.

[176] Così J. H. MICHAEL, «The First and Second Epistles to the Philippians», *ExpTim* 34 (1922-23), 106-109 e *Philippians*, 209-211, che fa leva sui vv. 4,15.18 nei quali « the presence of rebuke is unmistakable » (*Philippians*, 209).

[177] È questa la proposta di G. F. HAWTHORNE, *Philippians*, 194-195 e, più esplicitamente, di D. E. GARLAND, «Composition and Unity», 153: « The self-conscious style that characterizes 4:10-20 reveals Paul's discomfort about the gift, and this may also explain why the thank you comes at the end of the letter. Paul is undeniably sensitive about matters of money ». Cf. sulla stessa linea, O. GLOMBITZA, «Der Dank des Apostels. Zum Verständnis von Philipper iv 10-20», *NT* 7 (1964-65), 135-141.

[178] Cf. J. M. BASSLER, *God and Mammon: Asking for Money in the New Testament*, Nashville (Abingdon) 1991, 77.

[179] Cf. B. J. CAPPER, «Paul's Dispute», 209: « I suggest that the reason for the interruption of the flow of support from the Philippians to Paul, evident in the 'thankless thank' of 4.10, was Paul's imprisonment itself ». Lo stesso autore sottolinea anche in modo particolare 4,10, fondandosi sull'ipotesi del *contratto legale* fatta da J. P. SAMPLEY, *Pauline Partnership*.

4.1.2. L'ipotesi del *contratto* tra Paolo e la comunità di Filippi: una *societas* romana

Una caratteristica del nostro brano che ha fatto riflettere gli esegeti è la massiccia presenza di termini e di sintagmi caratteristici delle transazioni commerciali. Questo dato, notato anche da Giovanni Crisostomo[180], è risultato sempre più evidente a partire dalla fine del diciannovesimo secolo, grazie agli studi sui papiri non letterari scoperti in quegli anni. Adolf Deissmann, infatti collegò alcuni termini di 4,10-20 – in particolare ἀπέχω πάντα di 4,18 – alle espressioni ellenistiche papiracee che riguardavano situazioni commerciali[181]. Fu poi con il breve studio di H. A. Kennedy[182] che si evidenziarono con una certa precisione tutte le espressioni correlate al linguaggio contabile:

- εἰς λόγον δόσεως καὶ λήμψεως = *in un conto di dare e avere* (4,15)
- ἐπιζητεῖν = *termine tecnico per la richiesta di pagamento* (4,17a)
- τὸ δόμα = *il pagamento (per un lavoro – per un bene)* (4,17a)[183]
- τὸν καρπὸν τὸν πλεονάζοντα εἰς λόγον ὑμῶν = *l'interesse che si accumula a vostro vantaggio/sul vostro conto* (4,17b)
- ἀπέχω πάντα = *vi invio la quietanza per tutto ciò che ho ricevuto* (4,18)

La semplice presa di coscienza di queste espressioni relative alla 'tecnica bancaria' ha fatto suscitare – oltre a interpretazioni psicologiche di varia natura[184] – vere e proprie proposte organiche di lettura

---

[180] Giovanni Crisostomo, *Ad Phil* XV, 2-3.

[181] A. Deissmann, *Neue Bibelstudien*, Marburg (Elwert) 1897, 56 e Id., *Light from the Ancient East*, New York (George Doran) 1927, 122.331-332.

[182] H. A. Kennedy, «The Financial Colouring of Phil. 4,15-18», *ExpTim* 12 (1900-01), 43-44.

[183] Cf. anche i lessici di Liddell-Scott e di Moulton-Milligan che citano *P.Petri* 42 C 1.4 (del 255 a.C.) riguardo al pagamento di alcuni lavoranti delle cave.

[184] Cf. per esempio G. F. Hawthorne, *Philippians*, 206: « Paul views the gift to him as a spiritual *investment* entered as a *credit* to the *account* of the Philippians, an investment which will *increasingly* pay them rich *dividends* », opp. F. W. Beare, *Philippians*, 155, che, citando C. H. Dodd, *New Testament Studies*, Manchester (University Press) 1953, 72, afferma: « Paul covers up his embarassment by piling up technical terms of trade, as if to give tha transaction a severely "business" aspect ».

dell'intera lettera. Si è voluto interpretare tutta la vicenda relativa a Paolo e alla comunità di Filippi alla luce di un *contratto* che avrebbe legato i due contraenti secondo un accordo di questo genere: Paolo avrebbe evangelizzato i territori "europei" a nome della comunità macedone e questa avrebbe contribuito economicamente alla missione[185]. Le alterne vicende di questo contratto avrebbero fatto nascere la/le lettere di Paolo alla comunità: è in questo contesto ermeneutico che si arriva anche a interpretare il vocabolario della κοινωνία e del τὸ αὐτὸ φρονεῖν alla luce del contratto che costituisce una *societas* romana[186].

È evidente che occorra rendere ragione della presenza di un esplicito vocabolario commerciale nel nostro brano, eppure mi sembra che l'ipotesi interpretativa sopra accennata spinga eccessivamente il quadro della ricerca 'storica' su versanti di difficile verificabilità. Quella che mi sembra essere in discussione è la plausibilità di una tale forma di accordo tra Paolo e le sue comunità. Persino coloro che la propongono non riescono a trovare una sola testimonianza nei testi ellenistici di un simile accordo. Il problema non è se Paolo possa aver stretto un simile accordo con la comunità, quanto se un simile accordo fosse in assoluto stato possibile nell'epoca paolina. Un'altra difficoltà mi pare poi essere l'estrema fragilità dei dati testuali che abbiamo nella lettera per poter ricostruire una 'storia' della relazione tra Paolo e i Filippesi, ma questo è vero per ogni tentativo di una simile ricostruzione[187].

---

[185] J. P. SAMPLEY, *Pauline Partnership*, ipotizza la creazione di una vera e propria *societas* con carattere legale secondo il diritto romano, così anche J. FLEURY, «Une société de fait dans l'Église Apostolique. Phil. 4:10 à 22», in *Mélanges Philippe Meylan II: Histoire du Droit*, Lausanne (Imprimerie Centrale) 1963, 41-59, il quale propone di leggere Fil alla luce anche di At 16,20-40 e propone di identificare Lidia e gli eventuali suoi soci come *sponsor* della missione paolina. B. J. CAPPER, «Paul's Dispute», si muove sulla stessa linea. Egli, pur negando la possibilità di una qualche forma 'esterna' di validità legale, considera tuttavia l'ipotesi che il contratto avesse tutto il suo valore nella relazione Paolo-comunità: «Paul saw the contract as significant *intra muros* of his own relations with the Philippians and the circle of churches which acknowledged his apostleship and which wished to maintain good standing with him [...] It represents nascent canon law, grounded in the binding authority of Paul's apostleship» (194.196).

[186] *Ivi*, 202. 203-204.

[187] Per ulteriori osservazioni su queste ipotesi, si vedano le recensioni al lavoro di Sampley, in particolar modo, D. M. SWEETLAND, *CBQ* 44 (1982), 689-690 e A. C. WIRE,

4.1.3. Le convenzioni della relazione di amicizia

Molti critici hanno individuato in 4,10-20 - o nell'intero capitolo 4 - la presenza di sintagmi caratteristici o di convenzioni tipiche della relazione (epistolare) di amicizia. Questa coinvolgeva anche il tema della condivisione dei beni nel donare-ricevere che qualifica significativamente la relazione amicale autentica. Vari autori hanno puntato l'attenzione su questo sfondo interpretativo del nostro brano. Così ad esempio fanno i commentari di Wolfgang Schenk, di Rudolph Pesch, di Peter T. O'Brien, di Gordon D. Fee solo per citare i più importanti, che individuano nel nostro brano tutta una serie di *topoi* caratteristici della amicizia greco-latina, basata fortemente sulla *mutualità* e sulla *reciprocità*[188]. L'osservazione e lo studio della mutualità e della reciprocità dell'amicizia tra Paolo e la comunità di Filippi, centrali nel nostro brano, ha costituito addirittura per qualcuno la base per una lettura dell'intera lettera[189]. Un altro gruppo di esegeti si è poi interrogato riguardo alla tipologia di amicizia intercorrente tra Paolo e la comunità e sono state individuate, tra i modelli ellenistici possibili, due

---

JBL 101 (1982) 468-469. Cf. anche le critiche rivolte a Sampley da V. KOPERSKI, «Feminist Concerns and the Authorial Readers in Philippians», *LS* 17 (1992), 286-289.

[188] Cf. in particolare: W. SCHENK, *Der Philipperbrief*, 62-65 con vari punti di contatto tra il nostro testo ed il mondo ellenistico filosofico e letterario nella relazione tra φιλία e κοινωνία; R. PESCH, *Drei Briefe*, 63-64 che, nell'ipotesi delle tre lettere, individua 4,10-20 come *Freundschaftsbrief*, o *lettera filofroneica*; P. T. O'BRIEN, *Philippians*, 514-515.534-535; G. D. FEE, *Philippians*, 423-424: « Although dealing primarily with "his affairs", in reality this section links his [of Paul] and their [of the Philippians] affairs together **at the most significant point of friendship, that of mutual giving and receiving** [...] ... within the framework of Greco-Roman 'friendship' based on **mutuality and reciprocity**, evidenced by "giving and receiving"». Altri studi che giungono alle stesse conclusioni sono quelli di K. L. BERRY, «The Function of Friendship Language in Philippians 4:10-20», in J. T. FITZGERALD (ed.), *Friendship, Flattery and Frankness of Speech: Studies on Friendship in the New Testament World*, Leiden (Brill) 1996, 107-129; J. T. FITZGERALD, «Friendship», 148-156; J. T. REED, «Using Ancient Rhetorical Categories», 321-322; J. REUMANN, «Philippians and Culture of Friendship», *TrinSemR* 19 (1997), 69-83; J. SCHOON-JANSSEN, *Umstrittene "Apologien"*, 136-138; M. L. WHITE, «Morality between Two Worlds», 213-214.

[189] È il caso di G. W. PETERMAN, *Paul's Gift from Philippi: Conventions of Gift-exchange and Christian Giving*, Cambridge (Cambridge University Press) 1997.

possibilità: l'amicizia all'interno della relazione *maestro-discepolo*[190] e all'interno della relazione *patrono-cliente*[191]. Questo a motivo della disparità tra Paolo, come fondatore e evangelizzatore della comunità e la comunità stessa, dovendo quindi la relazione configurarsi più alla stregua di un rapporto *padre-figlio* che di un rapporto di *fraternità*[192].

Questo genere di approccio ha aiutato questi autori a dare risposta anche ai problemi sopra citati. In relazione all'assenza di un esplicito 'grazie', si è notato come all'interno delle convenzioni letterarie e epistolari della mutualità amicale, quasi sempre il ringraziamento non è rivolto da una parte all'altra, ma si preferisce utilizzare altre modalità convenzionali[193]. L'altro aspetto che un simile approccio

---

[190] Cf. M. EBNER, *Leidenslisten und Apostelbrief: Untersuchungen zu Form, Motivik und Function der Peristasenkataloge bei Paulus*, Würzburg (Echter) 1991, 331-364. Dello stesso parere A. C. MITCHELL, «"Greet The Friends by Name": New Testament Evidence for the Greco-Roman *Topos* on Friendship», in J. T. FITZGERALD (ed.), *Greco-Roman Perspectives on Friendship*, Atlanta (Scholars Press) 1997, 225-262.

[191] Cf. L. BORMANN, *Philippi*; R. P. SALLER, *Personal Patronage under the Early Empire*, Cambridge (Cambridge University Press) 1982, 1-39; M. L. WHITE, «Morality between Two Worlds», 211. Pur affermando il sostanziale richiamo ad una terminologia di amicizia in Fil, anche C. B. KITTREDGE, *Community and authority. The rhetoric of obedience in the Pauline tradition*, Harrisburg (Trinity Press International) 1998, sottolinea la disparità della relazione Paolo-comunità nell'evidenziazione del linguaggio dell'obbedienza partendo da Fil 2,8.12.

[192] In opposizione a questa lettura, B. WITHERINGTON III, *Friendship and Finances in Philippi*, propone di vedere in Fil una relazione paritaria di *familiarità*, nel rovesciamento delle convenzioni sociali di *maestro-discepolo* o *patrono-cliente*, spiegando così l'assenza di un vero e proprio ringraziamento e dell'insistenza sull'autosufficienza di Paolo. Un po' in questa linea anche la sottolineatura di L. C. ALEXANDER, «Hellenistic Letter-Forms», che definisce Fil una *family letter*.

[193] Si vedano gli studi di G. W. PETERMAN, *Paul's Gift from Philippi* e dello stesso autore: «"Thankless Thanks"», 268-270: « In the light of the above discussion of the convention of thankless thanks a verbal expression of gratitude from Paul should not be expected [...] Likewise, it should not be expected that Paul would owe a material return to the Philippians. Paul has not become socially obligated by accepting their gifts. Rather, because he has accepted their gifts, they have been elevated to the unique place of partnership in the gospel; for no other congregation had attempted to share in giving and receiving as the Philippians had. Furthermore, a pledge on Paul's part to repay the Philippians should also not be expected. He does, however, promise them a reward. [...] Their gift is an investment that reaps spiritual dividends ».

aiuta a comprendere è la presenza del cosiddetto 'linguaggio commerciale' nel nostro brano. Tale linguaggio, messo a confronto con gli autori greci e romani (in particolare Plutarco, Epitteto, Cicerone e Seneca) mostra come l'area semantica delle relazioni commerciali ben si adeguava a descrivere le mutue relazioni di *reciprocità* ed era così ampiamente utilizzata nelle espressioni di amicizia[194].

4.1.4. Le letture retoriche

Le analisi della lettera che hanno fatto individuare in Fil una conformità alle *dispositiones* della retorica greco-romana, così come si è venuta esprimendo nei manuali classici, hanno interpretato il nostro brano coerentemente con un tale approccio. Così, 4,10-20 viene descritto in modo pressoché unanime da coloro che hanno proposto un tale approccio ermeneutico come *peroratio* della lettera (o come parte di essa, considerando tale 4,1-20). Tuttavia differenti sono le comprensioni relative alla sua funzione argomentativa.

Per coloro che individuano come genere quello *deliberativo*[195], si è sottolineata la sua funzione di muovere l'animo dei destinatari in vista di un maggiore legame con Paolo, per una migliore e più convinta sua *imitazione*. Altri sottolineano il legame organico di 4,10-20 con tutto

---

[194] Si veda in particolare lo studio di P. MARSHALL, *Enmity in Corinth*, 157-164. Cf. anche G. W. PETERMAN, *Paul's Gift from Philippi*, 3-15.88.

[195] È la proposta di D. F. WATSON, «A Rhetorical Analysis», 77-79, che vede in 4,1-20 la *peroratio*, composta dalla *repetitio* di 4,1-9 (della *propositio* di 1,27-30) e dall'*adfectus* di 4,10-20. Tale *adfectus* vuole muovere la *deliberazione* dei destinatari, attraverso i meccanismi del *pathos* tipici della *conquestio*. « Having exhorted the Philippians regarding what he considers to be advantageous for making their spiritual lives "worthy of the gospel", Paul now seeks to elicit pathos to increase their adherence in belief and practice to the matters of the exhortation [...] He uses thanksgiving for the Philippians' love and concern as a tool for arousing further positive pathos for himself and his cause [...] Such affirmations provide further basis for imitation when the Philippians themselves encounter difficult times ». Dello stesso avviso anche A. H. SNYMAN, «Persuasion in Philippians 4.1-20», in S. E. PORTER - T. H. OLBRICHT (edd.), *Rhetoric and the New Testament: Essays from the 1992 Heidelberg Conference*, Sheffield (Sheffield Academic Press) 1993, 325-337, anche se critica la rigidità dei canoni retorici utilizzati da Watson per leggere Fil. Egli preferisce mostrare come 4,1-20 sia un'unica unità argomentativa (*persuasion*) che riassume tutti gli elementi della *peroratio*, a livello di *ethos*, di *logos* e di *pathos*, senza ulteriori sotto-divisioni.

l'andamento *esortativo* della lettera, considerando anche questo brano in tale orizzonte, divenendo un'implicita esortazione a restare fedeli alla propria identità, contando sulla fedeltà di Dio che provvede e provvederà ad ogni necessità della comunità[196]. Una terza possibilità è stata identificata nel carattere riassuntivo di 4,10-20, senza particolari compiti argomentativi se non quello di riaffermare le maggiori tematiche della lettera, sottolineando la propria autorevolezza per la comunità in ordine all'indicazione di ciò che è *meglio*[197].

Certamente il ruolo conclusivo di 4,10-20 è un elemento rilevante per la sua interpretazione, nel tentativo di una lettura sincronica e organica della lettera. Come tale il nostro brano risolve senz'altro le caratteristiche di ogni *chiusura*, come lo è la cosiddetta *peroratio*. Mi sembra tuttavia che l'approccio di coloro che propongono letture retoriche fortemente condizionate dalla manualistica classica, tenda a minimizzare i contenuti e le formulazioni caratteristiche di Fil 4,10-20, che devono invece essere analizzate con una maggiore attenzione alla luce di tutta l'argomentazione della lettera.

4.2. Una lettura argomentativa di 4,10-20

Dopo 4,1-9, caratterizzato come abbiamo visto dall'intervento paolino in tono esortativo relativamente alle τὰ περὶ ὑμῶν della comunità, nel brano che segue Paolo propone l'ultima pericope della lettera. Senza assumere come abbiamo visto sopra la forma stereotipa della *pe-*

---

[196] T. C. GEOFFRION, *The Rhetorical Purpose*, 209-218.

[197] L. G. BLOOMQUIST, *The Function of Suffering*, 136-137, che vede Fil composta secondo il genere *deliberativo* con una tendenza però al *genere retorico misto* (per una descrizione del quale, rimando a A. PITTA, *Disposizione e Messaggio*, 52-53). Per essere più precisi l'autore identifica tale funzione solo per 4,8-20, avendo visto 3,17-4,7 come un'unità: « Following the introductory formulas of 4.8-9, Paul in 4.10-20 summarizes the concerns of his address [...] Various themes scattered throughout the letter are brought together [...] Paul follows closely the *loci* prescribed by Cicero for an effective concluding *conquestio* by further endearing himself to the Philippians ». Sulla stessa lunghezza d'onda anche D. A. BLACK, «The Discourse Structure», 42: « ... it is more likely that Paul is attempting to summarize various themes of the letter, not the least of which is the Philippians' gift to Paul (cf. 1:3-11) ».

roratio dei manuali retorici, la funzione argomentativa di 4,10-20 risponde esattamente alle due funzioni principali delle conclusioni dei *discorsi* retorici: la *ricapitolazione* dei temi trattati e la *mozione degli affetti* atta qui a preparare la "separazione" epistolare tra mittente e destinatari[198]. Il brano è composto di due unità, 4,10-14 e 4,15-19 caratterizzate da un medesimo andamento, seguite da una breve ma solenne dossologia conclusiva. L'andamento delle due parti principali rispecchia uno schema simile:

4,10	4,15-16	il riferimento al dono ricevuto da Paolo / fatto dai Filippesi - informazione all'indicativo: ἐχάρην v. 10a / οἴδατε v. 15a - ὅτι v.10b / ὅτι v. 15b e ὅτι καί v. 16[199]
4,11-13	4,17-18	il riferimento alla 'gratuità' del dono - negazione del bisogno e della necessità: οὐχ ὅτι v. 11 / οὐχ ὅτι v. 17 - *tutto* è già in possesso di Paolo: πάντα v. 13 / πάντα v. 18
4,14	4,19	la comunione nei 'bisogni' - attenzione dei Filippesi nei bisogni di Paolo: v. 14 - attenzione di Dio nei bisogni dei Filippesi: v. 19

4.2.1. La prima parte: 4,10-14

Il dono ricevuto in carcere viene riletto da Paolo come un segno della ripresa di un φρονεῖν dei Filippesi nei suoi confronti che lo fa *gioire grandemente nel Signore*[200]. La relazione *trilaterale* di 1,3-11 viene

---

[198] Sul carattere della *peroratio* o *epilogo*, nei principali manuali, cf. ARISTOTELE, *Ret.* 3.19.1419b-1420a; CICERONE, *Part. Or.* 15.52-59; *De Inv.* 1.51.98-56.109; QUINTILIANO, *Inst. Or.* 6.1.1. Sulle *conclusioni*, si vedano B. MORTARA GARAVELLI, *Retorica*, 104-105 e H. LAUSBERG, *Retorica*, § 43,3. Anche qui può risultare utile, per altri riferimenti alla manualistica classica, A. PITTA, *Disposizione e Messaggio*, 61.

[199] Anche se non è equivalente il valore di questi ὅτι, è indubbio il richiamo fonetico delle espressioni.

[200] Tutto il dibattito relativo alle possibili spiegazioni di un cessare degli aiuti economici poi ripresi, come sembrano suggerire le espressioni del v. 10b, mi pare eccessivamente enfatizzato per la comprensione del brano che segue. Pur senza

immediatamente riproposta attorno alla materialità di un dono. Eppure Paolo propone una lunga osservazione relativa alla propria αὐτάρκεια in ogni situazione[201], che si deve ricondurre alla sua relazione

---

minimizzare lo sviluppo della ricerca che abbiamo sopra riportato, mi pare non necessaria qui una presa di posizione nel dibattito stesso. L'accenno di Paolo va nell'accentuazione del φρονεῖν della comunità nei suoi confronti che egli sa non essere mai venuto meno, seppur talvolta fossero mancate le condizioni per manifestarlo. Così, tra gli altri, G. D. FEE, *Philippians*, 429: « ἤδη ποτέ does not mean "finally, at last", as though he had been expecting something in the meantime – which the qualifier that follows denies – but points rather to the conclusion of the hiatus». Concordo poi con J. A. FITZMYER, «The Consecutive Meaning of ἐφ' ᾧ in Romans 5.12», *NTS* 39 (1993), 331, quando afferma: « I suspect that the real sense of the text is the following: 'you have revived your concern for me, for whom you were once indeed concerned, but lacked the opportunity'; or possibly 'with regard to which' (i.e. τὸ ὑπέρ ἐμοῦ φρονεῖν) you were once concerned. In any case, the causal sense of ἐφ' ᾧ does not impose itself ».

[201] Le affermazioni di Fil 4,11 hanno suscitato un acceso dibattito relativo alle relazioni di Paolo con la cosiddetta *filosofia popolare ellenistica*, dall'ormai classico studio di J. N. SEVENSTER, *Paul and Seneca*, Leiden (Brill) 1961, fino al recente T. ENGBERG-PEDERSEN, *Paul and the Stoics*. Per un approfondito resoconto dello *status quaestionis* si può senz'altro leggere con frutto l'articolo di A. J. MALHERBE, «Paul's Self-Sufficiency (Philippians 4:11)», in J. T. FITZGERALD (ed.), *Friendship, Flattery and Frankness of Speech: Studies on Friendship in the New Testament World*, Leiden (Brill) 1996, 125-139. Si veda anche R. FABRIS, *Filippesi* (2000), 259 n. 46 per ulteriori riferimenti letterari. Condivido tuttavia la possibilità che si abbia anche una lettura 'non culturalmente orientata' nell'interpretazione di αὐτάρχης εἶναι come *sapersi accontentare*, più che *essere auto-sufficiente* (con le sue implicazioni cinico-stoiche). In questa direzione vanno sia le ricorrenze sapienziali anticotestamentarie di Pr 30,8; Sir 11,12-14; 24-25, sia le varie ricorrenze del termine in Giuseppe Flavio e in Filone. Interessante la citazione fornita da G. D. FEE, *Philippians*, 432 n.37 di Polibio nel lodare l'atteggiamento di Licurgo che *non fece dello spirito della città di Sparta come chi si accontenta* (ὡς αὐταρκες). Tra le altre proposte, interessante mi pare essere pure quella di J. J. JAQUETTE, «Paul, Epictetus and Others on Indifference to Status», *CBQ* 56 (1994), 68-80, che propone di vedere tutta una serie di brani dell'epistolario paolino, a partire dallo studio di Gal 2,6, sullo sfondo della teoria di τὰ ἀδιάφορα di Epitteto, mostrando come Paolo *utilizzi* il *topos* dell'indifferenza per relativizzare valori etici greco-romani e spostare l'attenzione dei suoi cristiani su ciò che davvero conta. Sarebbe quindi un ulteriore esempio di come Paolo non sia uniforme al mondo filosofico a lui contemporaneo, ma sia capace *dall'interno* di esso di utilizzarlo e di piegarlo al suo messaggio. Lo stesso autore ribadisce questo punto nel suo successivo importante studio sul *"adiaphora topos"*: *Discerning what counts. The Function of the* Adiaphora Topos *in Paul's Letters*, Atlanta (Scholars Press) 1995, 100-108. In qualche modo si confermerebbe il richiamo alla centralità di Fil 1,9-10 nell'invito a saper *discernere ciò che più conta*.

fondamentale con Colui che lo rende "capace" di ogni cosa[202]. L'affermazione finale del v. 14 riporta tuttavia il dono nell'alveo della comunione relazionale che deve dare il tono ad ogni 'regalarsi' qualcosa[203].

Ho volutamente lasciato in nota tutto il dibattito relativo alle singole espressioni perché mi pare più importante verificare la portata di questi versetti in relazione all'argomento della lettera. Sappiamo tutti come l'occasione di fare un dono di una certa consistenza comporti sempre una certa dose di ambiguità nelle relazioni umane. Paolo lo aveva notato anche in 1Cor 13,3: ἐὰν παραδῶ τὸ σῶμά μου ἵνα καυχήσωμαι, ἀγάπην δὲ μὴ ἔχω, οὐδὲν ὠφελοῦμαι. Conosciamo il problema testuale relativo alle diverse possibilità di lettura tra καυχήσωμαι e καυθήσωμαι/καυθήσομαι[204], tuttavia ciò che mi pare interessante, in relazione a Fil 4,10-20, è che il *dare* possa essere fatto senza *amare*. Que-

---

[202] Cf. O. GLOMBITZA, «Der Dank des Apostels», 137 evidenzia bene il legame tra Dio e Gesù Cristo nell'espressione paolina di 4,13. Interessante l'espressione di G. F. HAWTHORNE, *Philippians*, 201: « Thus is established the grand paradox. The secret of Paul's indipendence was his dependence upon Another. His self-sufficiency in reality came from being in vital union with One who is all-sufficient. Who is this other, this all-sufficient One? Paul does not say. He simply identifies him by means of a present active participle used as a noun. The verb, ἐνδυναμοῦν, however is used elsewhere to denote the powerful activity of the Lord Jesus Christ (cf. Eph 6:10; 1Tim 1:12; 2Tim 2:1; 4:17). Thus those later scribes who added Χριστῷ to the text properly understood Paul's intent ». Non credo sia particolarmente significativa la presenza o meno in 4,12-13 di una tonalità espressiva *poetica* o *ritmico-strofica* proposta p. es. J. GNILKA, *Filippesi*, 294-295 piuttosto che di una *prosa in stile* proposta da W. SCHENK, *Der Philipperbrief*, 39. Certamente l'andamento solenne dei versetti impone l'attenzione del lettore-uditore che si sente proiettato così con forza all'espressione di 4,13.

[203] Molti notano come questo versetto sia l'espressione più vicina a un 'grazie' dell'intero brano (cf. M. BOCKMUEHL, *Philippians*, 262; F. F. BRUCE, *Philippians*, Peabody (Hendrickson) 1989, 154; G. F. HAWTHORNE, *Philippians*, 202). Va notato come tale ringraziamento viene proposto non nella prospettiva di una relazione io-voi chiusa su se stessa, ma nel grande orizzonte della *comunione* nelle *sofferenze* che rimanda chiaramente all'*annuncio del vangelo* di 1,5.7. Cf. E. FRANCO, *Comunione e Partecipazione*, 213-214.

[204] Riguardo alle diverse possibilità testuali e i loro rispettivi significati per la comprensione di 1 Cor 13,3, cf. l'esauriente nota di B. M. METZGER, *A Textual Commentary on the Greek New Testament*, Stuttgart (Deutsche Bibelgesellschaft) 1994², 497-498.

sto è possibile anche per il dono inviato a Paolo in prigione. È perciò necessario nella relazione tra Paolo e la comunità che ad essere al centro sia l'amore e non il dono. Il bruto fatto di fare un dono o di accettarlo è sempre aperto alla possibilità dell'"assenza di amore", così come la sperimentiamo nell'esperienza umana quotidiana. Questo dato un po' psicologizzante assume poi tutto il suo valore sullo sfondo della convenzione *amicale* ellenistica, della quale è parte integrante la *reciprocità*, che molto si allontana dalla gratuità dell'amore di cui Paolo fa qui il cuore dell'argomento:

> It is almost impossible for us to imagine the importance of the role played by giving and giving back in the social relations in antiquity and in paesant societies to the present day. The constant need for lending money and tools not only creates the precarious relationship between creditor and debtor, but also forges social links and builds friendships. The function of the gift is above all to create or to reinforce ties of obligation and the counter-gift is the recipient's ackowledgment of the obligation incured. [205]

Se quindi come ulteriore sfondo di questo approccio al dono e al "ringraziamento" per il dono di Paolo supponiamo anche il contesto convenzionale dell'amicizia non è difficile darvi motivazione. Questa prospettiva permette quindi di comprendere alcune delle problematiche viste sopra, quale l'assenza del "grazie" che viene rimandato alla gioia e alla relazione con Dio: ἐν κυρίῳ (v. 10); ἐν τῷ ἐνδυναμοῦντι με (v.13). Anche il linguaggio che richiama nei vv. 11-12 tutta una dottrina cinico-stoica non ha come riferimento una filosofia di vita di Paolo, quanto l'atteggiamento già proposto in 3,7-11, ovvero l'assoluta centralità cristologico-teologica del suo vivere.

È sottintesa una nota esortativa? Direi di sì[206], almeno nella prospettiva di quell'amore che deve crescere sempre più nei vari discer-

---

[205] M. REISER, «Love of Enemies in the Context of Antiquity», NTS 47 (2000), 414. Cf. su questo argomento anche P. MILLET, *Lending and Borrowing in Ancient Athens*, Cambridge (Cambridge University Press) 1991.

[206] Così anche J. L. JAQUETTE, *Discerning what counts*, 107-108, anche se limita questa funzione esortativa alla tematica dell'*indifferenza*: « Paul is not merely conveying

nimenti etici, così come era stato preannunciato in 1,9. Eppure, con tutto ciò, l'ottica comunionale dell'amore deve essere la vera chiave di lettura del *fare bene* (4,14), ed è con questa nota che si conclude questa prima parte del brano.

4.2.2. La seconda parte: 4,15-19

Rievocando il percorso storico che ha legato e lega tuttora Paolo a *i Filippesi*, egli utilizza in questi versetti un frasario e tutta una serie di convenzioni del linguaggio tecnico-commerciale che, come abbiamo visto, era anche utilizzato per descrivere la mutua 'reciprocità' dell'amicizia. Questo 'ambiente' linguistico, permette a Paolo da un lato di entrare nella convenzione amicale della reciprocità, mentre gli consente, dall'altra, di spostare su un altro piano tale convenzione. I termini infatti della convenzione sono continuamente sbilanciati da Paolo.

Proverei a schematizzare le affermazioni di 4,15-19 in questo modo:

- la relazione di partecipazione della *chiesa* ai bisogni dell'attività apostolica di Paolo[207] è una relazione particolare, unica tra le chiese paoline, e ciò ha fatto aprire un *conto di dare e di avere* tra le due parti;

---

personal information. He is instructing by personal example. He creates the parameters within which contentment may be experienced by the members of his churches [...] Paul's positive and generous praise, far from being a "thankless thanks" or an expression of indifference to the love displayed by the Philippians, is rather an occasion to teach them about what does not matter, what does, and how the proper orientation towards these things will lead to his specific notion of αὐτάρκεια ».

[207] Si discute molto sul valore dell'espressione di 4,15: ἐν ἀρχῇ τοῦ εὐαγγελίου, ὅτε ἐξῆλθον ἀπὸ Μακεδονίας. Se cioè bisogna intendere questo *inizio* come relativo al percorso di evangelizzazione paolino, che comincerebbe per alcuni proprio dal passaggio di Paolo dalla Macedonia (cf. per esempio M. BOCKMUEHL, *Philippians*, 263: « v. 15 shows Paul remembering his early Macedonian mission as the 'beginning of the gospel' — that is, perhaps, of his gospel specifically 'for the Gentiles', as agreed in Jerusalem shortly before »), oppure come relativo all'*inizio* della fede della comunità macedone di Filippi (così M. R. VINCENT, *Philippians*, 147: « It is equivalent to 'when the gospel was first proclaimed among you' »), o, ancora, come relativo all'*inizio* della partecipazione dei Filippesi all'annuncio (così per esempio P. T. O'BRIEN, *Philippians*, 532: « It is better, therefore, to regard the expression from the standpoint of the Philippians that is, from the time of their active participation in it. This view fits neatly

- tuttavia questo avviene senza *ricerca* da parte di Paolo, il dono è stato cioè fatto gratuitamente e liberamente da parte dei mittenti e questo lo apre alla dimensione teologica, definita addirittura con il linguaggio sacro dell'offerta: l'offerta fatta a Paolo è in realtà un'offerta fatta a Dio[208];

- l'unica cosa che Paolo cerca non è la risoluzione del proprio bisogno, ma la moltiplicazione dei benefici per la comunità e la precedente dimensione teologica si esplicita maggiormente: non sarà Paolo a dare il contraccambio della reciprocità, ma è Dio stesso che contraccambia loro il dono fatto a lui[209].

Il linguaggio della mutualità commerciale/amicale viene così utilizzato da Paolo e 'piegato' alle sue due esigenze: quella di una rela-

---

with the reference in 1:3-5, where God is thanked for the Philippians' *partnership in the gospel* 'from the first day until now'. Both passages have a number of linguistic parallels, and both refer to the Philippians' financial support of Paul »). Credo che quest'ultima soluzione sia quella naturale per la lettura che stiamo proponendo. Questa riuscirebbe allora a gettare una luce anche su questo punto.

[208] L'utilizzo qui e in 2,17 di un linguaggio cultuale ha fatto pensare ad un trasferimento del ruolo sacerdotale dal mondo cultuale del Tempio alla comunità cristiana. In questo senso M. NEWTON, *The Concept of Purity at Qumran and in the Letters of Paul*, Cambridge (Cambridge University Press) 1985, 62-68, ipotizza che Paolo si considerasse ormai un "sacerdote" del culto cristiano con la conseguenza che un'offerta a lui fatta corrispondesse all'offerta cultuale fatta a Dio. È già stata data una buona risposta a questa ipotesi, abbastanza fantasiosa nel suo utilizzo di terminologie e sintagmi dall'AT a Paolo passando dai testi qumranici, da parte di G. W. PETERMAN, *Paul's Gift from Philippi*, 153-155; tuttavia credo che la lettura qui proposta della lettera possa aiutare a comprendere il valore del linguaggio sacrificale e cultuale sia di 2,17 che di 4,18. Nell'orizzonte cioè di scelte che hanno come criterio di riferimento il *dono (di sé) per amore*, non è difficile vedere come in questo discernimento avvenga veramente quello che in Rom 12,1 era stato descritto come un παραστῆσαι τὰ σώματα ὑμῶν θυσίαν ζῶσαν ἁγίαν εὐάρεστον τῷ θεῷ, τὴν λογικὴν λατρείαν ὑμῶν.

[209] Interessante è il passaggio da εἰς τὴν χρείαν μοι ἐπέμψατε di 4,16 a ὁ θεός μου πληρώσει πᾶσαν χρείαν ὑμῶν di 4,19. La reciprocità dell'amicizia non è cioè una questione "sociologicamente" bilaterale, ma è ormai inserita radicalmente in quella prospettiva *triangolare* nella quale ogni riferimento etico del cristiano non può più disgiungere l'*amore di Dio* e l'*amore del prossimo*.

zione interpersonale che sia sempre caratterizzata dalla *trilateralità* delle relazioni (Paolo – Comunità – Dio *in Cristo Gesù*) e quella di un discernimento etico che sia sempre caratterizzato da quell'amore che cerca l'interesse dell'altro e non il proprio, secondo il φρονεῖν di Cristo Gesù (cf. 2,3-4). Se si rilegge ora l'affermazione di 1,9-11, che abbiamo individuato come la *propositio* della lettera, si coglie davvero come in questo finale della lettera il percorso giunga qui ad un suo punto conclusivo. Il *frutto*, l'*abbondanza*, la *gloria*, la *mediazione di Gesù Cristo* nella relazione con *Dio*, tutti elementi che si richiamano sia verbalmente che contestualmente aprono in 1,9-11 a ciò che segue e portano a conclusione in 4,17-19(20) ciò che precede:

> Paul's positive declaration, perhaps composed in relation to the introductory thanksgiving and its intercessory prayer report, is a finale to the dominant message of the whole letter. [210]

4.2.3. La dossologia conclusiva: 4,20

Se si coglie così l'andamento di 4,10-20, la relazione *trilaterale* propone necessariamente un riferimento a Dio, sia da parte di Paolo che da parte della comunità che fa scattare questo versetto conclusivo. Particolarmente significativo è infatti il riferimento, per la prima volta dopo l'inizio della lettera in 1,2, a Dio Padre *nostro*. Il pronome di prima persona plurale è infatti relativamente raro nella nostra lettera (1,2; 3,3.17.21; 4,20) e i due utilizzi teologici all'inizio e al termine della lettera suggeriscono come 4,20 possa essere visto anche a chiusura di tutta l'argomentazione e ad introduzione dossologica del *postscriptum epistolare*.

4.3. La corrispondenza tra 1,3-11 e 4,10-20: l'indizio di una struttura chiastica dell'intera lettera?

Abbiamo già visto vari elementi che fanno corrispondere le due sezioni analizzando le varie parti di 4,10-20. La lista completa delle

---

[210] P. T. O'BRIEN, *Philippians*, 544. Cf. anche G. P. WILES, *Paul's Intercessory Prayers*, 104-106.

corrispondenze verbali e tematiche viene riportata dalla maggioranza dei commentatori e non sembra necessaria la sua riproposizione[211]. Così non v'è chi non veda oggi tale corrispondenza e proponga la sua dettagliata descrizione. Data l'importanza nel dibattito esegetico di tale corrispondenza, mi pare di aiuto il proporre qui le varie ipotesi di lettura che maggiormente enfatizzano quello che viene visto come un vero e proprio *parallelismo strutturale*.

Partirei dall'affermazione di Markus Bockmuehl:

> the note of gratitude to God (4.10) and of benediction for the Philippians (4.19-20) provides a fitting *inclusio* to bracket this section together with the opening paragraph (1.3-11) which introduced the letter's major themes. [212]

Una tale affermazione, che cerca di descrivere i fenomeni corrispondenti in 1,3-11 e in 4,10-20, può assumere un "plus-valore" di significato se si vede nell'*inclusione* un elemento capace di produrre senso per la comprensione dell'intero messaggio della lettera, che viene allora identificato nella tematica fondamentale richiamata da queste due sezioni del testo, in specifico, nella κοινωνία ... εἰς τὸ εὐαγγέλιον. È stata questa la proposta di vari critici che hanno talvolta spinto la lettura delle corrispondenze fino ad una lettura chiastica dell'intero tessuto della lettera[213]. Trattandosi di proposte che vanno a toccare le stesse corrispondenze che il nostro lavoro sta identificando, mi sembra utile proporre le più recenti.

---

[211] Si veda M. BOCKMUEHL, *Philippians*, 60.255-258; P. T. O'BRIEN, *Philippians*, 18.543-544; R. FABRIS, *Filippesi* (1983), 15; G. W. PETERMAN, *Paul's Gift from Philippi*, 91-92; P. ROLLAND, «La structure littéraire», 213-214; R. SWIFT, «The Theme and Structure of Philippians», *BSac* 141 (1984), 249-50; G. P. WILES, *Paul's Intercessory Prayers*, 104-105.

[212] M. BOCKMUEHL, *Philippians*, 258

[213] W. J. DALTON, «The Integrity», 101: « We have four common elements at the beginning and the end of the letter: 1,5 ↔ 4,15 κοινωνία / 1,7 ↔ 4,14 συγκοινων. / 1,5 ↔ 4,15 longstanding partnership / 1,7 ↔ 4,10 φρονεῖν ὑπερ [...] It does seem fitting that the central idea should be that of partnership, since in fact the theme dominates the whole text ». Occorre notare la presenza anche di proposte di lettura chiastica della lettera che invece non tengono in alcun conto le eventuali corrispondenze tra 4,10-20 e 1,3-11. Tra queste la più famosa è senz'altro quella di P. WICK, *Der Philipperbrief*.

4.3.1. La *struttura letteraria* di Philippe Rolland[214]

Partendo proprio dalla corrispondenza tra 1,3-11 e 4,10-20, il breve articolo di P. Rolland si sofferma solo sui termini ricorrenti che si richiamano tra le varie parti della lettera che identifica in un insieme concentrico così descritto[215]:

> PREAMBULE (1,1-11)
> - Adresse (1,1-2)
> - Action de grâce et prière (1,3-11)
>
> 1 – PREMIERE SERIE D'AVIS (1,12 – 2,18)
> (A) Paul entre la mort et la vie, face aux intrigues de ses adversaires (1,12-26)
> (B) Exhortation: Le combat chrétien des Philippiens (1,27-2,18)
>
> INTERMEDE (2,19-30)
>
> 2 – REPRISE DES MEMES AVIS (3,1 – 4,9)
> (A') Paul saisi par le Christ, face aux prétentions de ses adversaires (3,1-16)
> (B') Exhortation: La sanctification des Philippiens (3,17-4,9)
>
> EPILOGUE (4,10-23)
> - Remerciement pour les secours envoyés (4,10-20)
> - Salutations et souhait final (4,21-23)

Se le osservazioni terminologiche non fanno altro che descrivere i dati lessicali della lettera, le conclusioni cui giunge l'articolo mi sembrano superare le premesse. L'unico criterio lessicale assunto dall'autore, se da una parte aumenta gli indizi dell'unità della lettera, dall'altra non permette certo di proporre una struttura conseguente, né di fare proposte di tipo psicologizzante:

> L'emploi des mêmes mots rares dans deux lettres écrites à des époques différentes serait très étrange [...] Tout s'explique si Paul, ayant presque achevé sa lettre, s'est rendu compte qu'il lui fallait redoubler ses mises en garde et ses conseils [...] La conclusion me semble s'imposer. Telle qu'elle nous a été trans-

---

[214] P. ROLLAND, «La structure littéraire».

[215] *Ivi*, 216.

mise, l'Epître aux Philippiens, loin d'être un conglomérat de matériaux disparates, se présente comme une construction très unifiée. [216]

C'è poi da osservare che l'unico criterio lessicale non dà alcuna luce sull'individuazione della presenza o meno di un tema unificante o di un'argomentazione nella lettera. Sebbene allora l'autore denomini la sua proposta come "struttura letteraria", non mi sembra vi si possano leggere le articolazioni e i dinamismi testuali e argomentativi che permettono l'individuazione di una vera "struttura letteraria"[217].

4.3.2. Il *modulo generativo* e i *moduli testuali vettori* di Roselyne Dupont-Roc[218]

Anche qui si parte dalla considerazione della corrispondenza tra 1,1-11 e 4,10-23 – in particolare relativamente al linguaggio della κοινωνία (1,5.7 e 4,14.15) – per vedere una serie di parallelismi chiastici così configurati[219]:

1,5 τῇ κοινωνίᾳ ὑμῶν εἰς τὸ εὐαγγέλιον
1,7 συγκοινωνούς μου τῆς χάριτος
2,1   εἴ τις κοινωνία πνεύματος
- 2,6-11
3,10   τὴν κοινωνίαν τῶν παθημάτων αὐτοῦ
4,14 συγκοινωνήσαντές μου τῇ θλίψει
4,15 οὐδεμία μοι ἐκκλησία ἐκοινώνησεν εἰς λόγον δόσεως καὶ λήμψεως εἰ μὴ ὑμεῖς

---

[216] *Ivi*, 216.

[217] Almeno secondo l'accezione divenuta classica nello studio del testo dopo lo studio di A. VANHOYE, *La structure littéraire de l'épître aux Hébreux*, Paris (Desclée de Brouwer) 1976. Stesse osservazioni sulla proposta di Rolland in U. VANNI, «Verso la struttura letteraria», 66.

[218] R. DUPONT-ROC, «De L'Hymne Christologique à une vie de Koinonia. Étude sur la Lettre aux Philippiens», *EstBib* 49 (1991), 452-453.

[219] *Ivi*, 453.

In questo quadro, la proposta non sarebbe di una struttura chiastica della lettera, ma, utilizzando le intuizioni di E. Haulotte[220] sui *moduli generativi* – frammenti di testo che, conservando una loro autonomia, hanno una funzione "generatrice", organizzatrice del testo – identifica in 2,6-11 un *modulo testuale vettore*, attorno al quale il tema della κοινωνία viene generato.

Certamente questo tipo di proposta prende in esame alcuni snodi del testo per donare senso al "tutto" di esso. Resta evidente in un simile approccio la debolezza per una comprensione dell'intero tessuto della lettera, che rimane come "in secondo piano" rispetto all'ordito attorno al quale viene fatta ruotare tutta la composizione.

4.3.3. Il *macro-chiasmo* di A. Boyd Luter e Michelle V. Lee[221]

Sempre partendo dal parallelismo tra 1,1-11 e 4,10-23, vengono poi via via riscontrate corrispondenze chiastiche tra i diversi brani della lettera fino a giungere alla seguente strutturazione chiastica:

```
1,1-2 Opening Greetings.
     A. (1,3-11) Prologue.
          B. (1,12-26) Comfort/Example.
               C. (1,27-2,4) Challenge.
                    D. (2,5-16) Example/Action.
                         E. (2,17-3,1a) Midpoint.
                    D'. (3,1b-21) Example/Action.
               C'. (4,1-5) Challenge.
          B'. (4,6-9) Comfort/Example.
     A'. (4,10-20) Epilogue.
4,21-23 Closing Greetings.
```

Qui i criteri non sono più soltanto lessicali, ma si rifanno dichiaratamente all'approccio linguistico di D. A. Black[222]. Eppure,

---

[220] E. HAULOTTE, «Formation du Corpus du Nouveau Testament. Recherche d'un "module" génératif intratextuel», in C. THEOBALD (ed.), *Le Canon des Écritures*, Paris (Cerf) 1990, 255-439.

[221] A. B. LUTER – M. V. LEE, «Philippians as Chiasmus».

[222] *Ivi*, 101 n. 40 in cui si dichiara che l'approccio seguito è debitore della metodologia così come esposta in D. A. BLACK, *New Testament Interpretation: Essays on Discourse Analysis*, Nashville (Broadman) 1992. Un'altra fonte metodologica per i

come ogni lettura di tipo macro-chiastico, se è molto approfondita la relazione tra i due elementi corrispondenti nella circolarità individuata, quasi nessuna attenzione è data dalla relazione intercorrente tra ogni elemento nella sua continuità, così come viene emergendo dalla normale lettura (o ascolto) del testo. L'analisi cioè viene fatta a partire dalla lettura di A-A', B-B', C-C' ecc., piuttosto che da A-B-C ecc. Questo non aiuta certamente a cogliere le articolazioni interne e argomentative del testo, per cui affermazioni come

> 'Partnership in the gospel' does in one meaningful sense or another relate to every section – and every mirroring chiastic layer – in the letter [223]

risultano difficilmente verificabili all'interno del metodo di partenza. Purtuttavia quali siano gli altri approcci di riferimento non è dato sapere! Anche se la proposta ha ricevuto severe critiche, sia riguardanti la significatività di una lettura macro-chiastica della lettera che l'identificazione delle sezioni e le loro connessioni[224], la possibilità di una lettura che tenga conto di parallelismi lessicali e tematici non può più essere tralasciata con facilità[225].

---

criteri di una lettura macro-chiastica del testo è, esplicitamente, C. L. BLOMBERG, «The Structure of 2 Corinthians 1-7», *Criswell Theological Review* 4 (1989), 4-8.

[223] A. B. LUTER – M. V. LEE, «Philippians as Chiasmus», 99.

[224] Forse l'articolo critico più feroce contro la proposta di una lettura chiastica di Fil è quello di S. E. PORTER – J. T. REED, «Philippians as a Macro-Chiasm and its Exegetical Significance», *NTS* 44 (1998), 213-231.

[225] Questo stesso articolo, che sostiene con una certa forza la presenza in Fil di tre lettere scritte in tempi differenti, deve ammettere che « multiple-letter theorists can (and have) easily use the same word and conceptual parallelism to establish their own *multiple-letter* outline [...] A certain amount of lexical similarity would be expected between different letters written by the same author to the same recipients in a confined space of time » (*Ivi*, 228-229). Addirittura arriva ad affermare che: « it would not be difficult to see the redactor rearranging (and in some cases adding) material to make the final composition into a macro-chiasm. Indeed, we can almost envision a multiple-letter theorist at some time in the future claiming that the reason Philippians ends up in such a literary mess is that the redactor tried to form three separate letters into a macro-chiasm! » (*Ivi*, 230-231).

4.3.4. La struttura letteraria basata sui criteri dell'*oral biblical criticism* di Casey W. Davis

Anche in questo caso il punto di partenza della struttura di Fil è dato dalla corrispondenza verbale e tematica tra 1,3-11 (cui l'autore lega strettamente anche 1,12-26) e 4,10-20:

> There are several topical links between 1.3-11 and 4.10-20 which favor the combining of 1.3-11 and 12-26 to form the first bracket which opposes 4.10-20 [...] Outside of the final greeting, every unit in the remainder of the letter contains topics which are introduced in the thanksgiving. This unit may therefore be viewed as a prelude to each of these following units. [...] ... topics which occur in both 1.3-11 and 4.10-20 but infrequently elsewhere. Such topics could be a sign of inclusio used to signal the unity of the letter inside of the epistolary greetings at the beginning and end [...] These links between 1.3-11 and 4.10-20, along with the discussion of Paul's circumstances in 1.12-26 and 4.10-20, lead to the conclusion that Paul has intentionally formed the outer bondaries of a concentric structure within the epistolary greetings. [226]

Le corrispondenze sono ricercate e analizzate in base ad una metodologia attenta a tutti i possibili fenomeni orali-auditivi caratterizzanti la comunicazione epistolare paolina. Certamente questo tipo di metodologia è senz'altro utile nell'individuazione di fenomeni presenti nel testo, ma non è certo, da solo, in grado di dare spiegazione dei fenomeni presenti nella lettera[227]. Tuttavia l'autore volentieri

---

[226] C. W. DAVIS, *Oral Biblical Criticism*, 146. 153-154.

[227] Un altro approccio ai testi che pure utilizza la stessa metodologia è quello di J. D. HARVEY, *Listening to the Text. Oral Patterning in Paul's Letters*, Grand Rapids (Baker) 1998. Questo autore, pur analizzando in profondità i fenomeni orali negli scritti paolini (l'analisi di Fil è alle pagine 231-258) non si spinge, infatti, a fare di questo strumento di analisi quello capace di interpretare l'intero tessuto del testo, ma propone la seguente considerazione: « Exegetically, the examination of Paul's letters has suggested that giving attention to oral petterning can be used, in conjunction with other methods, to sharpen the interpretation of those letters. It can help uncover evidence that should be considered in addressing issues of integrity. It can shed new light on interpretive difficulties. It can help clarify the line of Paul's argument. It can

sovrappone i piani dell'analisi, facendo della osservazione e dell'analisi dei fenomeni orali-auditivi presenti nel testo l'unico criterio che porta addirittura alla possibilità dell'individuazione della *thematic progression of Philippians*. Così Casey W. Davis propone la seguente struttura di Filippesi[228]:

A- epistolary greetings 1,1-2
  B- examples of unity in the relationship between Paul and the Philippians 1,3-26
    C- commands to the Philippians 1,27 - 2,18
      D- exemplification of unity in the lives of Timothy and Epaphroditus 2,19-30
    C- commands to the Philippians 3,1 - 4,9
  B- examples of unity in the relationship between Paul and the Philippians 4,10-20
A- epistolary greetings 4,21-23

Non si riesce così a comprendere come, dai criteri del metodo di *oral biblical criticism* indicati dall'autore sia possibile giungere sia all'identificazione della *propositio* della lettera in 1,27-30 che all'identificazione, attraverso essa, del tema della lettera:

> The focal point of the letter may be seen in the rhetorical proposition. Paul's 'only' desire for the Philippians is that they conduct themselves in a manner worthy of the gospel. The specific manifestation of this command is that they stand firm in one spirit, struggling together with one mind for the faith of the gospel. This call to unity is of central importance to the letter from beginning to end. [...] This work interprets Philippians as a unitary composition which focuses on the theme of unity. [229]

4.4. Una considerazione

Mi pare di poter dire con una certa serenità che risulta con evidenza, da una parte, il parallelismo terminologico e tematico tra le due

---

help identify the focus of a given passage and clarify the relation of that passage to its context » (302).

[228] C. W. DAVIS, *Oral Biblical Criticism*, 150 e 160.

[229] *Ivi*, 156.160

sezioni di 4,10-20 e 1,3-11 e, dall'altra, il loro medesimo ruolo epistolare di relazione, di contatto tra mittente e destinatari. Eppure non mi pare che si possa sostenere questo indizio come la prova evidente di un'inclusione che chiede un significato, vuoi strutturale che ermeneutico. D'altro canto abbiamo avuto modo di vedere sopra come, trattandosi del brano di conclusione della lettera, risponde esattamente a tali funzioni epistolari senza tuttavia rappresentare una *peroratio* formale così come ci viene descritta dai manuali retorici. Così, mi sembra che 4,10-20 non costituisca un brano che abbia una diverso modo di riferirsi ad un corrispondente brano della prima parte della lettera. Abbiamo infatti potuto vedere come ogni brano della seconda parte sia in riferimento speculare ad uno della prima. Da questo punto di vista, una tale corrispondenza non è eccezionale nel tessuto della lettera, ma risponde alla stessa strategia comunicativa trasmessa dall'architettura del testo composto da Paolo.

5. IL *POSTSCRIPTUM* EPISTOLARE: 4,21-23

Anche Fil, come del resto tutte le lettere "paoline" del Nuovo Testamento, si conclude con una *subscriptio* o *postscriptum* epistolare, che risponde ai canoni della manualistica epistolare[230]. Vi troviamo sostanzialmente due funzioni: la funzione del *saluto reciproco* e la funzione della *benedizione*. La caratteristica del *postscriptum* paolino di fare da *pendant* con il *praescriptum* è confermata anche nella nostra lettera. Se leggiamo in parallelo infatti 1,1-2 e 4,21-23 si possono immediatamente evidenziarne gli aspetti comuni.

La comunicazione reciproca tra Paolo e la comunità non è "esclusiva", non è tesa ad eliminare le altre relazioni soggiacenti la vita di Paolo e quella dei Filippesi, ma, oserei dire, è "inclusiva" di ogni relazione possibile. Come infatti in 1,1 il coinvolgimento di *Timoteo* tra i mittenti, così in 4,21-22 *i fratelli con Paolo, tutti i santi (in particolare*

---

[230] Si veda per questi D. E. AUNE, *The New Testament in Its Literary Environment*, Philadelphia (Westminster) 1987, 186; A. PITTA, *Sinossi Paolina*, 305-307; F. SCHNIDER – W. STENGER, *Studien zum Neutestamentlichen Briefformular*, Leiden (Brill) 1987, 108-167.

quelli della casa di Cesare[231]) aprono ai destinatari gli orizzonti delle relazioni paoline. Allo stesso modo le figure comunitarie espresse in 1,1 e il comando in seconda persona plurale di 4,23[232] aprono ai filippesi gli orizzonti delle proprie relazioni vitali. Questo dato non fa che confermare la "possibilità esistenziale" del criterio fondamentale di ogni discernimento della vita cristiana (cf. la *propositio* di 1,9-11): quel *dare la vita per* che ha attraversato tutta la lettera. Il centro della lettera che analizzeremo nel prossimo capitolo, la traduzione esistenziale possibile degli esempi "impossibili" di Cristo e di Paolo, trova così conferma anche in questo rimando relazionale che si apre alla grazia del Signore Gesù Cristo con il quale si chiude la lettera.

---

[231] Si è molto discusso sull'identità di queste persone e sull'ambiente costituito dalla *casa di Cesare*. Qualunque commentario critico può aiutare per uno *status quaestionis* minimale sull'argomento. Vorrei solo segnalare un paio di studi più specifici sull'argomento: R. CASSIDY, *Paul in Chains*, per un riferimento alla dinastia neroniana, cosa del resto già evidenziata da CALVINO nel suo commentario (citato da G. D. FEE, *Philippians*, 460 n.16); cf. anche P. C. WEAVER, *Familia Caesaris*, Cambridge (Cambridge University Press) 1972.

[232] Questa particolare formulazione ha fatto subito domandare ai critici *chi* siano coloro ai quali Paolo si rivolga qui e *chi* siano i *santi* da salutare individualmennte (4,21: πάντα ἅγιον ἐν Χριστῷ Ἰησοῦ). Mi sembra veramente eccessivo il supporre che tutta la lettera sia in realtà rivolta agli *episcopi* e ai *diaconi* di 1,1 (cf. in questo senso M. BOCKMUEHL, *Philippians*, 268; P. T. O'BRIEN, *Philippians*, 552; M. R. VINCENT, 153 e soprattutto G. F. HAWTHORNE, *Philippians*, 214: « surely ... this letter would not have been handed over by Epaphroditus to the church who would then read it aloud to the assembled congregation »); oppure il supporre che questa lettera fosse intesa come una sorta di "circolare" indirizzata ad alcune comunità "domestiche" e destinata ad essere passata ad altre, accompagnando questo passaggio con i saluti di Paolo (così J. T. REED, *Discourse Analysis*, 285). Allo stesso tempo, spiegazioni di tipo più psicologico mi paiono non adeguate (come ad es. J.-F. COLLANGE, *Philippiens*, 134: « Ecrivant à une communauté désunie, Paul ne veut, une dernière fois, prendre parti pour personne en particulier (cf. 1.1ss). C'est pourquoi il emploie un neutre singulier: πάντα ἅγιον ». Mi sembra che una simile formulazione, che correttamente non può significare semplicemente *salutatevi a vicenda* – Paolo utilizza infatti altrove ἀσπάσασθε ἀλλήλους (cf. 1Cor 16,20; 2Cor 13,12) – permetta di rimandare gli uditori della lettera non solo ad uno sguardo "intra-comunitario" delle relazioni, ma ad aprirsi all'esterno, nella lettura "funzionale" dei sintagmi che abbiamo proposto sopra.

CAPITOLO 4

IL CENTRO DELLA LETTERA: 2,19-30

0. UNA NECESSARIA NOTA

Si è sin qui fatto riferimento alla sezione 2,19-30, specialmente nella lettura della seconda parte della lettera, senza averla analizzata. Naturalmente per un lavoro che ha la pretesa di leggere il flusso della proposta di Paolo, tale cesura rappresenta un'evidente "anomalia". Cercherò naturalmente di mostrare in un momento sintetico conclusivo l'andamento degli argomenti paolini nella continuità del testo. Tuttavia ho qui proposto volutamente una simile analisi nella speranza che lo studio di 2,19-30 a questo punto del lavoro riesca meglio a far percepire la sua "centralità". Qualcuno potrebbe argomentare che nella mentalità neotestamentaria, "greco-ellenistica" senz'altro, ma ricca del sentire linguistico semitico, ciò che è "al centro" di una composizione ha la stessa portata psicologica per il "lettore" di ciò che è "al termine" per la nostra sensibilità[1], e quindi il nostro modo di procedere si giustificherebbe *ad usum nostrorum tantum*. Così in realtà non è! Credo invece semplicemente che l'analisi di 2,19-30 a questo punto permetta al paziente lettore di cogliere la valenza argomentativa senza dilungarsi in continui rimandi a ciò che avrebbe seguito 3,1, senza aver già avuto modo di apprezzarne gli effetti, come invece spero di mostrare.

---

[1] Sostiene fortemente questo approccio Roland Meynet in tutta la sua elaborazione teorica alla sua metodologia "retorica". Cf. R. MEYNET, *L'analisi retorica*, Brescia (Queriniana) 1992, 257-262. Si possono anche leggere i suoi saggi di presentazione del metodo, tra cui ID., «L'analyse rhétorique, une nouvelle méthode pour comprendre la Bible», *NRT* 116 (1994) 641-657; ID., «I frutti dell'analisi retorica per l'esegesi biblica», *Greg* 77 (1996), 403-436. Si può consultare anche un altro sostenitore dell'importanza del "centro" nelle strutture chiastiche, aanche se su diverse basi metodologiche rispetto a Meynet: A. DI MARCO, *Il chiasmo nella Bibbia, contributi di stilistica strutturale*, Torino (Marietti) 1980.

La sezione centrale della lettera e la sua funzione rappresenta infatti una vera e propria *crux* esegetica per quasi tutti i commenti e gli studi correlati. Le notizie riguardanti Timoteo ed Epafrodito, le raccomandazioni ai Filippesi, i propositi di Paolo presenti qui hanno lasciato aperto un ampio ventaglio di soluzioni, più o meno funzionali all'interpretazione globale della lettera. Questo è dovuto soprattutto all'effetto che provoca la posizione di un tale passo all'interno di Filippesi:

> These twelve verses, wedged between the christological confession of 2:5-11 and the stinging remarks of 3:1-3, appear at first glance to have little significance, with no major theological issue apparently being raised in Paul's discussion of his travel plans for his coworkers. [2]

Si deve notare che affermazioni simili sono riscontrabili in quasi tutti i commenti alla lettera[3]. Tuttavia non tutti (anzi, in realtà veramente pochi) rispondono alla domanda del "perché" si sia davanti ad una tale "stranezza"[4]. Per quanto riguarda questo lavoro, si è

---

[2] P. T. O'BRIEN, *Philippians*, 313.

[3] Cf. per esempio M. BOCKMUEHL, *Philippians*, 163-164: « This is a much lighter and more 'newsy' section of the letter, with no major theological conundrums »; G. D. FEE, *Philippians*, 259: « After the exalted language of the Christ story in 2:6-11 and the striking metaphors in 2:14-18 by which this was applied to the Philippians' situation, it is easy to view this material as mundane – which in a sense it is – and to neglect it as of little import, which is not. After all, this is the stuff of which real letters are made, even though we are not quite used to that in Paul! ». Interessante l'osservazione all'inizio dell'importante studio della pericope di A. R. CULPEPPER, «Co-Workers In Suffering. Philippians 2:19-30», *RevExp* 77 (1980), 349-358: « Paul's plans for Timothy and Epaphroditus are so overshadowed by the christological confession earlier in the chapter and the stinging remarks in the following paragraph that they appear to be of little significance. After all, there is no great theological issue at stake in Paul's discussion of his plans for his co-workers. The seeming insignificance of these twelve verses is misleading, however. They are, in fact, for understanding the integrity, origin and message of Philippians ».

[4] Addirittura lo studio di C. W. DAVIS, *Oral Biblical Criticism*, 154, che vede in 2,19-30 il centro della lettera nella sua struttura macrochiastica, non da che un significato marginale al "fatto": « It might be expected that the central element in a concentric

precedentemente cercato di verificare come le due parti della lettera si richiamino a vicenda e abbiano una loro coerenza d'insieme indipendentemente da questi versetti. Quale è allora il loro valore? Cercherò di rispondere a questa domanda dopo aver proposto un breve *excursus* relativo alle varie interpretazioni dell'intera sezione, procededendo poi con un'analisi più attenta di essa. Soltanto allora cercherò di precisare l'identificazione della funzione argomentativa di un simile centro della lettera.

1. VARIE PROPOSTE DI LETTURA DI 2,19-30

1.1. 2,19-30: una "forma" epistolare?

Tra gli anni '60 e gli anni '70 l'attenzione prevalente nello studio delle pericopi paoline, in ordine ad individuarne una possibile funzione epistolare, tendeva a rispondere alle domande esegetiche del tempo, preoccupate dell'analisi delle eventuali "forme" presenti nei testi neotestamentari. Vari sono stati infatti i tentativi di sottoporre la nostra sezione sotto questa particolare lente d'osservazione.

1.1.1. Il *travelogue*

Mettendo al centro dell'attenzione l'espressione esplicita dei piani di viaggio di Paolo in 2,21 (πέποιθα δὲ ἐν κυρίῳ ὅτι καὶ αὐτὸς ταχέως ἐλεύσομαι), Robert Funk propone nel 1967[5] di leggere l'intera sezione come corrispondente alla "forma" o al "genere letterario" epistolario delle *intenzioni di viaggio* del mittente (in inglese, *travelogue*). Secondo questo studioso, Paolo farebbe uso di questa "forma" lettera-

---

structure would be of central importance. However, when concentric structure is combined with rhetorical form it is not surprising that expectations are not always met. The proposition, which is the matter of central importance, naturally comes early in the letter. Verses 2.19-30 are extremely important however, in that they provide two human examples of the behavior which Paul is commanding, outside of himself and his audience ».

[5] R. W. FUNK, «The Apostolic Parousia», 249-268. Cf. anche dello stesso autore, *Language, Hermeneutic and the Word of God: the Problem of Language in the New Testament and Contemporary Theology*, New York (Harper & Row) 1966, 264-274.

ria come elemento della *parousia* apostolica, attraverso la quale l'apostolo cerca di spingere i destinatari all'obbedienza, grazie alla sua autorità, in vista della sua (futura) presenza. Funk, per giungere a tale conclusione, analizza tredici passi paolini di cui i principali, nella formulazione dei punti caratteristici di tale "forma epistolare"[6], sono Rom 15,14-33; 1Cor 4,14-21; Fil 2,19-30; 1Ts 2,17 – 3,13; Fm 21.22.

La costatazione che una tale forma epistolare è caratteristica del termine di una lettera ha particolarmente interessato coloro che leggono Fil come una redazione di più lettere paoline alla stessa comunità, proponendo proprio 2,19-30 come l'ultima pericope di una delle lettere in questione[7].

Tuttavia studi successivi hanno ormai minato alla radice tali affermazioni, sia riguardo all'esistenza stessa di tale "formula" che alla prevalenza di tali tematiche in conclusione delle lettere. Terence Y. Mullins ha mostrato come non si possa parlare in realtà di una vera e propria "forma" o formula epistolare, quanto piuttosto di un "tema" presente sia nella epistolografia papiracea che nelle lettere paoline:

> Visit talk is an epistolary theme common to the non-literary papypi and to the NT. Funk's analysis of visit talk shows it to be connected with other epistolary themes, especially letter writing and domestic events. It also shows it to be connected with cer-

---

[6] Cf. R. W. Funk, «The Apostolic Parousia», 253-254.

[7] Cito solo i più recenti tra i numerosi studi e commentari che sostengono la teoria "composita" della lettera: G. Barth, *Filippesi*; L. Bormann, *Philippi*; J.-F. Collange, *Philippiens*; R. Pesch, *Drei Briefe*; W. Schenk, *Der Philipperbrief*. Soprattutto si veda lo studio di B. Mayer, «Paulus als Vermittler zwischen Epaphroditus und der Gemeinde von Philippi, Bemerkungen zu Phil 2,25-30», *BZ* 31 (1987), 176-188: « Der Abschnitt Phil 2,25-30 zählt zu den Ausführungen, die Paulus gegen Ende des Gefangenschaftsbriefes schreibt » (177). Cf. R. P. Martin, *Philippians*, Grand Rapids (Eerdmans) 1980, 116 ove si sostiene che il fatto che 2,19-30 sia un *travelogue*, « is an important factor in determinating whether 2.30-3.1 marks the end of a letter ». Riporto per la sua fermezza anche l'affermazione di un altro assertore della teoria composita della lettera: F. W. Beare, *Philippians*, 95: « It is obvious that when Paul wrote these words he had not the slightest intention of adding further long paragraphs of warning and exhortation. He is bringing his letter to an end ».

tain non-epistolary themes, notably apostolic status and eschatology. [8]

D'altra parte, Alan Culpepper ha abbondantemente evidenziato la presenza di questi temi non solo all'inizio o alla fine delle epistole, ma ha mostrato come questi facciano la loro comparsa attraverso tutte le sezioni delle lettere paoline:

> Second Corinthians, Galatians and 1 Thessalonians speak of the movements of Paul and his associates in the body of the letter. [...] From this survey one sees that: 1) it is not a severe violation of form for Paul to speak of his co-workers in the body of the letter; and 2) he speaks of his co-workers and travels in the body of the letter when these matters are relevant to the problems of the church or the agenda of the letter. [9]

1.1.2. Il *Body Closing*

A seguito degli studi epistolografici di John L. White[10], è stata avanzata un'altra proposta di lettura della nostra sezione come rispondente alla "forma" epistolare della chiusura del corpo della lettera. Gregory L. Bloomquist vede infatti il *body closing* di una lettera

---

[8] T. Y. MULLINS, «Visit Talk in New Testament Letters», *CBQ* 35 (1973), 350-358. La citazione qui riportata è a pag. 358.

[9] A. R. CULPEPPER, «Co-Workers In Suffering», 350. Cf. anche W. G. DOTY, *Letters*, 36-37.43. In realtà il punto era già stato notato da H. GAMBLE Jr., *The Textual History of the Letter to the Romans: A Study in Textual and Literary Criticism*, Grand Rapids (Eerdmans) 1977, 80 n. 114. Vale la pena tuttavia annotare la "resistenza" di fronte al lavoro di Culpepper da parte di W. SCHENK, «Der Philipperbrief», 128 n. 27 che, dopo aver liquidato 1Cor 4,14-21 come « Ende des Versöhnungsbriefes », e aver detto che «auch für die einzige verbleibende Gegeninstanz 1 Thess 2,17 – 3,13 sind ad hoc Gründe der speziellen Situation namhaft zu machen », afferma: « Neben den anderen Indizien für mehrere Briefcorpora in Phil ergibt sich damit auch für Phil 2,19-24 das argument zugunsten eines Briefschlußteils ».

[10] J. L. WHITE, *The Form and Function of the Body of the Greek Letter*, Missoula (Scholars Press) 1972. Altri studi dello stesso autore che vanno in questa direzione: «Introductory Formulae in the Body of the Pauline Letter», *JBL* 90 (1971), 91-97; *Light from Ancient Letters*, Philadelphia (Fortress Press) 1986; «Ancient Greek Letters», in D. E. AUNE (ed.), *Greco-Roman Literature and the New Testament*, Atlanta (Scholars Press) 1988, 85-105.

come il luogo in cui convergono i vari temi toccati in Fil 2,19-30. Tuttavia sapore di conclusione di questi versetti non indica necessariamente il termine dell'intera lettera, ma solamente il termine del suo "corpo" principale (il *body middle* nella particolare terminologia dell'autore).

> Phil 2.19-30 is a characteristically pauline body closing, which serves as the means of finalizing the motivation for writing (either by reiterating or accentuating what was stated earlier) and as the bridge to future correspondence. That 2.19-30 is a body closing is clear from the formulaic devices found here that are common to Hellenistic letters and to Paul's other letters. [...] The structure of the Philippian body closing resembles closely the body closing of 1 Corinthians (4.14-21) and 1 Thessalonians (2.17 - 3.8). In each of these closings one finds the following elements: (1) an introductory formula, (2) a credentials clause, and (3) a purpose clause. [...] Furthermore, a comparison of these three letters yields the discovery that in none of them is the body closing found where we might have been led to expect it, namely, at the end of the canonical letter: that there is no *a priori* reason for arguing that the location of the body closing in Philippians is an indication that the letter is actually drawing to a close. [11]

Tuttavia anche in questo caso non mancano le perplessità. Non è per nulla evidente che il corpo principale della lettera termini in 2,30. Infatti anche nell'analisi proposta dall'autore, la descrizione "epistolare" della lettera non viene ritenuta sufficiente per seguirne l'argomentazione, proponendo una lettura retorica della lettera ove, come vedremo in seguito, Bloomquist proporrà una diversa funzione di questa pericope.

1.1.3. La *lettera di raccomandazione*

Un'ulteriore proposta fa maggiormente leva sulla narrazione che Paolo fa delle vicende sia di Timoteo che di Epafrodito in vista di

---

[11] G. L. BLOOMQUIST, *The Function of Suffering*, 109-111. Così anche D. A. BLACK, «The Discourse Structure», seppure con alcune differenze terminologiche quali il considerare 1,12 - 2,30 come *Body Head* di cui comunque 2,19-30 costituisce un *body closing*.

un loro giungere a Filippi. Paolo vuole cioè spingere la comunità a fornire un'accoglienza calorosa a questi due uomini da lui inviati a Filippi (cf. Fil 2,19a.25.28 e in modo particolare 29a: προσδέχεσθε οὖν αὐτὸν ἐν κυρίῳ μετὰ πάσης χαρᾶς). L'invio da parte di Paolo, lo spinge cioè ad una raccomandazione di Timoteo ed Epafrodito. Gli autori che maggiormente hanno fatto di questo aspetto il fulcro della lettura di questi versetti sono senz'altro Jeffrey T. Reed[12] e Gordon D. Fee[13].

> Phil 2.19-30, however, is more than a travelogue seeking compliance from the audience. It contains forms and functions found in epistolary recommendations. Paul praises both Timothy and Epaphroditus, endeavoring to ensure their acceptance by the Philippians. Such persuasive rhetoric is characteristic of a *culture based on honor and shame*. It is not limited to the rhetoric of the professional orators. Furthermore, it is a rhetoric directed at the Philippian audience, but primarily for the sake of Timothy and Epaphroditus, not for the sake of Paul's larger rhetorical strategy in his letter. [14]

Che in questa proposta si tratti non di un aspetto della sezione, ma del suo vero e proprio "genere" è confermato dall'utilizzo che entrambi gli autori fanno delle conclusioni degli studi di Chan-Hie Kim[15], il quale ha messo in evidenza questa "forma" epistolare in relazione a 1Ts 3,2-3; 1Cor 16,15-18; 2Cor 8,16-24; Rom 16,1-2; Col 4,7-9, oltre naturalmente al nostro passo.

---

[12] J. T. REED, «Using Ancient Rhetorical Categories», 292-324; *Discourse Analysis of Philippians*, 219-228.

[13] G. D. FEE, *Philippians*, 259 n. 3 si lamenta della miopia degli esegeti che non hanno notato una cosa tanto ovvia!: « ... the much greater ties of these paragraphs to the "letter of commendation", included in various letters to identify and commend the carrier of the letter, have been generally neglected ». Della stessa opinione anche G. BARBAGLIO, *La Teologia di Paolo*, 365.

[14] J. T. REED, «Using Ancient Rhetorical Categories», 320-321.

[15] C.-H. KIM, *Form and Structure of the Familiar Greek Letter of Recommendation*, Missoula (Scholars Press) 1972. Si vedano in particolare le pagg. 119-143.

1.2. Le letture retoriche di 2,19-30

Coloro che fanno ricorso a modelli retorici di lettura della lettera, devono risolvere il problema della peculiarità di un tale brano all'interno dell'argomentazione della lettera. Il punto di riferimento è senz'altro il lavoro di Duane F. Watson[16], che vede in questi versetti l'applicazione dello strumento retorico della *digressio*:

> This section constitutes a *digressio* within the *probatio* of Philippians. The *digressio* is "... the handling of some theme, which must however have some bearing on the case, in a passage that involves digression from the logical order of our speech"[17] [...] The *digressio* in Philippians is not placed here merely to inform the Philippians about Timothy and Epaphroditus. This it certainly does, but it is also exemplification, serving to embellish, clarify, and vivify the topics used in 2:1-18 in the development of the proposition of 1:27-30. [18]

La lettura di 2,19-30 come *digressio* permette a Watson di risolvere anche la brusca ripresa di 3,1:

> The function of 3:1 is to provide a transition to the *probatio* proper after a *digressio*. It may also be considered a secondary *exordium*. According to Quintilian, in a multisectional work it was a common and useful practice to use short introductions functioning as *exordiums* (*Inst. Or.* 4.1.73-75; cf. 4.3.9. 2Pet 3:1-2 is an excellent example of a secondary *exordium* after a *digressio*). [19]

È evidente lo stridore tra il tentativo di leggere l'intera lettera come dinamica argomentativa tipica dell'interpretazione retorica e il declassamento funzionale di una sezione della lettera stessa (ridotta ad abbellimento estetico digressivo) data la difficoltà di collocazione dei

---

[16] D. F. WATSON, «A Rhetorical Analysis», 57-88.

[17] QUINTILIANO, *Inst. Or.* 4.3.14. L'autore cita qui anche J. MARTIN, *Antike Rhetorik: Technik und Methode*, Munich (C. H. Beck) 1974, 89-91.

[18] D. F. WATSON, «A Rhetorical Analysis», 71.

[19] D. F. WATSON, «A Rhetorical Analysis», 84.

nostri versetti all'interno dei criteri manualistici dello studio delle lettere secondo i canoni greco-ellenistici. Questo è il motivo che ha portato gli altri critici che hanno studiato la lettera secondo i medesimi parametri interpretativi, a reagire a una tale proposta, anche se poi non sono stati in grado di dare una precisa collocazione alla sezione, illustrandone semplicemente la funzione argomentativa di *exemplum*[20]. Vale la pena segnalare tra questi Paul A. Holloway, che all'interno della sua singolare proposta di lettura di Fil come esempio di "lettera di consolazione", propone di vedere in 2,19-30 una sezione di *consolation and example* [21]

1.3. Alcune valutazioni

A mio parere, nessuno dei "generi" proposti e nessuna categorizzazione retorico-manualistica riesce a rendere ragione di tutti gli elementi presenti in questa sezione della lettera. Sebbene ogni proposta metta in evidenza un aspetto importante e non tralasciabile, vuoi nella classificazione di questi versetti in una precisa e codificata "forma" epistolare, vuoi negli elementi argomentativi evidenziati, si rischia sempre di mettere in second'ordine gli altri aspetti. Così mi sentirei di proporre uno sguardo un po' più sfumato che, sebbene non condividendo il "letto di Procuste" della "forma" epistolare o di una categoria retorica, evidenzi gli elementi positivi di queste letture. Da una parte allora è importante l'attenzione all'autorità apostolica di Paolo caratteristica del *travelogue*; la caratteristica di ricapitolazione con-

---

[20] Si veda più sotto (in 2.3.3.3.) per i dettagli riguardo alla funzione argomentativa dell'*exemplum* proposta per 2,19-30.

[21] P. A. HOLLOWAY, *Consolation in Philippians*, 46.126-129.163: « Paul returns to the topic of consolation in 2:19-20, when he repeats his assurance that he will revisit the Philippians in the not too distant future (2:24), and promises to send Timothy "as soon as I see more clearly how things will go with me" (2:19,23) [...] In addition to conveying news of Paul's and Timothy's travel plans, 2:19-24 serves both a consolatory and hortatory function [...] As the case of Timothy's commendation in 1:19-24. Paul's commendation of Epaphroditus also serves a hortatory function [...] That the paragraphs about Timothy and Epaphroditus serve both a consolatory and a hortatory function further ties the exhortation of 2:1-18 to the consolation of 1:12-30 ».

clusiva di questi versetti caratteristica del *body closing*; il porre in "primo piano" le figure di Timoteo e di Epafrodito dinanzi ai Filippesi della *raccomandazione*. Dall'altra è altrettanto importante l'attenzione agli aspetti estetici o esemplari della sezione.

> Paolo fa ricorso al modello epistolografico con una certa libertà, nel contesto della sua strategia comunicativa con la comunità cristiana di Filippi. [22]

Questa affermazione mi appare a questo punto come la più equilibrata in una lettura di tale problema. Da qui mi pare giunto il momento di entrare nel merito dell'analisi del testo di 2,19-30.

2. Un'analisi di Fil 2,19-30

2.1. 2,19-24: Timoteo

Emerge immediatamente il linguaggio della comunicazione epistolare, espressa dai versetti 2,19 e 2,23-24, chiaramente in posizione di inclusione[23].

All'interno cioè della relazione di conoscenza delle cose reciproche e delle situazioni che ancora necessitano di chiarimenti nelle vicende di Paolo e dei Filippesi, Paolo annuncia loro l'invio di Timoteo, il co-mittente della lettera (cf. 1,1). Non c'è alcun bisogno di spendere parole sulla persona di Timoteo così come emerge dalle altre lettere di Paolo e dagli Atti degli Apostoli[24]. Soffermiamoci qui unicamente sulla sua presenza nella lettera.

Ebbene, troviamo in 2,20-22 una descrizione della sua persona che non è semplicemente un elogio o una raccomandazione alla comu-

---

[22] R. Fabris, *Filippesi* (2000), 166.

[23] Si notino i numerosi termini uguali (ἐλπίζω, πέμψαι, ταχέως, ἐν κυρίῳ) e il riferimento alle vicende dei Filippesi in 2,19 (τὰ περὶ ὑμῶν) cui fa *pendant* il riferimento alle vicende di Paolo in 2,23 (τὰ περὶ ἐμέ).

[24] Un articolo per tutti su un simile approccio E. E. Ellis, «Paul and his Co-Workers», in *Prophecy and Hermeneutic in Early Christianity*, Tübingen 1978, 3-22.

nità, ma è l'evidente esposizione di quanto Timoteo sia un realizzatore del "progetto" etico fin qui esposto dalla lettera.

Vengono infatti proposte due affermazioni parallele che pongono Timoteo in una relazione di affidabilità nei confronti dei Filippesi, con la rispettiva motivazione:

affidabilità: ὅστις γνησίως τὰ περὶ ὑμῶν μεριμνήσει·
motivazione: οἱ πάντες γὰρ τὰ ἑαυτῶν ζητοῦσιν, οὐ τὰ Ἰησοῦ Χριστοῦ.

affidabilità: τὴν δὲ δοκιμὴν αὐτοῦ γινώσκετε,
motivazione: ὅτι ὡς πατρὶ τέκνον σὺν ἐμοὶ ἐδούλευσεν εἰς τὸ εὐαγγέλιον.

Queste sono precedute da un'affermazione relativa alla relazione di Timoteo con Paolo: οὐδένα γὰρ ἔχω ἰσόψυχον.

Questa *unicità* di Timoteo rilevata da Paolo tra coloro che lui *ha* nella sua prigionia è manifestata con un'espressione linguistica ellittica che ha fatto suscitare varie possibilità interpretative. Infatti, ἰσόψυχον mancando del termine di paragone fa nascere l'ovvia domanda: "d'animo uguale ... a chi?" Tre mi sembrano le risposte prevalenti dei critici:

• la prima consiste nel considerare Paolo stesso come termine di paragone (e sottintendere un μοί) e tradurre *non ho nessuno d'animo uguale al mio nella preoccupazione per voi* [25];

• la seconda consiste nel sottintendere un ὑμῖν e tradurre *non ho nessuno che è d'animo così preoccupato per voi* [26];

---

[25] Cf. per esempio: M. BOCKMUEHL, *Philippians*, 165; F. F. BRUCE, *Philippians*, 67; F. COLLANGE, *Philippiens*, 116-117; G. D. FEE, *Philippians*, 266; G. F. HAWTHORNE, *Philippians*, 107; P. T. O'BRIEN, *Philippians*, 318-319; M. R. VINCENT, *Philippians*, 73.

[26] Ipotesi proposta per primo da A. FRIDRICHSEN, «ἰσόψυχος = ebenbürtig, solidarisch», *SO* 18 (1938), 42-49, e più recentemente ripreso da R. JEWETT, *Paul's Anthropological Terms. A Study of their Use in Conflict Settings*, Leiden (Brill) 1971, 349-350.

• la terza è quella più generica, non "comparativa": *non ho nessuno d'animo uguale* [27].

Mi sembra quest'ultima la lettura migliore nel rispetto dell'assenza (voluta?) del punto di riferimento[28]. Un'ulteriore motivo fa preferire questa lettura su altre ed è esattamente la sottolineatura paolina dell'atteggiamento di Timoteo. Se infatti la prima traduzione mette al centro l'atteggiamento di Paolo (che Timoteo condivide) e la seconda evidenzia la preoccupazione per i Filippesi (che invece è logicamente legata alla proposizione seguente), solo la versione *non ho nessuno d'animo uguale* permette di lasciare Timoteo "sotto i riflettori" della comunità nel confronto "esemplare", come vedremo, con lui.

Dopo aver così sottolineato l'unicità dell'animo di Timoteo, Paolo passa a "descriverlo" attraverso le due affermazioni di affidabilità nei confronti della comunità:

- ὅστις γνησίως τὰ περὶ ὑμῶν μεριμνήσει·
- τὴν δὲ δοκιμὴν αὐτοῦ γινώσκετε,

L'elemento che viene evidenziato di tutta la possibile personalità di Timoteo, è l'affermazione che egli si sa *pre-occupare* delle cose dei Filippesi in maniera genuina, autentica[29] e gode nella comunità di

---

[27] Cf. F. W. BEARE, *Philippians*, 96; R. FABRIS, *Filippesi* (2000), 168; J. GNILKA, *Filippesi*, 269-270; W. SCHENK, *Der Philipperbrief*, 233.

[28] Segnalo per la loro particolarità altre due proposte. Una, di J. T. FITZGERALD, «Friendship», 145, tendente a vedere nel termine ἰσόψυχος un richiamo alla definizione aristotelica dell'amicizia (cf. *Et. Nic.* 9.8.1168b: « καὶ αἱ παροιμίαι δὲ πᾶσαι ὁμογνωμονοῦσιν, οἷον τὸ "μία ψυχή" καὶ "κοινὰ τὰ φίλων" καὶ "ἰσότης φιλότης" καὶ "γόνυ κνήμης ἔγγιον" [...] »; cf. anche con le stesse espressioni *Et. Eud.* 7.6.1240b) e l'altra di P. CHRISTOU, «ΙΣΟΨΥΧΟΣ, Phil 2:20», *JBL* 70 (1951), 293-296, che propone di leggere l'intera espressione ἰσόψυχον ὅστις γνησίως come *non ho altro confidente che lui*. Sono due proposte lessicografiche molto raffinate, specie la prima, non impossibili da sostenere, ma forse non molto pertinenti al contesto.

[29] L'avverbio γνησίως, come tale *hapax* nel NT, si riferisce al *diritto di nascita del figlio legittimo*, che si apre al duplice significato di *genuino - vero* oppure di *autentico - autorevole*. Qui mi pare che si possa sostenere il versante della *genuinità*, della *sincerità* dell'animo di Timoteo (come G. D. FEE, *Philippians*, 266; P. T. O'BRIEN, *Philippians*, 319;

una affidabilità comprovata[30]. Interessante è il fatto che Timoteo non venga raccomandato in virtù di prove narrate riguardanti la sua vita, magari non a conoscenza dei Filippesi e particolarmente utili se davvero Paolo avesse intenzione di "narrare" Timoteo per raccomandarlo, come ci si aspetterebbe in questo caso. Le due motivazioni apportate da Paolo sono invece del tutto sorprendenti perché vengono espresse con echi di linguaggi già utilizzati all'interno della lettera:

• οἱ πάντες γὰρ τὰ ἑαυτῶν ζητοῦσιν, οὐ τὰ Ἰησοῦ Χριστοῦ.
  2,4: μὴ τὰ ἑαυτῶν ἕκαστος σκοποῦντες ἀλλὰ [καὶ] τὰ ἑτέρων ἕκαστοι.

• ὅτι ὡς πατρὶ τέκνον σὺν ἐμοὶ ἐδούλευσεν εἰς τὸ εὐαγγέλιον.
  1,1: Παῦλος καὶ Τιμόθεος δοῦλοι Χριστοῦ Ἰησοῦ
  2,7: ἀλλὰ ἑαυτὸν ἐκένωσεν μορφὴν δούλου λαβών
  2,8: ἐταπείνωσεν ἑαυτὸν γενόμενος ὑπήκοος

Timoteo risulta così esempio di una persona che ha saputo e sa cercare gli interessi di Gesù Cristo, e quindi degli altri, prima (al posto) dei suoi, assumendo su di sé la dimensione della *schiavitù a vantaggio del vangelo* nella relazione con Paolo. Vorrei a questo proposito spendere due parole riguardo all'espressione utilizzata in 2,22 (ὡς πατρὶ τέκνον σὺν ἐμοὶ ἐδούλευσεν εἰς τὸ εὐαγγέλιον). Quest'affermazione paolina che fa riferimento ad una relazione figlio-padre (e sottolineo che è espressa nella direzione figlio → padre), è spesso riletta, dai vari commenti, alla luce della "nostra" visione famigliare che colora il tutto di una gradevole sfumatura affettiva:

> In tal modo Paolo sottolinea il fatto che l'impegno di Timoteo per il vangelo si colloca all'interno della loro relazione di padre e figlio. questo linguaggio desunto dall'ambito parentale esprime sia l'autorevolezza sia l'intimità affettiva della relazione. Paolo infatti si considera padre dei cristiani in quanto li ha generati

---

M. R. VINCENT, *Philippians*, 73 e altri), piuttosto che il versante giuridico legato all'invio autorevole di Paolo, collegando questa espressione con il richiamo *padre-figlio* di 2,22 (come fanno J.-F. COLLANGE, *Philippiens*, 117; G. F. HAWTHORNE, *Philippians*, 110; R. JEWETT, *Paul's Anthropological Terms*, 349; J. B. LIGHTFOOT, *Philippians*, 121 e altri).

[30] Questo il significato da noi scelto per rendere τὴν δοκιμὴν αὐτοῦ.

mediante l'annuncio del vangelo (1Cor 4,14-15; Gal 4,19; 1ts 2,7.11; cf. 2Cor 6,13; 12,14; Fm 10). La scelta del termine *teknon*, invece di *hyios*, pone l'accento sulla dimensione affettiva del rapporto. [31]

Tuttavia, sempre nella linea che sto seguendo dall'inizio del lavoro, se proviamo a collocarci nell'alveo culturale di prima audizione del testo, certamente l'espressione ὡς πατρὶ τέκνον poteva suscitare risonanze molto lontane da quelle affettivo-consolatorie! Bene lo sanno coloro che devono commentare le *Haustafeln* delle lettere ai Colossesi e agli Efesini, nelle quali è utilizzata la stessa terminologia:

Ef 6,1.4   Τὰ τέκνα, ὑπακούετε τοῖς γονεῦσιν ὑμῶν ...
            Καὶ οἱ πατέρες, μὴ παροργίζετε τὰ τέκνα ὑμῶν ...
Col 3,20.21 Τὰ τέκνα, ὑπακούετε τοῖς γονεῦσιν κατὰ πάντα ...
            Οἱ πατέρες, μὴ ἐρεθίζετε τὰ τέκνα ὑμῶν ...

Non vi è chi non abbia messo in evidenza come sia la dinamica educativa del tempo, nelle relazioni figli ↔ padri, ad essere posta sotto il "nuovo" criterio di valutazione, quello cristologico[32].

> Pour mieux comprendre ces exhortations, le lecteur pourra consulter des études sur la situation des enfants dans la famille en ce temps-là[33]. On sait que le *paterfamilias* avait tout pouvoir sur ses enfants (droit de vie et de mort, droit de les vendre comme esclaves, droit de sévices corporels, etc.). Les commen-

---

[31] R. FABRIS, *Filippesi* (2000), 171. Ho riportato tale citazione solo a mo' di esempio. Praticamente tutti i commenti da me utilizzati sono assolutamente unanimi in tale lettura affettivamente "consolante"! Solo altri due esempi a conferma di ciò: F. F. BRUCE, *Philippians*, 68: « All the service a son could render to a father Timothy performed for Paul: all the affection a father could feel for his son Paul lavished on Timothy »; C. OSIEK, *Philippians*, 77: « ... emphasizing the close, affectionate relationship ... ».

[32] Questo aspetto è lungamente messo in evidenza da M. BARTH, *Ephesians 4-6*, New York (Doubleday) 1974, 754-758.

[33] Qui l'autore cita come esempi S. F. BONNER, *Education in Ancient Rome*, London (Methuen) 1977; M. GÄRTER, *Die Familienerziehung in der alten Kirche*, Köln (Bohlau) 1985; H.-I. MARROU, *Histoire de l'éducation dans l'antiquité*, Paris (Seuil) 1948.

taires rapportent un propos de Denys d'Halicarnasse, qui semble bien refléter la réalité : le législateur "a donné au père une plus grande autorité sur le fils qu'au maître sur les esclaves" (*Ant. Rom.* 2.27.1-2 : μείζονα δοὺς ἐξουσίαν πατρὶ κατὰ παιδὸς ἢ δεσπότῃ κατὰ δούλων; cf. 2.26.4). [34]

È lecito supporre allora che lo sfondo interpretativo dell'atteggiamento di Timoteo (e di Paolo: σὺν ἐμοί) da parte della comunità potesse essere quello di un uomo libero e adulto che accetta di "farsi" δοῦλος, di "farsi" ὡς πατρὶ τέκνον per il vangelo. L'immagine mi sembra allora essere un "modello tipologico" che illustra la modalità con cui Paolo e Timoteo sono insieme *servi-schiavi* di Cristo Gesù (in Fil 1,1), piuttosto che un'illustrazione della relazione affettivo-familiare tra Timoteo e Paolo. Potremmo conseguentemente rendere l'espressione con l'italiano: *poiché come un figlio (serve come schiavo) il padre, (così) egli è al servizio come schiavo, insieme con me, del vangelo* [35].

Tale espressione è senza dubbio eco dell'atteggiamento di Cristo che non solo si "è fatto" in qualche modo δοῦλος (2,7), ma ha compiuto anche il percorso dell'abbassamento "filiale": ἐταπείνωσεν ἑαυτὸν γενόμενος ὑπήκοος ... (2,8)[36]. Credo che una tale interpretazione dell'espressione paolina, proprio perché originale nel panorama ese-

---

[34] J.-N. ALETTI, *Saint Paul Épître aux Éphésiens*, Paris (Gabalda) 2001, 294.

[35] Un'interessante alternativa di comprensione del'espressione, sempre all'interno di questa comprensione "non affettiva" della relazione di figliolanza, è quella propostami da J.-N. ALETTI, che collega quanto affermato in 1,1 (Παῦλος καὶ Τιμόθεος δοῦλοι Χριστοῦ Ἰησοῦ) con l'espressione di 2,22 mantenendo il legame padre/figlio per Paolo/Timoteo: Paolo è un *padre* che è schiavo; Timoteo è *figlio* di un padre schiavo, schiavo pure lui di Cristo Gesù / del vangelo. Così si potrebbe anche tradurre: *come un figlio (è schiavo) in relazione a un padre (schiavo), egli è al servizio, come schiavo, con me del vangelo*

[36] È proprio un caso che quando nelle già citate *Haustafeln* di Ef e Col venga utilizzato lo stesso vocabolario dell'ὑπακούειν in relazione ai figli? Per una chiarificazione su questo specifico vocabolario, cf. J.-N. ALETTI, *Colossiens*, 251-252 e 253-254. Si deve poi notare che la figura tipologica della relazione figlio/obbedienza/padre era così profondamente radicata da essere divenuta – praticamente in tutte le riflessioni neotestamentarie – una lettura della relazione Gesù Cristo/Dio, unendo in ciò Paolo (cf. Rom 5,19; Fil 2,8), Giovanni (4,34; 5,19-30; 6,38), l'autore della lettera agli Ebrei (5,8; 10,9) e i Sinottici nella preghiera del Getsemani (Mt 26,39; Mc 14,36; Lc 22,42).

getico meriterebbe forse un maggiore approfondimento, ma questo mi sembrerebbe di eccessivo peso in questo studio. Lascio perciò spazio ad un mio futuro possibile approfondimento sull'espressione utilizzata in Fil 2,22.

Il particolare riferimento di Fil 2,19-24 a 2,4.5-11 mostra quindi come, con l'esempio di Timoteo i Filippesi siano esattamente posti di fronte alla realizzazione del φρονεῖν di Gesù Cristo (τοῦτο φρονεῖτε ἐν ὑμῖν ὃ καὶ ἐν Χριστῷ Ἰησοῦ). In realtà il processo a cui Paolo fa assistere i Filippesi è esattamente il processo di discernimento operativo espresso dalla *propositio* di 1,9-11, "incarnato" da Timoteo.

2.2. 2,25-30: Epafrodito

Anche qui in evidenza immediata è la relazione epistolare, storica, tra Paolo e la comunità. Molto si è scritto e molte sono le proposte che i critici fanno relativamente alla ricostruzione storica degli eventi che hanno legato i Filippesi, Epafrodito e Paolo. Gli elementi certi di cui siamo in possesso, unicamente attraverso il testo, sono:

- la prigionia paolina;
- l'invio da parte della comunità di Filippi di un (sostanzioso) dono a Paolo in questa situazione;
- emissario di tale dono è Epafrodito;
- Epafrodito cade malato e guarisce;
- Paolo invia di nuovo Epafrodito a Filippi con la (una) lettera.

Ogni altro elemento non può essere che congetturale[37] e, anche se pure io mi oriento per una scelta di opzioni a scapito di altre, relati-

---

[37] Proporre qui una nota significherebbe fare l'excursus di tutte le possibili riletture storiche della relazione tra Paolo e la comunità di Filippi così come si traduce nella lettera o nello scambio epistolare tra le due parti in questione. Troppo sarebbe il farlo! Cito solo alcune opere che maggiormente possono aiutare a reperire la maggior parte delle ipotesi: W. SCHENK, «Der Philipperbrief in der neueren Forschung (1945-1985)», *ANRW* II 25.4, 3280-3313 (utilissimo perché praticamente completo fino al 1985) e L. BORMANN, *Philippi* (anche qui esaustivo dagli anni '80 al 1995). Segnalo anche i più

vamente al luogo della prigionia, alla dinamica degli avvenimenti ecc., mi sembra doveroso attenerci in questa fase allo studio della dinamica testuale, senza operare alcun processo di *mirror-reading*, nei limiti del possibile. Anche in questo caso infatti, come nel precedente di Timoteo, le affermazioni sono tutte duplici.

- Per due volte Paolo afferma il suo invio[38]:
    - 2,25 ἀναγκαῖον δὲ ἡγησάμην Ἐπαφρόδιτον ... πέμψαι πρὸς ὑμᾶς
    - 2,28 σπουδαιοτέρως οὖν ἔπεμψα αὐτόν

- Per due volte si sottolinea l'adempimento del compito di Epafrodito a servizio di Paolo:
    - 2,25 ὑμῶν δὲ ἀπόστολον καὶ λειτουργὸν τῆς χρείας μου
    - 2,30 ἵνα ἀναπληρώσῃ τὸ ὑμῶν ὑστέρημα τῆς πρός με λειτουργίας

---

recenti R. FABRIS, *Filippesi* (2000), 15-35 (introduzione particolarmente attenta alle nuove proposte interpretative); R. J. CASSIDY, *Paul in Chains*, 163-189 (grande attenzione alle ricostruzioni legate alla prigionia romana di Paolo espressa secondo l'autore da Fil); P. A. HOLLOWAY, *Consolation in Philippians*, 8-54, è interessante per l'analisi delle proposte di lettura nelle quali situazione storica – non sarebbe meglio parlare di "ricostruzione"? – e genere letterario proposto dalla lettera entrano in stretta relazione. In questo senso quest'autore è l'ultimo ad utilizzare a questo proposito la categoria di *rhetorical situation* proposta fin dal 1968 da L. BITZER, «The Rhetorical Situation», *Philosophy and Rhetoric* 1 (1968), 1-14 e seguito in questo da molti altri.

[38] Specialmente tra fautori dell'ipotesi di più lettere e fautori dell'ipotesi di una sola lettera si è scatenato un acceso dibattito sul valore da dare ai verbi ἡγησάμην del v. 25 e ἔπεμψα del v. 28. Il problema verte cioè sul fatto se siano da considerarsi veri aoristi – e quindi Paolo sta scrivendo mentre già Epafrodito è rientrato a Filippi, avendo già portato là il biglietto di ringraziamento di 4,10-20: cf. B. D. RATHJEN, «The Three Letters», 169-170 – oppure se bisogna vedercì degli aoristi epistolari – che si riferiscono al momento della lettura della lettera, quando le azioni di Paolo sono necessariamente al "passato": cf. B. S. MACKAY, «Further Thoughts», 165-166. Si percepisce come la questione sia fittizia e strumentale a tesi da dimostrare. Più fruttuoso mi pare il confronto con l'epistolografia papiracea di H. KOSKENNIEMI, *Studien*, 77-87 che mostra come l'espressione ἀναγκαῖον ἡγησάμην sia una formula epistolare tendente a esprimere la necessità di scrivere quando si presentava l'occasione di qualche "corriere" in partenza. Qui fine mi pare essere l'osservazione di P. A. HOLLOWAY, *Consolation in Philippians*, 54 n. 86: « It is not that Epaphroditus' return trip to Philippi was the occasion for Paul's letter, but that the Philippians themselves were the occasion (ἀφορμή) for Epaphroditus' return. Here Paul seems to play with an epistolary formula to make a veiled point ».

- Per due volte si mette in evidenza la grave malattia da lui sopportata e per due volte si utilizza la vicinanza alla morte:
    - 2,26-27a ἠκούσατε ὅτι ἠσθένησεν καὶ γὰρ ἠσθένησεν παραπλήσιον θανάτῳ
    - 2,30 διὰ τὸ ἔργον Χριστοῦ μέχρι θανάτου ἤγγισεν;

- Per due volte si mette in riferimento il tutto alla preoccupazione per questa malattia e alla gioia per questa guarigione;
    - 2,26.27 ἐπειδὴ ἐπιποθῶν ἦν πάντας ὑμᾶς καὶ ἀδημονῶν, διότι ἠκούσατε ... ἀλλὰ ὁ θεὸς ἠλέησεν αὐτόν, οὐκ αὐτὸν δὲ μόνον ἀλλὰ καὶ ἐμέ, ἵνα μὴ λύπην ἐπὶ λύπην σχῶ
    - 2,28 ἵνα ἰδόντες αὐτὸν πάλιν χαρῆτε κἀγὼ ἀλυπότερος ὦ.

2.2.1. 2,25-30 in relazione a ciò che precede nella lettera

Anche in questo caso Paolo non entra nei dettagli narrativi esprimendo ciò che è accaduto o il "come" Epafrodito ha aiutato Paolo nella sua prigionia[39]. Le motivazioni che devono spingere la comunità all'*accoglienza* di Epafrodito e all'*onore* nei confronti di Epafrodito e di Timoteo (cf. 2,29: προσδέχεσθε οὖν αὐτὸν ἐν κυρίῳ μετὰ πάσης χαρᾶς καὶ

---

[39] Specialmente a partire dalle affermazioni di P. EWALD – E. WOHLENBERG, *Der Brief des Paulus an die Philipper*, Leipzig (Deichert) 1919 nel mondo tedesco e di J. H. MICHAEL, *Philippians* (del 1928) mondo anglosassone, si è diffusa l'ipotesi della "duplice missione" di Epafrodito, latore del dono monetario e inviato della comunità per essere vicino all'apostolo nella sua prigionia. Questi, malato non sarebbe più stato in grado di adempiere questa seconda parte della sua missione ed avrebbe necessitato allora di questa lunga "presentazione" di Paolo in ordine ad essere accolto di nuovo in una comunità che lo avrebbe ormai bollato da "incapace". Sembra strano che una pura congettura sia divenuta una solida "base" storica di interpretazione, tuttavia è lunga la lista dei sostenitori di una simile lettura. Tra gli altri si possono ricordare P. BONNARD, *L'Épître de saint Paul aux Philippiens*, Neuchâtel (Delachaux et Niestlé) 1950; F. W. BEARE, *Philippians*; F. F. BRUCE, *Philippians*; R. FABRIS, *Filippesi* (1983), anche se lo stesso autore si fa molto più sfumato in questa opinione nell'edizione del 2000; J. GNILKA, *Filippesi*; G. F. HAWTHORNE, *Philippians*; M. SILVA, *Philippians*. Anche il più recente C. OSIEK, *Philippians*, 79 propone in una maniera un po' "americanizzante" tale ipotesi: « Epaphroditus has gone off from Philippi to serve with Paul as an apostle. But he didn't make the grade [...] In the days without telephones, faxes or E-mail, his appearance would be in Philippi a total surprise. So, in order to sweeten the decision, he praises Epaphroditus to the hilt and asks the Philippians to take him back wholeheartedly ».

τοὺς τοιούτους - al plurale! - ἐντίμους ἔχετε) sono ancora una volta espresse con un linguaggio che fa eco a elementi già proposti precedentemente nella lettera:

• Epafrodito è presentato con lo stesso linguaggio militare-comunionale con cui Paolo aveva esortato la comunità:
... συστρατιώτην μου
1,27-28: μιᾷ ψυχῇ συναθλοῦντες τῇ πίστει τοῦ εὐαγγελίου καὶ μὴ πτυρόμενοι ἐν μηδενὶ ὑπὸ τῶν ἀντικειμένων;

• desideroso di una comunione che diventa preoccupazione per l'altro:
ἐπειδὴ ἐπιποθῶν ἦν πάντας ὑμᾶς καὶ ἀδημονῶν, διότι ἠκούσατε ὅτι ἠσθένησεν
2,2: πληρώσατέ μου τὴν χαρὰν ἵνα τὸ αὐτὸ φρονῆτε, τὴν αὐτὴν ἀγάπην ἔχοντες, σύμψυχοι, τὸ ἓν φρονοῦντες
2,4: μὴ τὰ ἑαυτῶν ἕκαστος σκοποῦντες ἀλλὰ [καὶ] τὰ ἑτέρων ἕκαστοι);

• e soprattutto è stato capace di una donazione di sé fino alla morte:
ἠκούσατε ὅτι ἠσθένησεν καὶ γὰρ ἠσθένησεν παραπλήσιον θανάτῳ [...] μέχρι θανάτου ἤγγισεν
2,8: ἐταπείνωσεν ἑαυτὸν γενόμενος ὑπήκοος μέχρι θανάτου, θανάτου δὲ σταυροῦ.

Così come con Timoteo, anche Epafrodito rappresenta allora l'esempio di un uomo che ha saputo rendere operativo quel φρονεῖν di Gesù Cristo nella dinamica di quel discernimento verso cui Paolo invita i Filippesi attraverso la lettera[40].

---

[40] Siamo molto lontani dalle letture psicologizzanti che vogliono vedere nelle espressioni di preoccupazione di Epafrodito nei riguardi della comunità un aspetto patologico di nostalgia di casa o di instabilità psichica dovuta alla malattia, che alcuni autori hanno voluto leggere in alcune espressioni di 2,25-30. Riporto, solo a titolo di esempio il pesantissimo linguaggio utilizzato da G. F. HAWTHORNE, *Philippians*, 118: « All of this points to the fact that Epaphroditus' illness may have been such as to arouse criticism in the minds of the Philippian Christians. Perhaps it was an emotional instability that made him unsuitable for the work for which he was commissioned, a despondency that brought him to death's door, hinted at in the reference to his homesickness and distraught anxiety for all those at Philippi ». Da qui anche altre

Epaphroditus personally and eminently exemplifies the teaching of Paul earlier in the same chapter that the Christian life is rooted in the event of the cross, which produces a practical obedience characterized by unity and mutual service one to another. [41]

Interessante inoltre notare tutte le espressioni che portano a vedere l'intero arco della preoccupazione per i Filippesi (*per altri e non per se stessi*) da parte di Epafrodito e da parte anche di Paolo, che ritiene il suo invio a Filippi *necessario* e finalizzato al fatto che si *possano rallegrare* (cf. 2,25.28)[42]. Mi sembra che, lungi da finalità giustificatorie e di-

---

interpretazioni psicologizzanti meritano di essere ricordate: una "gioventù" di Epafrodito (cf. per es. J. GNILKA, *Filippesi*, 276: « Forse Epafrodito era giovane. Paolo sa bene che rimandandolo a casa per ragioni di salute egli agisce contrariamente alle intenzioni dei Filippesi e per questo lo scusa »); l'incompatibilità di carattere con Paolo (cf. A. PITTA, «Filippesi», 2846: « Ora, insieme alla lettera e a Timoteo, i Filippesi si vedranno arrivare Epafrodito. Un tale cambiamento di progetto poteva essere soggetto a diverse interpretazioni, tra le quali una possibile incompatibilità di collaborazione tra Paolo e Epafrodito »); una debolezza fisico-psichica nel reggere la prigionia con le sue durezze (cf. D. A. BLACK, «Paul and Christian Unity», 212: « The sickness of Epaphroditus was a consequence of his co-imprisonment with Paul, arising from his difficulties and rigors »). C'è addirittura chi ha ipotizzato una scenetta di questo tipo: Epafrodito cade malato per strada, si prende paura del proprio stato e manda un messaggero a Filippi dicendo che è in fin di vita, poi si riprende e arriva da Paolo. Lì ha paura per la stupidaggine che ha fatto e ha timore di tornare, così Paolo lo "copre" davanti ai Filippesi con le sue parole: C. O. BUCHANAN, «Epaphroditus' Sickness and the Letter to the Philippians», *EQ* 36 (1964), 157-166.

[41] D. A. BLACK, *Paul, Apostle of Weakness. Astheneia and its Cognates in the Pauline Literature*, New York (Peter Lang) 1984, 214.

[42] Questo punto è stato recentemente molto sottolineato, anche se su basi diverse dalle mie da PAUL A. HOLLOWAY, che leggendo l'intera lettera come realizzazione del genere retorico-epistolare della *consolatio*, vede anche qui un'applicazione del continuo "andare incontro" di Paolo alla debolezza della comunità di Filippi. Cf. P. A. HOLLOWAY, *Consolation in Philippians*, 54: « Paul again complains of the compulsion he has been place under because of the Philippians: ἀναγκαῖον δὲ ἡγησάμην Ἐπαφρόδιτον ... πέμψαι πρὸς ὑμᾶς. Epaphroditus, who was commissioned by the Philippians to carry a gift to Paul, has stayed on to care for Paul in his imprisonment. He has done an admirable job [...] Nevertheless Paul is sending him back. Why? Because the Philippians had heard that Epaphroditus was ill, and, given the already fragile emotional state of the congregation, Epaphroditus is worried (ἀδημονῶν) about them

fensive nei confronti di Epafrodito, siamo davanti a un'altra realizzazione esistenziale dell'atteggiamento verso cui porta la *propositio* di 1,9-11. Quel saper cioè *crescere nell'amore* per *discernere il meglio* nella situazione concreta.

2.2.2. 2,25-30 in relazione a ciò che segue nella lettera

In 2,25-30 un altro aspetto colpisce, a differenza di 2,19-24. Il vocabolario e i sintagmi utilizzati non sono unicamente rivolti a quanto ha preceduto all'interno della lettera; alcune espressioni infatti trovano riverbero nella seconda metà della lettera. È chiaramente un tratto non percepibile alla prima lettura della lettera (l'uditore non sa ancora ciò che verrà detto!), ma è indubbio che la ricezione uditiva del testo, così come permette ora di ritornare a espressioni già utilizzate, così permetterà di ritornare all'esempio di Epafrodito (e quindi implicitamente anche di Timoteo) al comparire di alcune formulazioni.

2,30 | διὰ τὸ ἔργον Χριστοῦ μέχρι θανάτου ἤγγισεν |

3,7-8: ἅτινα ἦν μοι κέρδη, ταῦτα ἥγημαι διὰ τὸν Χριστὸν ζημίαν. ἀλλὰ μενοῦνγε καὶ ἡγοῦμαι πάντα ζημίαν εἶναι διὰ τὸ ὑπερέχον τῆς γνώσεως Χριστοῦ Ἰησοῦ τοῦ κυρίου μου, δι' ὃν τὰ πάντα ἐζημιώθην, καὶ ἡγοῦμαι σκύβαλα, ἵνα Χριστὸν κερδήσω

Nella recezione auditiva della lettera da parte dei destinatari, la menzione della disponibilità assoluta di Paolo in 3,7ss. nel mettere tutto ciò che è "importante" della vita in secondo piano διὰ τὸν Χριστόν, διὰ τὸ ὑπερέχον τῆς γνώσεως Χριστοῦ Ἰησοῦ τοῦ κυρίου μού, δι' ὃν ... non poteva non richiamare anche Epafrodito che ha vissuto parallelamente a Gesù Cristo la disponibilità del dono di sé *fino alla morte*, διὰ τὸ ἔργον Χριστου. Abbiamo infatti già potuto apprezzare nell'analisi di 3,7 come il διὰ τὸν Χριστόν rappresenti il fondamentale

---

(2:26). It is not, therefore, that Paul wants to send Epaphroditus back to Philippi, but that he feels compelled (ἀναγκαῖον) to do so, "in order that seeing him again you might rejoice (χαρῆτε) and I might also be less grieved (ἀλυπότερος)" (2:28). Again it is a case of Paul being constrained to act in a way he does not want to because of the emotional state of the Philippians ».

criterio di discernimento per la scelta nell'identità di Paolo[43]. Lo stesso criterio è qui quello di Epafrodito, che precede Paolo nell'esposizione epistolare!

2,25.30
```
λειτουργὸν τῆς χρείας μου
τὸ ὑμῶν ὑστέρημα τῆς πρός με λειτουργίας
```

4,11-12: οὐχ ὅτι καθ' ὑστέρησιν λέγω [...] καὶ περισσεύειν καὶ ὑστερεῖσθαι
4,16: ὅτι καὶ ἐν Θεσσαλονίκῃ καὶ ἅπαξ καὶ δὶς εἰς τὴν χρείαν μοι ἐπέμψατε
4,18: ἀπέχω δὲ πάντα καὶ περισσεύω· πεπλήρωμαι δεξάμενος παρὰ Ἐπαφροδίτου τὰ παρ' ὑμῶν, ὀσμὴν εὐωδίας, θυσίαν δεκτήν, εὐάρεστον τῷ θεῷ.
4,19: ὁ δὲ θεός μου πληρώσει πᾶσαν χρείαν ὑμῶν

L'elemento liturgico-sacrificale, con cui l'esplicita menzione di Epafrodito e della sua missione di latore di dono in 4,10-20 è caratterizzata, non può non richiamare i nostri versetti alla mente degli uditori[44]. In 2,25-30 Paolo aveva mostrato come una tale azione *liturgica* era giunta con Epafrodito fino alla disponibilità totale di sé che era arrivata a mettere a repentaglio la propria vita: παραβολευσάμενος τῇ ψυχῇ ἵνα ἀναπληρώσῃ τὸ ὑμῶν ὑστέρημα τῆς πρός με λειτουργίας.

---

[43] Del resto vale la pena segnalare che anche la δικαιοσύνη di 1,11 – nella funzione di annuncio prolettico di quanto sarebbe seguito nella lettera – avesse come criterio il διὰ Ἰησοῦ Χριστοῦ.

[44] Segnalo un articolo che mette molto bene in evidenza la dimensione della relazione, neppure troppo implicita, tra 4,10-20 e 2,25-30 attorno ai sintagmi liturgico-cultuali: S. CIPRIANI, «Aspetti "Liturgico-Cultuali" nella Lettera ai Filippesi», in M. M. MORFINO (ed.), *Theologica III. Annali della Pontificia Facoltà Teologica della Sardegna. Miscellanea Biblica in memoria di P. Silverio Zedda SI*, Cagliari (Piemme) 1994, 219-234. Interessante il titolo del paragrafo che tocca 2,25-30: *La "liturgia" della "carità"*, segno che a livello intuitivo Cipriani ha notato come qui Epafrodito sia presentato come "esemplare" sul piano della *carità*!

2.3. Alcune prime considerazioni complessive su 2,19-30.

2.3.1. Il *raddoppiamento*

La prima caratteristica che vorrei mettere in evidenza è quella formale del *raddoppiamento* di ogni elemento nella nostra lettera, che trova il suo apice in 2,19-30. Abbiamo visto la struttura a "due ante" dell'intera lettera[45]. Ora nella nostra sezione, "unica" nel quadro della lettera, troviamo *due* collaboratori inviati e presentati da Paolo alla comunità e, tale presentazione viene fatta sia in un caso come nell'altro utilizzando *ripetizioni*, sia lessicali che formali[46]. Non vorrei entrare nel *mare magnum* dell'interpretazione del fenomeno della "ripetizione" che segna molta produzione critica contemporanea[47]. Mi sembra tuttavia affascinante la proposta di coloro che vedono nelle ripetizioni delle

---

[45] Cf. quanto già detto nel cap. 1 e i già citati là L. G. PERDUE, «The Social Character», 5-39 e I. H. THOMSON, *Chiasmus*. Aggiungerei qui l'osservazione di J.-N. ALETTI, «Paul et la Rhétorique», 38: « Plusieurs des lettres pauliniennes conservent un cadre « épistolaire » pour le corps de l'épître, flexible certes, mais jamais absent, à savoir une partie qui fait fonction de *narratio* et une partie exhortative. Mais de 1Th, où le schéma épistolaire (*narratio* + *exhortatio*) est très prégnant, à Philippiens, où il se redouble ... ».

[46] Non credo che questo aspetto sia stato evidenziato da alcuno degli studi da me consultati. Gli unici autori ad avere evidenziato il fenomeno sono stati, ed entrambi esclusivamente riguardo a 2,25-30, R. FABRIS, *Filippesi* (1983), 84 e G. D. FEE, *Philippians*, 272: « The paragraph is in two parts (vv. 25-27; 28-30) both of which a) begin on the same note (Paul's having sent Epaphroditus), (b) mention Epaphroditus as the Philippians' "minister to my needs", and (c) note that Epaphroditus's illness brought him very near to death. [...] The first part gives the reason from *Epaphroditus's perspective* [...] The second part gives the reason for sending him, now from *the Philippians' perspective* ».

[47] Molti sono gli studi della linguistica e della retorica contemporanea che enfatizzano il significato delle *ripetizioni* e delle *re-iterazioni* discorsive, fornendo tutta una gamma di significati storico-linguistici (cf. M. WANDRUSZKA, «"*Repetitio e Variatio*"», in R. BAEHR (ed.) *Attualità della Retorica. Atti del I Convegno Italo-tedesco di Bressanone 1973*, Padova (Liviana) 1975, 101-111), poetico-psicologici (cf. C. FACCHINI TOSI, *La ripetizione lessicale nei poeti latini. Vent'anni di studi (1960-1980)*, Bologna (Patron) 1983), pragmatici (cf. C. BAZZANELLA, «Aspetti pragmatici della ripetizione dialogica», in G. GOBBER (ed.), *La linguistica pragmatica*, Roma (Bulzoni) 1992, 433-454) o altri ancora. Si può comunque vedere l'ottimo studio di M. FRÉDÉRIC, *La répétition. Étude linguistique et rhétorique*, Tübingen (Niemeyer) 1985.

"figure di presenza", atte cioè ad enfatizzare, a "raddoppiare" il senso di "presenza" dell'autore nei confronti dei recettori, o del concetto che si vuole trasmettere loro[48]. Non siamo quindi di fronte unicamente ad un'enfasi particolare nel proporre questi due uomini dinanzi alla comunità di Filippi. E anche se questa enfasi acquisisce uno spessore maggiore se si "prende sul serio" l'unicità di 2,19-30, intesa come non-corrispondenza con altre sezioni della lettera, l'utilizzo costante del raddoppiamento, della ripetizione in Fil non può che confermare la tonalità fortemente affettiva della comunicazione. Potremmo dire quasi un "testamento" di Paolo che vede davanti a sé la possibilità della morte e vuole fortemente trasmettere "ciò che più conta" nella vita ad una comunità legata a lui da una forte relazionalità amicale[49].

2.3.2. La relazione con il resto della lettera

Un secondo aspetto caratteristico, messo in evidenza da praticamente tutti gli studi[50], è la consonanza delle espressioni utilizzate per Timoteo ed Epafrodito con quelle utilizzate nella prima parte della lettera, in particolare in 2,1-11[51]. Così credo si possa dire che è

---

[48] C. PERELMAN e L. OLBRECHTS-TYTECA, *Trattato dell'Argomentazione. La nuova Retorica*, Torino (Einaudi) 1989², 123-127 per la definizione di "senso di presenza" e 184-186 per la "ripetizione" legata all'effetto di "presenza".

[49] Torneremo brevemente in seguito alla possibilità che Fil possa essere tra le ultime (se non addirittura l'ultima) lettere composte dall'apostolo, e come tale possibilità nasca anche dalla possibile prigionia romana di Paolo, che renderebbe ragione del tenore argomentativo della lettera.

[50] Si potrebbe riempire un'intera pagina di citazioni a questo riguardo. segnalo perciò soltanto A. R. CULPEPPER, «Co-Workers In Suffering», 350 con la sua utile tabella terminologica dei parallelismi tra 2,1-11 e i nostri versetti e le osservazioni puntuali di D. E. GARLAND, «Composition and Unity», 163: « There are striking similarities with the preceding exhortations. In contrast to others who look after only their own interests (2:21 τὰ ἑαυτῶν ζητοῦσιν; see 2:4, μὴ τὰ ἑαυτῶν ἕκαστος σκοποῦντες), Timothy is one who will be genuinely anxious for τὰ περὶ ὑμῶν, for he is attested as one who has slaved selflessly (2:22; cf. 1:1, 2:7) in the work of the gospel. Epaphroditus is another who has put aside all self-concern to complete the mission assigned to him (2:30). He was obedient almost to the point of death and is held up as an example, "hold such ones as these in honor" (2:29) ».

[51] Qualcuno mette anche in grande risalto la correlazione con altre zone della prima parte della lettera: 1,12-26 per M. SILVA, *Philippians*, 153-154; 1,27-30 per D. F.

questo l'elemento più evidente delle note caratteristiche di questi due uomini che Paolo mette di fronte alla comunità di Filippi.

Quello che invece non mi sembra evidenziato da alcuno[52] è lo sguardo a ciò che nella lettera segue, relativamente, in particolare, agli elementi evidenziati sopra riguardo a 2,25-30 nella presentazione di Epafrodito. Certamente, risulta a questo punto della lettera chiaro il riferirsi a ciò che ha preceduto, dato anche il carattere in qualche modo conclusivo dei nostri versetti[53]. Tuttavia posta l'unità letteraria della

---

WATSON, «A Rhetorical Analysis», 71: « This *digressio* also gives fuller understanding to the proposition of 1:27-30 itself, illustrating "manners of life worthy of the Gospel of Christ, striving side by side for the faith of the gospel, and suffering for the sake of Christ". In addition, the *topoi* of joy-rejoicing (2:19, 28, 29) and serving others (2,25- 30) are developed (cf. 2:17) ». Più generico invece M. BOCKMUEHL, *Philippians*, 164: « Paul's description of these two friends reveals a number of features that parallel his commendation of the 'mind of Christ' in 1.27-2.18 ».

[52] L'unico che fa notare qualche cosa del genere è P. ROLLAND, «La structure», 215; tuttavia mi pare che la tabella terminologica sia quanto mai sommaria e difficilmente sostenibile in quella forma. Molto più fruttuosa mi pare essere la sottolineatura sintagmatica da me proposta piuttosto che quella lessicale (molto approssimativa) di Rolland.

[53] Il carattere "conclusivo" dei nostri versetti è evidenziato sia dai sostenitori di una lettura composita della lettera, sia da coloro che sostengono il valore di *body closing* dei nostri versetti, come abbiamo già avuto modo di vedere. Tuttavia anche altri, pur non schierandosi in alcuna di queste due categorie vedono un valore conclusivo di 2:19-30. F. B. CRADDOCK, *Philippians*, 47 vede nei nostri versetto l'inclusione all'autobiografia di 1,12-26: « At 2:17 Paul returns to a discussion of his own situation, making this unit parallel to 1:12-26. The exhortations and imperatives of 1:27 – 2:16 are concluded and the autobiographical disclosure begins. In content this passage has as its center neither theological nor ethical matters but brief reports on three persons: Paul, Timothy, and Epaphroditus ». Interessante la proposta di lettura di R. T. FORTNA, «Philippians», 226.229 che sostiene che Paolo aveva concluso la sua lettera con 2,30 e poi, saputo l'esito positivo della sentenza che lo riguardava, si mette a scrivere il *postscriptum* alla lettera 3,1 – 4,20: « In the latter paragraphs of chap. 2 (vv. 19-30) Paul evidently intends to bring the letter to a close, turning to practical matters having to do with his assistants and their relation to Philippi, perhaps easing some concerns of his own, setting things in order in case he is soon to die [...] It seems possible that Paul, by the time he adds this long postscript to chaps. 1 and 2, if such it be, has already learned that he is not to be put to death and, therefore, is beginning to take up again the life that, in his theological imagination, he had been willing and even eager to leave behind »; Cf. anche P. S. MINEAR, «Singing and Suffering in Philippi», in R. T. FORTNA

lettera, in questa tesi già più volte sostenuta, come la più rispettosa del testo e delle sue dinamiche, non può essere casuale il ricomparire in punti importanti della seconda parte della lettera, quale la presentazione del "modo di procedere" paolino (3,2-16) e il ringraziamento finale (4,10-20), di espressioni utilizzate per illustrare il comportamento di Epafrodito. Sinteticamente questa caratteristica mi pare ben evidenziata da affermazioni di questo tipo:

> In what at first appears as a simple act of informing the Philippians about the plans he has for Timothy, Paul continues to teach them from the quality of this man's life that the mission of a Christian is to serve rather than to be served. Further, it becomes clear that the theme of 2:5-11 illustrated immediately here in Timothy, and later in Epaphroditus, continues on through the remainder of the letter. There is thus no good reason for seeing 2:19-24 as heralding the beginning of the end of one of several supposed letters contained now in the compass of the one Philippian letter. [54]

2.3.3. L'*esemplarità* di Timoteo ed Epafrodito

Un terzo elemento da mettere in evidenza, collegato col precedente, è il carattere in qualche modo *esemplare* di Timoteo ed Epafrodito esplicitamente proposto da Paolo in 2,20-21 (οὐδένα γὰρ ἔχω ἰσόψυχον [...] τὴν δὲ δοκιμὴν αὐτοῦ γινώσκετε) e in 2,29 (προσδέχεσθε οὖν αὐτὸν ἐν κυρίῳ μετὰ πάσης χαρᾶς καὶ τοὺς τοιούτους ἐντίμους ἔχετε). Non credo sia un caso che, nella sua lettura sempre estremamente analitica dei processi logici paolini, il commento alla lettera di Tommaso d'Aquino reciti:

> Poi quando afferma, *spero nel Signore Gesù di inviarvi presto Timoteo*, Paolo propone i suoi stessi discepoli come un esempio, prima lo stesso Timoteo e, poi, Epafrodito. [...] Poi quando dice,

---

– B. R. GAVENTA (edd.), *The Conversation Continues. Studies in Paul and John*, Nashville (Abingdon Press) 1990, 202-219;

[54] G. F. HAWTHORNE, *Philippians*, 108.

ho pensato necessario, propone un altro discepolo come un esempio, cioè Epafrodito. [55]

Il fatto che Paolo, oltre a raccontare i suoi propositi, oltre a "raccomandare" Timoteo ed Epafrodito, li presenti anche come "modelli" di adesione ad un progetto etico, è riconosciuto unanimemente da tutti gli approcci alla lettera[56]. Ciò che non è per nulla "unanime", è l'identificazione della "funzione", della motivazione di tale esemplarità proposta da Paolo. Data l'importanza di tali suggestioni per la nostra successiva proposta, mi permetto di fornire qui un breve *excursus* del ventaglio di proposte.

2.3.3.1. Una parenesi implicita

Fornire degli esempi ha sempre un valore parenetico almeno implicito. Paolo vuole cioè suscitare un'imitazione, non tanto di Timoteo ed Epafrodito, ma del φρονεῖν di 2,5 di cui essi sono a loro volta imitatori. Questa prima presa di posizione, la più neutra, è quella espressa dalla maggioranza dei commentatori[57], arrivando talora ad affermazioni tendenti alla negazione di qualunque funzione argomentativa di tale valore parenetico implicito:

> Nel dialogo epistolare con i Filippesi Paolo non solo espone i suoi progetti o decisioni di inviare Timoteo ed Epafrodito, ma coglie anche l'occasione per presentarli come figure esemplari nel servizio del vangelo e nell'opera di Cristo. Una volta ammessa l'intenzione almeno implicitamente parenetica della se-

---

[55] TOMMASO D'AQUINO, *Comm. in Phil.* 2, Lectio IV (traduzione mia).

[56] Anche se non mancano coloro che, appoggiandosi sull'affermazione di M. DIBELIUS, *An die Philipper*, 65 che legge 2,19-24 semplicemente come « eine Art Empfehlungsbrief für Timotheus », ne sminuiscono la portata esemplare (cf. per es. J.-F. COLLANGE, *Philippiens*, 103; J. GNILKA, *Filippesi*, 268).

[57] Cf. tra gli altri, M. BOCKMUEHL, *Philippians*, 163-164.175; R. T. FORTNA, «Philippians», 226; G. F. HAWTHORNE, *Philippians*, 108; P. T. O'BRIEN, *Philippians*, 315 e, dello stesso autore «The Gospel and Godly Models in Philippians», in M. J. WILKINS e T. PAIGE (edd.), *Worship, Theology and Ministry in the Early Church*, Sheffield (Sheffield Academic Press) 1992, 273-284, in cui si propone di leggere queste due figure come "Godly models", al pari di Gesù Cristo stesso e di Paolo, creando un effetto di accumulazione nel tessuto della lettera; D. F. WATSON, «A Rhetorical Analysis», 71-72.

zione di Fil 2,19-30, non c'è bisogno di far ricorso al modello retorico per cogliere la sua funzione all'interno della struttura complessiva della lettera. [58]

2.3.3.2. I modelli sono proposti in vista della risoluzione delle problematiche comunitarie

La motivazione dell'enfasi esemplare dei nostri versetti sarebbe per altri da ricercarsi nelle motivazioni storico-contingenti dell'invio della lettera da parte di Paolo. Queste sarebbero da ricercarsi per qualcuno nella fatica di "sopportare" la sofferenza e la prova derivante dall'annuncio del vangelo a Filippi[59]; per altri nelle derive perfezionistiche e "gloriose" verso le quali la comunità si sentiva attratta[60]. C'è poi chi mette in evidenza l'invito di Paolo all'unità

---

[58] R. FABRIS, *Filippesi* (2000), 165.

[59] Cf. G. D. FEE, *Philippians*, 260-261: « This, then, is why he will send Timothy soon, to see how they are doing, both in their suffering and in holding firm the gospel in the unity of the Spirit. In this regard, both paragraphs seem to be written so as to present these two brothers as further models: Timothy as one whom they know to live for the sake of Christ, and thus for the concerns of others; Epaphroditus, as one who in his suffering for Christ that brought him near the death did not flag in doing the "work of Christ" »; P. S. MINEAR, «Singing and Suffering», 216. Con un taglio un po' differente A. B. LUTER – M. V. LEE, «Philippians as Chiasmus», 98 che pongono come tema centrale della lettera un 'partnership in the gospel' alla luce del quale leggere la centrale esemplarità di 2,19-30. Cf. anche W. J. DALTON, «The Integrity», 97-102; J. P. SAMPLEY, *Pauline Partnership*, 52-55.89-91, secondo il quale Timoteo ed Epafrodito sarebbero la presentazione paolina dell'esempio di una *societas Christi* realizzata.

[60] A. R. CULPEPPER, «Co-Workers In Suffering», 353: « The Philippians were dangerously close to embracing a christology (the Christ of glory rather than the servant Lord), a soteriology (perfection rather than servanthood), and an eschatology (deliverance from evil and judgment now rather than in the future) which Paul viewed as potentially disastrous for the church [...] The role of these verses in the plan of the letter is clarified when they are understood in this light. Paul discussed his plans for his co-workers at this point, following the christological confession, and preceding his attack on those who threatened the Philippian church because he wanted the church to see them as examples of church leaders whose services showed that they had "the mind of Christ" within them »; e 357: « Paul, therefore, elevated Timothy and Epaphroditus as examples, along with himself, of the way the Philippians should imitate Christ in servanthood. Such imitation is the strongest spiritual antidote to the dangers of legalism, perfectionism and dissension created by rivalry for power among

comunitaria attraverso l'esempio di Timoteo e Epafrodito[61], chi sottolinea come essi costituiscano l'esempio di una *true friendship* [62], chi infine vuole vedere tutta la lettera orientata a risolvere la grave spaccatura comunitaria dovuta alla frattura tra *leaders*, nello specifico Evodia e Syntiche (cf. 4,2-3), cui sarebbe strumentale la presentazione dell'esempio di questi due uomini[63].

2.3.3.3. La funzione retorica dell'*exemplum*

Abbiamo già visto sopra come coloro che adottano un approccio retorico di lettura della lettera abbiano reagito alla proposta di Watson di vedere in 2,19-30 una semplice *digressio*, proponendo di leggere la sezione come *exemplum* argomentativo all'interno della *probatio*[64], o come amplificazione della *confirmatio*[65], o come semplice parenesi implicita in connessione con la sezione precedente[66].

---

church leaders. The church needed more ministers like Paul, Timothy, and Epaphroditus».

[61] G. BARBAGLIO, *La Teologia di Paolo*, 365.

[62] T. FITZGERALD, «Friendship», 157-158: « Throughout Philippians Paul is seeking to elevate the Philippians' understanding of friendship and place it on a higher plane. The Philippians' understanding of friendship seems to have been utilitarian. [...] This non-utilitarian kind of friendship is exemplified by Christ (2:5-11), by Timothy (2:20), and by Epaphroditus (2:30) ». Cf. anche il recentissimo R. METZNER, «In aller Freundschaft. Ein frühchristlicher Fall freundschaftlicher Gemeinschaft (Phil 2.25-30)», *NTS* 48 (2001), 129-130: « Im Rahmen dieser offenen Gemeinschaft und Verbundenheit hat sich eine intensive Freundschaft auch zwischen ihm und dem Gemeindegesandten Epaphroditus ausgebildet. Die Beziehung zwischen Paulus und Epaphroditus ist ein Beispiel selbstloser Freundschaft, die in der gemeinsamen Verpflichtung gegenhüber dem Evangelium und in gegenseitiger Vertrautheit, Zuneigung, Sorge, Sehnsucht und Selbstlosigkeit Gestalt gewinnt ».

[63] D. E. GARLAND, «Composition and Unity», 172; F. STAGG, «Philippians», in *The Broadman Bible Commentaries*, Nashville (Broadman Press) 1971, 183.200-202: « How could Euodia and Syntyche continue their quarrel in the presence of him [Christ] who surrendered his rights and privileges for the sake of others? [...]How could they continue their wrangling and self-seeking in the presence of Timothy who does not look out for his own interests but serves sacrificially? [...] How can they persist in their divisive quarrelling in the presence of one of their own [Epaphroditus] who gambled his very life in devotion to both Paul and his own church? »

[64] D. A. BLACK, «The Discourse Structure», 38-39 e 47: « Having introduced and divided his proposition [che l'autore legge in 1,27-30 come *partitio* della lettera], Paul

2.3.4. Al centro della lettera

Quarta e ultima di queste osservazioni complessive è quella relativa alla "centralità" di 2,19-30, evidenziata anche dalla posizione nella lettera dei "nomi" propri dei nostri due uomini:

1,1 Timoteo			
1,1 – 2,18			
	Timoteo	2,19-24	
		2,25-30	Epafrodito
			3,1 – 4,23
			4,18 Epafrodito

Certamente un primo livello di osservazione è quello "quantitativo". Infatti, sia contando le parole che i versetti, il centro testuale della lettera appare essere proprio nella nostra pericope[67]. Tuttavia una tale centralità non è parsa naturale, né normale per il tono della pericope, facendo nascere la domanda relativa alle motivazioni di una tale posizione:

> The unusual position of the passage within the letter offers a promising starting point for understanding its function and meaning. Why would Paul violate his customary letter form and

---

proceeds to prove (*probatio*) his main thesis – unity begins with humility (2:1-4) – and presents three examples (παραδείγματα) in the persons of Christ himself (2:5-11), Timothy (2:19-24), and Epaphroditus (2:25-30) as additional proofs for his thesis after the classical fashion of *exempla* ».

[65] G. L. BLOOMQUIST, *The Function of Suffering*, 128: « ... function of adding to or amplifying the *confirmatio*. For in that Timothy and Epaphroditus are (or will be) known to the Philippians, Paul uses them to further the *argumentatio* by pointing to these men as further examples of the Christ-like behaviour Paul sets before the Philippians in the *exhortatio* (1.27 – 2.18). Therefore it seems more appropriate to view 2.19-30 rhetorically as *exempla* through which Paul illustrates his *argumentatio* ».

[66] T. C. GEOFFRION, *The Rhetorical Purpose*, 140-149; ; B. WITHERINGTON III, *Friendship and Finances in Philippi*, 75-76.

[67] Cf. A. B. LUTER – M. V. LEE, «Philippians as Chiasmus», 99 n.33; G. L. BLOOMQUIST, *The Function of Suffering*, 129 dà persino dei dati numerici: « It falls neatly in the middle, approximately 29 verses of the *argumentatio* falling on either side of it ».

speaks of his co-workers and travel plans in the middle of the letter? ⁶⁸

A questo punto mi sembra opportuno concludere questa serie di osservazioni e di lanciarmi nell'ultima parte di questo lavoro, nell'individuazione cioè della funzione di 2,19-30, verificando così come da questa trovi conferma tutto il progetto argomentativo di Paolo in Fil.

3. LA FUNZIONE DI 2,19-30 NEL TESSUTO DELLA LETTERA

3.1. Filippesi: una lettera esortativa di amicizia

Già più volte si è avuto occasione di far notare come le caratteristiche della lettera, il linguaggio utilizzato, le convenzioni epistolari portino a rendere per lo meno plausibile una definizione di Filippesi come *lettera esortativa di amicizia* ⁶⁹. Certamente, mi sembra di poter affermare con una certa sicurezza che l'attuale maggioranza dei commentatori sia ormai concorde nel riconoscere come di fondamentale importanza – sia per il tessuto della comunicazione paolina con la comunità di Filippi, che per la modalità espressiva – da una parte l'elemento amicale, famigliare per alcuni, dall'altra la primazialità della relazione parenetico-paracletica sulla comunicazione dottrinale o polemica tipica di altre lettere paoline. Pur non essendo assente alcun

---

⁶⁸ A. R. CULPEPPER, «Co-Workers In Suffering», 350.

⁶⁹ Non ritorno su una presa di posizione che è stata già abbondantemente mostrata qua e la nel corso del lavoro, specialmente nel precedente capitolo. Se si volesse comunque un buon excursus relativo alla tesi che vede in Fil una *lettera esortativa di amicizia*, il migliore, a mio modo di vedere è in G. D. FEE, *Philippians*, 2-14. Sottolineo qui soltanto, una volta di più, l'interazione nella nostra lettera tra la dinamica "amicale" e quella "esortativa". L'argomento è stato al centro dello studio di B. FIORE. Egli ha infatti mostrato (indipendentemente da Fil!) ampiamente « the theory of the letter as a hortatory medium and the situation of the epistolary exchange within a context of friendship [...] The letter, for all intents and purpose, becomes the personal presence of the friend who advises and instruct. Personal presence achieved through the letter may actually be more effective and "pure" than the physical presence » (*Personal Example*, 87.88).

elemento della comunicazione epistolare tipicamente paolina (ad eccezione dell'argomentazione più tipicamente scritturistica[70]), ogni elemento di Filippesi si colloca bene sullo sfondo del φιλικὸς τύπος attraversato da una continua valenza esortativa di Paolo alla comunità.

Non mi dilungo su questa presa di posizione che al termine dell'esposizione del lavoro non credo abbia bisogno di prove ulteriori. Eppure è importante questa identificazione perché permette di comprendere perché la lettera non abbia un *tema*, non faccia perno su *una* particolare situazione da risolvere all'interno della comunità, o si muova per dimostrare *un* particolare asserto "teologico"[71]. L'assenza di un tema positivamente proposto trova conferma anche dall'aver individuato in 1,9-11 la *propositio* dell'intera argomentazione epistolare[72]. Tale *propositio*, come abbiamo visto, non è assertiva, ma è sotto forma di *preghiera* (καὶ τοῦτο προσεύχομαι, ἵνα ...) che ha per natura sua insito il nesso logico dell'apertura in avanti, in un processo dinamico (si parla di *crescita* ἔτι μᾶλλον καὶ μᾶλλον dell'*amore*, nella *conoscenza* e nel *discernimento*), che ha come punto d'arrivo non una meta gnoseologica o pratica, ma il momento di pienezza escatologica (εἰς ἡμέραν Χριστοῦ, πεπληρωμένοι ...) nell'incontro diretto con Dio (la *giustizia*) attraverso Gesù Cristo.

---

[70] L'osservazione di R. PENNA, «Un fariseo», 81 che « Paolo non trae direttamente dalla Torah norme concrete per la vita delle sua comunità » è un assioma ormai unanime negli studi sull'etica paolina. Cf. anche, solo come un esempio J. D. G. DUNN, *La Teologia dell'Apostolo Paolo*, Brescia (Paideia) 1999, 636-640.

[71] P. PERKINS, «Philippians: Theology for the Heavenly Politeuma», in J. M. BASSLER (ed.), *Pauline Theology. Vol. 1*, Minneapolis (Fortress Press) 1991, 97: «If we understand theology to be exposition of, or reflection upon, central Christian *topoi* such as the saving effect of the cross, God's plan of salvation, the relationship of the community to Christ, then we should admit that Phil is not theological in intent. [...] Paul's rhetorical activity in the letter has not developed such suggestions ».

[72] Lo stesso criterio di comprensione "a-tematica", ma esortativa, anche se intesa sul versante della *consolazione* alla comunità in P. A. HOLLOWAY, *Consolation in Philippians*, 92-100.161-162. Abbiamo visto come questo autore sia l'unico a porre insieme a noi 1,9-11 come « programmatic for the argument of the alleged letter-fragments and gives to the canonical letter both a logical and a thematic unity » (p. 7).

È questo il progetto dell'intera vita cristiana che Paolo ha davanti a sé e propone continuamente in tutta la lettera[73]. Proprio però perché si ha davanti il "tutto", non può essere un "particolare" al centro, ma solo una relazione (da qui il φιλικὸς τύπος) e un andare al cuore del vivere (da qui il tono esortativo in vista di τὰ διαφέροντα sempre da *conoscere e discernere*).

3.2. Il motivo di un'architettura epistolare

La descrizione del contenuto della lettera, sopra ipotizzata, se riesce a far percepire i materiali e il tono della lettera con una certa "omogeneità" e coerenza, non rende di per sé ragione della particolare "architettura" della lettera che ha fatto discutere generazioni di critici, e continua in buona sostanza a interrogare qualunque lettore, in particolare della collocazione di 2,19-30 e della sua funzione all'interno di Filippesi.

Dalla nostra analisi della lettera, abbiamo messo in evidenza come gli elementi della seconda parte della lettera "ripetano" gli elementi della prima, facendo però sempre progredire l'argomentazione, e mai cadendo nella semplice ripresa inclusiva – tale cioè da formare qualche forma di "macro-chiasmo" epistolare.

Riprendendo quello che già abbiamo descritto proviamo a presentare uno schema della lettera:

---

[73] Vanno nella stessa direzione anche tutte le sezioni direttamente esortative: 1,27-30 e 3,2; 3,17-4,1 sullo sfondo del confronto con "avversari", 2,1-5.12-18 e 3,15-16 sullo sfondo positivo comunitario-comunionale.

1,1-2 *Praescriptum* epistolare	4,21-23 *Postscriptum* epistolare
1,3-11 *Exordium* - Ringraziamento 1,9-11 *Propositio* della Lettera	4,10-20 Ringraziamento finale
⇓	⇑

1,12-26 La vicenda di Paolo
    1,12-18a "a vantaggio del Vangelo"
    1,18b-26 "a vantaggio vostro"
	4,2-9 Esortazioni particolari ai destinatari (riguardo alle loro vicende)

⇓	⇑
1,27-30 Paolo e i Filippesi: esortazione	3,17-4,1 Paolo e i Filippesi: esortazione
⇓	⇑

2,1-18 L'*exemplum* di Cristo Gesù
    2,1-5   esortazione
 	
    2,6-11 Cristo
    2,12-18 esortazione
	3,2-16 L'*exemplum* di Paolo
	    3,2-3 esortazione
	              (e sua giustificazione)
	    3,4-14 Paolo
	    3,15-16 esortazione

	⇑
	3,1 Formula epistolare di esitazione e ripetizione
⇓	⇑

                2,19-30 Timoteo e Epafrodito

Se non si cade nella "trappola", seppur sempre affascinante, di letture macro-chiastiche[74], ma si colgono le dinamiche argomentative del tessuto epistolare, si deve verificare come ogni elemento faccia progredire il "progetto" della lettera, così come viene espresso dai versetti 1,9-11 che abbiamo visto ricoprire la funzione propria della *propositio* retorica. Riprendendo alcuni elementi già messi in evidenza nell'analisi di quella sezione, si può agevolmente mostrare come la priorità esortativa di Paolo non stia nella trasmissione di un'etica tassonomica o nel tentativo di risoluzione di problemi cogenti e attuali per la comunità[75], ma

- che l'*amore* cresca sempre più (dinamica del cammino, del percorso) e che questa crescita sia legata (ἐν) ad una *conoscenza* e al *discernimento etico* nell'ottica di *scegliere* ciò che *più* pesa, conta;
- per essere, al termine dell'itinerario, nella relazione escatologica del *giorno di Cristo* in una situazione di *pienezza* (e non di povertà!);

---

[74] Rimando solo al dibattito suscitato dalle proposte macro-chiastiche di A. B. LUTER – M. V. LEE, «Philippians as Chiasmus», di P. WICK, *Der Philipperbrief* e di C. W. DAVIS, *Oral Biblical Criticism*. Si legga per la distruzione radicale degli approcci macro-chiastici in genere (e in particolare!) S. E. PORTER and J. T. REED, «Philippians as a Macro-Chiasm», 213-231. Anche se le osservazioni di quest'ultimo articolo mettono bene in evidenza la debolezza del reperimento di "chiasmi" in macrostrutture, in intere lettere, e in particolare in Filippesi (cosa da me condivisa in larga parte), mi pare tuttavia che la loro foga *destruens* dimentichi il *fatto*, comunque da "interpretare", della posizione "centrale" di 2,19-30 all'interno della architettura globale. Si veda per esempio il duplice piano di argomenti in confutazioni di questo genere: « Luter and Lee's conclusion that 2.17-3.1a provides the 'crowning central thrust of the letter' is not only forced but skews the less grandiose function of commendations and travel information conveyed in this section, a function paralleled in other personal letters » (p. 228). Discutere sulla funzione argomentativa di un brano e sul tema o argomento di esso non rende né più vera né più falsa alcuna affermazione fatta su l'uno o l'altro piano interpretativo! Per una difesa della possibilità di leggere alcune lettere paoline alla luce di fenomeni chiastici e per una buona bibliografia di questo metodo si veda il recente articolo di J. P. HEIL, «The Chiastic Structure and Meaning of Paul's Letter to Philemon», *Bib* 82 (2001), 178-206.

[75] È questa, come si dirà, una delle possibili piste di apertura nella ricerca che una simile lettura della lettera può proporre per una "etica" delle lettere paoline.

– una pienezza che non è legata ad un possibile auto-accrescimento o auto-arricchimento, ma al dono-frutto legato alla *giustizia* che è attraverso Gesù Cristo a gloria di Dio.

Nell'andamento argomentativo della lettera questo progetto si realizza attraverso una serie di *esempi* e di esortazioni. Tuttavia parlare di *esempi* non significa parlare di una categoria unica e univoca. Il già citato studio di Benjamin Fiore ha mostrato come esistano vari tipi di *exemplum* e ognuno di essi è utilizzato in una differente strategia esortativa. Riporto per esteso la sintesi che l'autore fornisce, perché sarà particolarmente utile per cogliere il percorso paolino in Fil.

> In one employment of the device, **example is a sample**, one instance of a category, a pattern which what (*sic*!) is sought after must fit. The author constructs or fabricates the exemplar. The end envisaged is the discovery and recognition of that person or thing. The audience might be expected to join the search or at least to accommodate their perceptions and evaluations to those of the author. Much like this usage is that of **example as specimen**. The difference lies in the fact that the author does not construct the exemplar but finds an actual representative of a series of object or persons. The end envisaged and the audience's reaction remain the same. **Example as prototype** or model constitutes a third category. [...] Attention centers either on the person or thing which imitates or copies the prototype or on the one who at least strives to fashion itself after the model. Thus, the end in view is the effort to imitate the example. The audience is expected to enter or continue a program of instruction and formation as outlined by the author. Finally, **example serves as an instructional experience**, on the basis of a precedent in personal circumstances or historical events. The example directs attention toward an analogous set of circumstances or conditions in the present or future. The example is meant to be learned and to be an aid in formulating future decisions. [76]

---

[76] B. Fiore, *Personal Example*, 90-91. L'autore si rifà qui soprattutto agli studi di H. Kornhardt, *Exemplum: Eine bedeutungsgeschichtliche Studie*, Göttingen (Robert Noske) 1936, 10-61.

Quali sono allora gli *exempla* che Paolo presenta ai Filippesi?

(a) Gesù Cristo

Gesù Cristo è chiaramente presentato come esempio in 2,1-11. Tuttavia è evidente che l'*exemplum* di Cristo non è semplicemente un modello "da imitare"; egli è invece senza ombra di dubbio un esempio che si colloca sul versante *prototipico*. Qualcuno ha recentemente proposto la categoria della "metafora" a proposito dell'utilizzo esemplare dell'inno cristologico da parte di Paolo:

> Se adottiamo una nozione più flessibile di corrispondenza, dobbiamo attenderci delle dissomiglianze tra Cristo e il suo popolo, perché la metafora indica sempre una somiglianza sorprendente tra entità dissimili. Nella lettera ai Filippesi Paolo offre una lettura metaforica dell'autospogliamento e della morte di Cristo; la forza della metafora è precisamente una funzione della sua audace improbabilità, che invita a vedere le loro vite e le loro vocazioni come corrispondenti all'azione benigna del Signore, che essi acclamano nel culto. [77]

Certamente non mi sembra che fare ricorso alla categoria della *metafora* trovi la sua giustificazione nel tentativo di descrivere la particolarità della tipologia esemplare davanti alla quale ci troviamo in Fil 2. Pertanto, non ne condivido qui il suo utilizzo, visto che non siamo davanti ad una "metafora" della vita, ma siamo, come abbiamo visto, realmente dinanzi ad un *exemplum prototipico*. Gesù Cristo in 2,5-11 non è cioè presentato come facitore di azioni da ripetere[78], ma come colui che mostra quel φρονεῖν che deve divenire il φρονεῖν di ogni cristiano. Che il tema del retto φρονεῖν fosse al centro della riflessione

---

[77] R. B. HAYS, *La visione morale del Nuovo Testamento*, Cinisello Balsamo (Edizioni San Paolo) 2000, 63. Così anche P. PERKINS, «Heavenly Politeuma», 97: «The Christ hymn at its center contains the metaphorical seeds for centuries of christological reflection [...] The hymn sets out the central Christian metaphor whose effects are to be detected in the experiences of Paul, Epaphroditus, and the Philippians as they serve the gospel »; stesso vocabolario in S. J. KRAFTCHICK, « Necessary Detour: Paul's Metaphorical Understanding of the Philippian Hymn», *HorBibT* 15/1 (1993), 1-37.

[78] È evidente che non è reiterabile l'itinerario di Gesù Cristo, né il suo inizio (ἐν μορφῇ θεοῦ), né il suo termine (κύριος).

etica ellenistica non è oggi oggetto di discussione[79]. La centralità di un tale approccio in Filippesi[80] non può che far riflettere e fa giungere molti alla medesima conclusione[81]. Gli studi più recenti che mettono in correlazione il pensiero etico paolino con i parametri filosofici del tempo hanno ormai (di)mostrato con chiarezza come la centralità etica del tema del retto φρονεῖν del "saggio", trovi con Cristo il nuovo e fondamentale parametro etico di riferimento[82].

---

[79] Specialmente dopo lo studio di T. ENGBERG-PEDERSEN, *Aristotle's theory of moral insight*, Oxford (Clarendon Press) 1984, che ha mostrato come al cuore della riflessione etica del tempo non ci fosse la domanda dell'eticità di questa o di quell'azione morale, ma della disposizione interiore con cui le azioni morali sono scelte o giudicate.

[80] Questa centralità è stata al centro dello studio di J. HERIBAN, *Retto* φρονεῖν, 394-395: « φρονέω è un termine che caratterizza la lettera di Paolo ai Filippesi dall'inizio alla fine [...] Il tema del retto φρονεῖν è il *topos* parenetico intorno al quale si incentrano le esortazioni di Paolo ».

[81] Cf. M. D. HOOKER, «Interchange», 361: « Phil 2 is equally practical: the pattern of Christ's self-humiliation is the basis of the Christian's life and of his dealings with his fellow men. **This is not simply a question of following a good example: he *must* think and behave like this, because the behaviour of Christ is the ground of his redemption** [...] He must behave like this because he is *in* Christ, and this is the mind of Christ »; L. W. HURTADO, «Jesus as Lordly Example in Philippians 2:5-11», in P. RICHARDSON – J. C. HURD (edd.), *From Jesus to Paul: Studies in Honour of Francis Whright Beare*, Waterloo (Wilfrid Lurier University Press) 1984, 123: « Jesus' redemptive work is so described as to make it at the same time something of **a pattern for those who call him Lord** »; così anche G. BARBAGLIO, *La Teologia di Paolo*, 364-365; G. D. FEE, *Philippians*, 196 n. 14: « ... "imitatio" in Paul, which **does not mean "repeat after me", but (in the present context) "have a frame of mind which lives on behalf of others the way Christ did in his becoming incarnate and dying by crucifixion"**. The point of 2,9-11, is not "imitatio" in the "follow me" sense, but in the sense of God's vindication of such a life »; P. T. O'BRIEN, *Philippians*, 198.262 e molti altri (mie evidentemente le sottolineature).

[82] T. ENGBERG-PEDERSEN, *Paul and the Stoics*, 93: « The starting point is the immediate, and probably natural, self-identification of an individual human being, which consists in an intricate interplay between two things: (a) the subjective sense of being 'oneself' and (b) seeing that self ('oneself') as being defined by one's striving to obtain so-called natural goods for oneself, including the socially recognized ones, those representing the ordinary values within society. I *am* the person who strives to obtain for myself this or the other natural and social good. That kind of self-identification grounds what we may call the subjective perspective on the world. But the end point of the change is also similar in that it is derived from something that is taken to have an external or objective status in relation to the individual. Christ is

(b) Paolo stesso

Paolo si presenta come portatore di un'esemplarità, ma anche in questo caso è un'esemplarità non presentata come ripetibile nella dinamica esistenziale. Basta infatti leggere 3,2-16 per comprendere come nessun lettore-uditore possa mettersi "sullo stesso piano". Eppure Paolo si propone come riferimento di imitazione[83]. Credo si possa così condividere quanto scritto da Troels Engberg-Pedersen:

> The motif that is perhaps the most powerful one that Paul employs in the letter, *Paul modelling Christ to the Philippians,* that is Paul himself being modelled *on* Christ *and* acting in that function as a model *for* the Philippians. The most explicit formulations of this motif are these: (i) the reference of the Philippians' present suffering, which is the same as Paul's own earlier suffering – and also as his present one (1:29-30), which he has just described (1:18-26) on the model of Christ; (ii) Christ (2:6-11) as a model for the Philippians (2:5) – but with Paul himself as an intermediary (2:12) who himself wears the colours of the suffering Christ (2:17); (iii) finally, and most importantly, the description of Paul's own call (3:4-11), which made him 'symmorphic' with Christ in his death (3:10), of his own striving upwards for the prize of that call in Christ Jesus (3:14) corresponding to the fact that he has himself been grasped by Christ (3:12), and his concluding exhortation that the Philippians imitate him *together with* himself, presumably in a shared striving upwards. [84]
>
> Paul attempts to make his addressees *understand* the model and *feel* it. [...] The fact that he speaks of himself – in the way he has described himself in 3:4-14 – as a *typos* for the Philippians is

---

obviously such a thing. But so is reason, on the Stoic understanding. The rise to a rational understanding is precisely a rise to an objective perspective which decisively relativizes the earlier, subjective perspective. In identifying with Christ *or* with reason, one comes to look 'down upon' one's previous individual self 'from above' ». Cf. anche le conclusioni a cui giunge J. L. JACQUETTE, «Paul, Epictetus», 68-80.

[83] Secondo il secondo tipo di *exemplum* mostrato da B. FIORE.

[84] T. ENGBERG-PEDERSEN, *Paul and the Stoics*, 91. Per riferimenti più generali allo schema Paolo-Stoicismo per l'esempio di se stesso, cf. le pagg. 34 e 107.

virtually identical with having him say: look, this self-description of mine constitutes a model for your own self-understanding and practice. In addition to that, however, Paul also *uses* the model somewhat more implicitly, e.g. when in 1:12-30 he plays out, even *acts* , his own bending down to the Philippians. It is this double use of the model, I suggest, that from time to time makes its relation to Paul's own text less than wholly transparent. One simply cannot always see immediately and at a single glance how the model informs Paul's text. [85]

Si vede così perché è importante conservare la modalità concreta e particolare con cui Paolo propone se stesso come esempio in Filippesi, senza cadere in omologazioni con altre zone dell'epistolario in cui, pure, questo avviene[86]. Di particolare rilievo mi pare infatti che Paolo proponga le esortazioni particolari alla comunità – e quindi le maggiormente delicate da farsi in una relazione amicale – solo dopo aver mostrato il suo coinvolgimento personale nel φρονεῖν che propone loro. Quasi come sottolineare che il suo "mettere il naso" nelle questioni anche personali dei Filippesi, non trovi più la sua giustificazione in un'autorità *imposta* o *autogiustificantesi*, ma dal comune cammino di crescita nell'amore in vista del discernimento esistenziale. Si coglierebbe allora meglio un altro dato che il fluire del testo ha mostrato nella ri-proposta delle *stesse cose*:

---

[85] T. ENGBERG-PEDERSEN, *Paul and the Stoics*, 129. Cf. sullo stesso tenore P.-M. BEAUDE, «Saint Paul», 135-145; D. J. DOUGHTY, «Citizens of Heaven», 102-122, ma anche praticamente tutti i commentari, K. BARTH, *Filippesi*, 177; M. BOCKMUEHL, *Philippians*, 195; J.-F. COLLANGE, *Philippiens*, 111 ; F. B. CRADDOCK, *Philippians*, 53; R. FABRIS (2000), *Filippesi*, 206; G. D. FEE, *Philippians*, 290.303; G. F. HAWTHORNE, *Philippians*, 130

[86] Rischiano, a mio parere, questo "appiattimento" coloro che leggono in maniera trasversale le zone autobiografiche paoline (come, in parte, A. PITTA, *Sinossi Paolina*, 36-47) oppure le omologano a qualche modello educativo rabbinico (per es. R. KIRSCHNER, «Imitatio Rabbini», *JSJ* 17 (1986), 70-79) o filosofico (cf. H. D. BETZ, «On Self-praise»).

```
Esortazioni generali    →    Cristo

2,19-30: Timoteo ed Epafrodito *esempi reiterabili*

            Paolo    →    Esortazioni particolari
```

(c) Gli altri

È lo stesso autore della lettera che indica esplicitamente di allargare lo sguardo. In Fil 3,17 infatti si legge: συμμιμηταί μου γίνεσθε, ἀδελφοί, καὶ σκοπεῖτε τοὺς οὕτω περιπατοῦντας καθὼς ἔχετε τύπον ἡμᾶς. L'"io" di Paolo diviene qui "noi"[87]. Il riferimento non è generico, se rimaniamo nell'ambito intra-epistolare. Fa senz'altro eco alla sezione 2,19-30 in cui altri sono posti dinanzi ai Filippesi come *exempla*: Timoteo e Epafrodito. Eppure essi non sono esempi dello stesso tipo di Cristo o di Paolo. Loro sono "esempi reiterabili" nella linea del quarto tipo di *exemplum* nella lista sopra riportata.

Timoteo ed Epafrodito sono presentati come esempio dell'autentico discernimento "in atto", della realizzazione cioè di quella capacità di *scegliere ciò che più conta* (cf. 1,10) nelle concrete circostanze della vita[88]. Si comincia a comprendere perché si abbia, nel percorso argomentativo della lettera, questo "centro". Esso si colloca tra le due parti della lettera come punto di conclusione dell'itinerario della prima e come punto di "partenza" (almeno mentale) dell'itinerario della seconda.

---

[87] Si leggano le acute osservazioni al proposito di U. VANNI, «Verso la struttura letteraria», 79.

[88] Pur su altra base metodologica si ha la medesima intuizione, anche se solo accennata, in C. W. DAVIS, *Oral Biblical Criticism*, 117: « As it is typical of oral composition, Paul does not leave the discussion of working for the benefit of the gospel (2.12-18) in the theoretical world. He immediately follows up his commands with two very practical examples in 2.19-30. Furthermore, these examples are not icons to be imagined but men with whom the Philippians are quite familiar ».

La centralità delle figure di Timoteo ed Epafrodito sta, paradossalmente, nella loro *imitabilità*[89]! Nessun membro della comunità di Filippi può "essere" Gesù Cristo; e nessuno può "essere" Paolo ... ognuno può invece essere Timoteo ed Epafrodito dinanzi alle concrete situazioni della vita in cui poter *crescere nell'amore*, nella *conoscenza* e nel *discernimento*, per *scegliere ciò che più conta* in vista del *giorno di Cristo* e della *giustizia a gloria e lode di Dio*. In fondo tutta l'argomentazione paolina ruota attorno alla necessità di saper *donare la propria vita per l'altro*, e saperlo fare concretamente. Timoteo ed Epafrodito hanno mostrato di averlo saputo fare e di saperlo fare. In questo sono proposti come *exempla* alla comunità, non come punto di partenza di una proposta etica, né come il suo punto di arrivo, ma come riferimento da "tenere a mente", al centro cioè dell'argomentazione che ha come pilastri il doppio schema epistolare *narratio (exemplum) - exhortatio*.

Si coglie allora anche la motivazione della particolarità di porre in tale posizione "centrale" la forma di una raccomandazione all'interno della dinamica della *apousia / parousia* epistolare. Paolo veicola qui una vicinanza dei Filippesi a Timoteo ed Epafrodito grazie al suo invio di essi, attraverso la convenzione epistolare, posta tuttavia non al termine della lettera[90], ma al centro di essa.

Mi sembra così che questa proposta di lettura riesca a far convergere le varie caratteristiche di 2,19-30, senza, da una parte, metterne in evidenza alcune a scapito di altre e permettendo, dall'altra di percepirne il valore argomentativo nell'arco dell'intera lettera.

---

[89] Con questo non si nega l'imitabilità di ogni esempio proposto. Occorre infatti avere lo stesso φρονεῖν di Cristo e di Paolo. Quello che qui si vuole affermare è che la situazione esistenziale di Cristo Gesù e di Paolo non è più reiterabile, mentre la situazione di Timoteo ed Epafrodito è continuamente *reiterabile* e *imitabile* sempre e da ogni elemento della comunità.

[90] Là dove la convenzione epistolare avrebbe senz'altro sovrastato il contenuto della proposta di Timoteo ed Epafrodito come *exempla*.

Conclusione

Le conseguenze di una lettura.

Giunti al termine di un lavoro è convenzione che si cerchino di tirare le fila del cammino fatto per vedere se si è veramente arrivati alla méta prefissa. Ciò presenta un vantaggio sia per l'autore che può così cercare di operare una serie di considerazioni sulla propria ricerca, sia per il frettoloso lettore che voglia velocemente conoscere il contenuto della stessa. In questo caso temo di deludere chi cercasse qui una comprova di quello che è divenuto un vero e proprio *cliché* letterario. Credo, infatti, di aver già proposto il senso e il risultato della mia ricerca nelle pagine immediatamente precedenti queste.

Qui vorrei con molta semplicità proporre alcune riflessioni (queste sì sintetiche!) sulla domanda che precede e inevitabilmente segue qualunque ricerca esegetica: il metodo adottato qui raggiunge risultati utili per una migliore comprensione del testo?

Da più di trent'anni la ricerca esegetica si sta impegnando nell'affinare i suoi strumenti, per uno studio dell'epistolario paolino alla luce della "retorica". Questo termine è divenuto ormai comprensivo per la lettura "sincronica" delle lettere, e riguarda sia quanti si basano sulla retorica greco-romana che quanti cercano di ritrovare dei paradigmi epistolografici ellenistici di riferimento, sia quanti affrontano il testo alla luce delle retoriche semitiche che di quanti cercano le strutture e le analisi di composizione letteraria del testo. Indubbiamente siamo ora ad un livello di ricerca che si sta allontanando dalla rigidità dei capostipiti, vale a dire di coloro che in qualche modo, per primi, hanno messo le lettere di Paolo sotto una sola lente d'ingrandimento per verificarne ed interpretarne i fenomeni. L'attuale atteggiamento (anche se non mancano i discepoli coerentemente e rigidamente applicatori dei "letti di Procuste" metodologici di vario genere, a volte neppure in linea con gli ultimi passi dei loro "maestri") sembra invece essere quello che chiamerei della *plasticità metodologica*. Sempre più, infatti, ci si sta allontanando dall'idea di un Paolo applicatore di un qualsivoglia modello retorico, epistolare o semitico-midrashico che sia, nella consapevolezza dell'estrema abilità dell'Apostolo di "utilizzare" gli strumenti linguistici e comunicativi dell'epoca per veicolare il suo messaggio alle comunità. E questo sta sembrando l'unico vero criterio di unità nelle lettere: la loro capacità, cioè, di trasmettere un messaggio comunicativo epistolare *adatto* (capace cioè di comunicare a destinatari specifici, specifici contenuti) e *adeguato* (capace cioè di utilizzare *tutti* gli strumenti linguistici per farlo).

Affermazioni che lodano la maestria di Paolo nell'utilizzare e piegare a sé argomentazioni e generi retorici, figure di pensiero e di linguaggio, convenzioni epistolari ellenistiche, dimostrazioni biblico-midrashiche ... sono reperibili ormai in tutti i più recenti commentari a qualsivoglia lettera. Paolo è stato cioè capace di utilizzare e modificare le convenzioni per perseguire i suoi scopi comunicativi e nel fare ciò, nel processo di creazione delle sue lettere, egli ha di fatto creato qualche cosa di nuovo nel panorama letterario dell'epoca[1]. Tuttavia si è ancora all'inizio della capacità di trarre conseguenze da una tale consapevolezza a livello di metodologie esegetiche.

Infatti non è semplice mettere d'accordo la plasticità paolina (quasi unanimemente evidenziata) con la necessità del rigore "scientifico" richiesto nella ricerca esegetica. Specialmente coloro che soffrono di nostalgie dei "rigori" e delle "precisioni" storico-critiche, identificandole con l'unico modulo possibile per proporre "scienza" esegetica, tendono a deridere i vari approcci sincronici contemporanei.

---

[1] Si possono leggere gli stimolanti e sempre efficaci e utili articoli di H. KOESTER, «1 Thessalonians – Experiment in Christian Writing», in F. F. CHURCH – T. GEORGE (edd.), *Continuity and Discontinuity in Church History: Essays presented to George Hunston Williams on the occasion of his 65th Birthday*, Leiden (Brill) 1979, 33-34 e di J. L. WHITE, «Saint Paul and the Apostolic Letter Tradition», *CBQ* 45 (1983), 433-444.

Si pensi alla difficoltà di conciliare la necessità di trovare dei significati univoci e statisticamente probanti del vocabolario paolino (in ordine all'individuazione delle zone del testo pre-paoline / paoline / deutero-paoline /post-paoline) con la consapevolezza della plasticità con cui Paolo utilizza vocabolari propri, oppure mutuati dalla tradizione greca della LXX, oppure mutuati da eventuali avversari o dal mondo ellenistico circostante. Così come diventa estremamente difficoltoso poter individuare la presenza di un *genere* retorico, nell'intrecciarsi di narrazioni, prove biblico-midrashiche, esempi etici, esortazioni generali e particolari. Naturalmente i più familiari con la ricerca paolina, riescono con facilità a intravedere dietro queste mie affermazioni le tante piste di ricerca battute con maggiore o minore successo nel tentativo di dare risposta a simili questioni. Il non volerle citare esplicitamente nasce dal desiderio di proporre solo un tratteggio dello *status quaestionis* che meriterebbe ben altro spazio.

Non sono il primo ad affermare che allo stato attuale della ricerca, sembra potersi sostenere che un approccio alle lettere paoline che tenga in considerazione un solo angolo prospettico (vuoi manualistico retorico ellenistico, vuoi epistolografico, vuoi legato alle analisi di composizione letteraria, vuoi retorico semitico) non possa rendere ragione della molteplicità di elementi che in esse compaiono, prese singolarmente – nello studio di una lettera specifica – o nel loro insieme – nella proposta di quadri d'insieme di "teologia" paolina. Ho cercato quindi, consapevole di ciò, di partire dal testo paolino avendo due punti di partenza metodologici[2] molto chiari:

---

[2] Certamente questi possono essere considerati dei "quasi-assiomi", dato che non si può dimostrare con certezza che Paolo non abbia inteso invece proporre delle riflessioni ai suoi uditori originate certo da qualche "occasione" nella relazione storica tra lui e le sue comunità, ma non sempre omogenee nel fatto epistolare, anzi talvolta del tutto disomogenee. Così non è detto che le lettere che possediamo siano conflazioni di scritti o pensieri diversi, tematicamente e cronologicamente, composti in "epistole" da Paolo stesso o da qualcuno a lui posteriore. La cosa interessante è comunque la consapevolezza dei propri assiomi di partenza, se se ne sostiene la non dimostrabilità assoluta!

• a) Dalla prima parola all'ultima il flusso argomentativo paolino è *sensato*: vuole cioè da un lato *trasmettere un senso* compiuto nell'emergere delle varie espressioni linguistiche, una dopo l'altra e nel quadro generale di esse; dall'altro ha la pretesa di *produrre un senso* coglibile, reperibile dall'uditore;

• b) È dalla disposizione (*dispositio*) argomentativa che nasce il quadro di comprensione dei singoli elementi.

Da queste due "certezze" ho cercato di leggere la lettera ai Filippesi chiedendomi il "perché" dei fenomeni del testo, anziché "giudicarli" alla luce di modelli a-prioristici vuoi dell'epoca, vuoi metodologici odierni. Così, senza rifiutare alcuno "strato" di comprensione ho preferito partire, come nano sulle spalle di giganti, dai punti di arrivo dei vari approcci alla lettera per chiedere-senso al fluire lessicale, sintattico e argomentativo del testo paolino.

Relativamente alla cosiddetta *struttura* della lettera, condivido ampiamente l'obiezione di fondo fatta da Ronald Russell, riguardo alla problematicità di costruire una « regular Pauline letter structure » come base di valutazione per dare giudizi sull'integrità della lettera o per fare considerazioni relative all'argomentazione paolina, data l'estrema duttilità e flessibilità di Paolo nelle sue lettere[3]. Del resto, come abbiamo già affermato:

> ... il semble cependant que la flexibilité soit encore requise à propos de Paul, qui peut argumenter (selon des règles empruntées à la rhétorique) tout en maintenant un rapport épistolaire strict avec ses correspondants [...] Plusieurs des lettres pauliniennes conservent un cadre "épistolaire" pour le corps de l'épître, flexible certes, mais jamais absent [...] reconnaissance du caractère unique de la rhétorique paulinienne, au sens où aucun modèle n'en peut rendre compte totalement ... [4]

---

[3] R. RUSSELL, «Pauline Letter Structure in Philippians», *JETS* 25 (1982), 306.

[4] J.-N. ALETTI, «Paul et la Rhétorique», 37-38.50.

L'individuazione così di una *propositio*, non significa in Fil la specificazione di *un* tema della lettera, dato che, come abbiamo visto, la *propositio* non indica *per se* il punto specifico da "dimostrare" o da "insegnare". La forma della preghiera per la comunità di Fil 1,9-11 mostra anzi quanto l'orizzonte dell'attesa paolina, nella crescita di consapevolezza etica da parte dei Filippesi, sia il vero "motore" di tutto l'argomentare *esortativo* nel clima di *familiarità-amicizia* che la nostra lettera lascia trasparire dalla prima parola all'ultima.

È stato per me interessante, e al contempo curioso, constatare a questo proposito come la difficoltà di reperire *un* tema che riesca ad unificare il materiale e i toni contenuti nella lettera, sia alla radice della variegata mole di proposte. Credo che, in ultima analisi, molta parte del dibattito su Fil sia riconducibile a questa difficoltà di fondo.

Il problema del "tema" di Filippesi attraversa, infatti, l'intero arco del dibattito esegetico, a qualunque livello si ponga. Vari sono stati infatti i temi unificatori del materiale della lettera proposti dal mondo esegetico: il vangelo e la sua diffusione; la *partnership* nel vangelo come condizione dell'annuncio cristiano; la gioia cristiana; il martirio e la sofferenza; l'unità comunitaria a Filippi; la critica contro gli oppositori; la difesa dell'apostolato paolino o la difesa delle scelte attuali di Paolo; il dissidio tra Evodia e Syntiche e le conseguenze nella comunità; la difesa di una cristologia; il dare ai cristiani parametri per la sfida proposta dalla visione imperiale 'divina' di Nerone.
Interessante e significativa anche la proposta "politematica" della lettera che è arrivata a individuare *cinque* temi *principali* della lettera: la *gioia, l'opposizione degli avversari, la presentazione di sé; il sentire-pensare* (il φρονεῖν) e la *reciprocità-corrispondenza* [5].

Nel panorama esegetico, ovviamente, chi sostiene la presenza in Fil di più lettere, semplifica il compito del reperimento dei temi, attribuendo ad ogni "lettera" un diverso tema. Sarebbe poi stata la giustapposizione di questi diversi brani a creare tutti i problemi e le relative domande di senso. Si vede immediatamente come sia una pre-

---

[5] Cf. P. WICK, *Der Philipperbrief*, 39.

comprensione a-prioristica a guidare la ricerca del tema, e se un-tema-non-c'è significa che si è di fronte a più temi = più lettere. Ebbene non è nuova neppure a questo livello la proposta di ipotizzare la capacità dinamica di Paolo di organizzare e articolare progressivamente (quindi *argomentando*) unità logiche più brevi[6].

Ho voluto proporre queste considerazioni come conclusive, rispetto all'altra possibilità, quella della *dichiarazione di intenti* iniziale proprio per permettere al lettore di valutare un metodo dai risultati, più che dalle presentazioni sistematiche, seppur necessarie, di esso. Giunti al termine, se potessi allora trovare una formulazione sintetica dell'itinerario fatto, argomenterei dicendo che l'individuazione in 1,9-11 della funzione retorica di una *propositio* della lettera mostra il forte collegamento organico tra questa e il flusso esortativo di Paolo ad un *amore* capace di *discernimento* nelle *scelte* della vita legate al *dono* di sé. E questo avviene eminentemente attraverso l'illustrazione esemplare del φρονεῖν di Cristo e di Paolo, ma soprattutto nell'esempio "centrale" di quegli uomini "comuni" che sono stati capaci di operare scelte esistenziali guidate da quel φρονεῖν, scelte imitabili dai Filippesi e da ognuno di noi.

Eppure non vorrei terminare qui, ma mi piacerebbe proporre una possibile ri-apertura del lavoro, accennando non più alla giustificazione di un approccio esegetico, quanto alle possibilità di sviluppo di esso, per essere possibile voce nel dibattito sulla "teologia morale" paolina.

---

[6] Cf. J.-N. ALETTI, «La *dispositio* rhétorique dans les épîtres pauliniennes. Propositions de méthode», *NTS* 38 (1992), 385-401. Specialmente 398-400.

Ri-Apertura

Ciò che più conta

La possibilità di una lettura della lettera ai Filippesi quale è stata ipotizzata, mette una forte accentuazione sulla *relazione epistolare* quale si configura dal testo, facendo leva sulla relazione amicale tra Paolo e quella comunità specifica. Sottolinea anche che questa è il tessuto connettivo, il background relazionale che rende possibile la trasmissione di un "sentire" paolino nei riguardi della vita cristiana, attraverso un'*argomentazione* fatta di narrazioni, di esempi, di esortazioni. Se la *propositio* di 1,9-11 riesce, come lo crediamo, a donarci la corretta chiave di lettura del percorso argomentativo – la tensione cioè della crescita nell'amore in vista di conoscere e di scegliere ciò che più conta nella relazione con Dio in Gesù Cristo – non costituisce, come abbiamo già detto, un "tema" della lettera, ma un vero e proprio lascito testamentario di Paolo prigioniero che guarda ormai faccia a faccia la propria morte. Poco importa in realtà se questa è davvero seguita alla lettera o no: ciò che conta è la situazione dell'apostolo nel momento della composizione di essa!

La situazione dell'apostolo quale il testo della lettera ci presenta non è molto differente rispetto al panorama esortativo della lettera. Paolo sa bene di essere chiamato alla stessa capacità di *mettere a repentaglio la vita per Cristo* (cf. 2,30), di mettere in second'ordine *il proprio interesse* per cercare *quello di Gesù Cristo* (cf. 2,20). La narrazione di ciò che sta vivendo Paolo in 1,12-26 mostra bene come sia esattamente questa dinamica ad attraversare l'apostolo e permette di rileggere molte espressioni della lettera sotto questa prospettiva. Specialmente nella seconda parte della lettera, infatti, un alone di "definitività" attraversa molte delle espressioni paoline e non è semplicemente la necessità argomentativa a richiederle:

- 3,2-7   il conflitto, il possibile confronto con nemici, con avversari non ha una valenza "politica" di vincitori e vinti, ma il centro di interesse di tutto il percorso è esattamente la relazione con Cristo (cf. 3,3.7);

- 3,8-16   è interessante notare come la vita e le scelte di Paolo siano raccontate non in vista di una "presentazione di sé" alla comunità (ce n'era bisogno?), ma in vista di una definitività escatologica che sa di *resurrezione*, di *relazione* con Cristo, di *ricevere lassù* un *premio*;

- 3,17-4,1   la parte più "esortativa" è poi tutta protesa verso una definitività escatologica che diventa *conformazione* al *Signore nostro Gesù Cristo*;

- 4,2-9   le vicende dei Filippesi e le loro conflittualità non sono poi presentate, come per esempio in 1Cor in ordine ad una pacificazione che permetta alla comunità una pacifica convivenza, ma il tutto trova composizione in affermazioni che richiamano la *gioia*, la *vicinanza del Signore*, la *pace di Dio*;

- 4,10-20   persino la nota di "ringraziamento" si conclude con un "ad-dio" che colpisce al cuore ogni lettore: ὁ δὲ θεός μου πληρώσει πᾶσαν χρείαν ὑμῶν κατὰ τὸ πλοῦτος αὐτοῦ ἐν δόξῃ ἐν Χριστῷ Ἰησοῦ (4,19). Sarà cioè Dio stesso a curarsi di voi ...

Indubbiamente un tale quadro rende ancora più plausibile la tradizionale composizione della lettera a Roma[1], nell'ultima prigionia di Paolo e la collocazione di Fil tra le ultime lettere dell'apostolo (se non addirittura l'ultima)[2]. Non vorrei soffermarmi eccessivamente su

---

[1] Abbiamo accennato nel commento ai primi versetti della lettera alle varie ipotesi in gioco nell'identificazione della località della prigionia di Paolo qui in questione.

[2] È questa l'ipotesi che è oggi maggiormente sostenuta dai commentari e dagli studi, tra i quali cito soltanto R. J. CASSIDY, 124-135 che fa non solo dell'ipotesi romana di composizione di Fil, ma anche del suo essere l'ultima lettera scritta dall'apostolo punto di partenza della sua analisi della reazione di Paolo contro l'impero neroniano.

questa questione di cui sono stati abbondantemente sviscerati tutti i possibili *pro* e *contra* ³.

> In view of the uncertainty involved, all reconstructions of the historical setting of Philippians necessarily remain highly tentative. Those that presuppose an imprisonment in either Ephesus or Rome are the most persuasive, and a decision between them is difficult. ⁴

Così credo almeno possibile attenerci alla ricostruzione più antica della collocazione e della datazione della lettera, anche perché al termine di tutti i dubbi possibili, credo possa essere sostenuto senza molti tentennamenti che Roma « still seems the most likely place of writing »⁵.

Da questo punto di partenza, se fosse possibile dare un seguito a questo lavoro, mi piacerebbe verificare l'ipotesi di un percorso "dinamico"⁶ nella proposta etica paolina. È infatti già da una ventina d'anni che il mondo dell'interpretazione paolina si sta interrogando sempre con più attenzione riguardo alla reale possibilità di giungere ad uno sguardo "sintetico" della "teologia paolina" – come appariva scontato in precedenza – in confronto ad un approccio che non possa che attenersi alle singole lettere per, eventualmente, studiarne un percorso cronologico di approfondimento e di raffinatura⁷. Oggi un tale

---

³ Fra gli excursus più riusciti nel porre le ragioni e i limiti delle varie ipotesi citerei soltanto: M. BOCKMUEHL, *Philippians*, 25-32 e P. T. O'BRIEN, *Philippians*, 19-26.

⁴ J. T. FITZGERALD, «Philippians, Epistle to the», *ABD* V, 323.

⁵ W. A. MEEKS, *The First Urban Christians*, 63.

⁶ Vorrei utilizzare la categoria di *dinamica* del pensiero paolino, piuttosto che quelle di *evoluzione* o di *sviluppo*. Mentre queste infatti mettono maggiormente in evidenza i passaggi "qualitativi" da un "meno" a un "più" di pensiero, la categoria della *dinamica* del pensiero si contrappone semplicemente ad una *statico-sintetica*, mettendo in risalto piuttosto la capacità di Paolo di procedere *esistenzialmente* nell'elaborazione e nella proposta del suo pensiero.

⁷ Soprattutto a partire dalla critica assolutamente distruttiva e "atomizzante" del pensiero paolino fatta da H. RÄISÄNEN, *Paul and the Law*, Tübingen (Mohr-Siebeck) 1983 (e ribadita in *Beyond New Testament Theology*, London (SCM) 1990), l'esegesi

dibattito è approdato ad alcune possibili piste ermeneutiche che si presentano come più percorribili là dove, da una parte, non si può più negare una *dinamica* della teologia paolina nelle diverse lettere e dall'altra è necessario riconoscere dei criteri di *continuità* del pensiero paolino. Andando ancor più nello specifico,

> quelli che potrebbero essere definiti tentativi di mediazione tra l'immagine statica del centro e l'immagine mutevole dello sviluppo hanno cercato d'individuare un momento particolare o un principio che rimanesse relativamente stabile entro il flusso o che divenisse la determinante decisiva dello sviluppo. [8]

Ebbene, sono della convinzione che questo "principio" possa essere individuato in quella che recentemente è stata chiamata la *Gesùcristologia* di Paolo[9]. È attorno alla "rivoluzione copernicana" della realtà letta attraverso la vicenda proposta da Gesù Cristo che mi pare poter orientare qualunque ricerca teologica paolina. Essendo quindi una vicenda relazionale con Gesù Cristo, questa non può che toccare la dinamica esistenziale dell'apostolo; ecco perché credo di poter condividere l'orizzonte generale espresso nel dibattito da Jouette M. Bassler quando afferma:

---

paolina contemporanea si è interrogata su questa questione. È stata prodotta una mole considerevole di materiale, edito soprattutto nelle raccolte annuali del *SBL Seminary Papers*, e in J. M. BASSLER (ed.), *Pauline Theology. Vol. 1*, Minneapolis (Fortress Press) 1991; D. M. HAY (ed.), *Pauline Theology. Vol. 2*, Minneapolis (Fortress Press) 1993; D. M. HAY – E. E. JOHNSON (edd.), *Pauline Theology. Vol. 3*, Minneapolis (Fortress Press) 1995; D. M. HAY – E. E. JOHNSON (edd.), *Pauline Theology. Vol. 4*, Atlanta (Scholars Press) 1997; S. PEDERSEN (ed.), *New Directions in Biblical Theology*, Leiden (Brill) 1994, oltre che in molti altri articoli sulle riviste e in raccolte varie. Si veda comunque per una buona sintesi del dibattito in J. D. G. DUNN, *La Teologia*, 29-52, che riprende il suo articolo di qualche anno precedente: «In Quest of Paul's Theology: Retrospect and Prospect», in E. H. LOVERING Jr. (ed.), *SBL Seminar Papers 1995*, Atlanta (Scholars Press) 1995, 704-721.

[8] J. D. G. DUNN, *La Teologia*, 49.

[9] Termine proposto J.-N. ALLETTI, *Gesù Cristo: Unità del Nuovo Testamento?*, Roma (Borla) 1995.

> Paul's theology cannot be captured by a summary or synthesis of various statements [...] instead we should self-consciously begin to construe **Paul's theology as an activity**, and that way of construing it should change somewhat how we approach our task. Instead of focusing exclusively on the outcome of this activity or seeking to isolate a core of his theology, instead of looking for a set of doctrines, for example, or theological propositions, we need to address the far more complicated question of **how Paul theologized**.[10]

Questo può toccare, a mio modo di vedere, anche e soprattutto lo studio della proposta etica dell'Apostolo. Anzi, proprio perché esistenzialmente "compromessa", la dinamica delle affermazioni morali nelle lettere paoline evidenzia il passaggio dall'*iniziale* necessità per le comunità (e per Paolo) di una risoluzione di tutta la serie di domande puntuali in riferimento a situazioni o a comportamenti etici contingenti, alla "*terminale*" capacità nella proposta paolina di andare ai fondamenti, alla radice di *qualunque comportamento etico*[11]. E tale radice non può che identificarsi nel φρονεῖν ἐν Χριστῷ Ἰησοῦ, come vero "luogo" in cui operare quel *discernimento* che nasce dall'*amore* e dalla *conoscenza* cristologicamente orientati, in vista di una definitività e completezza escatologica, quale la nostra lettera mette in grande evidenza.

È secondo me l'incapacità di vedere questo che permette a John Reumann di affermare: « the ethical admonitions in Phil are scattered; there are no *Haustafeln*, virtue and vice lists, little talk of love »[12]. La specificità di Filippesi è, invece, esattamente quella di proporre un su-

---

[10] J. M. BASSLER, «Paul's Theology: Whence and Whither?», in D. J. LULL (ed.), *SBL Seminar Papers 1989*, Atlanta (Scholars Press) 1989, 423.

[11] È in questo che vedrei un possibile arco che va dal modo di procedere cui si assiste in 1Ts o in 1Cor a quello espresso da Rm (es. Rm 12,1 come criterio di riferimento di tutto Rm 12-16: παρακαλῶ οὖν ὑμᾶς, ἀδελφοί, διὰ τῶν οἰκτιρμῶν τοῦ θεοῦ παραστῆσαι τὰ σώματα ὑμῶν θυσίαν ζῶσαν ἁγίαν εὐάρεστον τῷ θεῷ, τὴν λογικὴν λατρείαν ὑμῶν) o da Fil.

[12] J. REUMANN, «The Theologies of 1 Thessalonians and Philippians: Contents, Comparison and Composite», in K. H. RICHARDS (ed.), *SBL Seminar Papers 1987*, Atlanta (Scholars Press) 1987, 531.

peramento delle categorizzazioni etiche quali si esprimono nelle liste di vizi e virtù, esplicitate o implicite nelle norme paoline altrove espresse.

Paolo non è più interessato all'etica contingente[13]; è interessato piuttosto a *ciò che conta*, nella consapevolezza esistenziale che *tutto* il resto è *spazzatura*! E ciò che conta va esattamente nella direzione di un discernimento cristologicamente orientato[14]. Di questo discernimento sono esempi imitabili Timoteo ed Epafrodito, nel loro aver saputo mettere in gioco, dinanzi ad una situazione concreta, la propria vita in vista di *ciò che conta*.

Trovo estremamente capaci di evocazione queste parole di Richard Hays che, a mio modo di vedere, ben sintetizzano la relazione tra Cristologia e Etica, almeno nella lettera ai Filippesi, quale la siamo venuti a proporre fin qui:

> Paul encourages the Philippians by saying, "it has been granted to you that for the sake of Christ you should not only believe in him but also suffer for his sake, engaged in the same conflict which you saw and now hear to be mine" (Phil 1:29-30). As this citation suggests, suffering in the likeness of Jesus and for his sake is seen not as a misfortune but as a privilege [...] Paul describes his own hope in terms of conformity to the emptying-death-resurrection paradigm of Christ's career. Just as clearly, Paul regards this hope not as a private goal but as a normative

---

[13] Ne è prova anche la relativizzazione degli "ideali etici" di 4,8-9 come abbiamo sopra mostrato.

[14] Cito alcuni interessanti articoli che potrebbero costituire una pista di partenza per un confronto sulla centralità cristologica nell'argomentazione di Filippesi: M. D. HOOKER, «Interchange in Christ», *JTS* 22 (1971), 349-361; J. W. MARSHALL, «Paul's Ethical Appeal in Philippians», in S. E. PORTER e T. H. OLBRICHT (edd.), *Rhetoric and the New Testament: Essays from the 1992 Heidelberg Conference* Sheffield (Sheffield Academic Press) 1993, 357-374; W. A. MEEKS, «The Man from Heaven in Paul's Letter to the Philippians», in B. A. PEARSON (ed.), *The Future of Early Christianity*, Minneapolis (Fortress Press) 1991, 329-336 e dello stesso autore, «Understanding Early Christian Ethics», *JBL* 105 (1986), 3-11; P. T. O'BRIEN, «The Gospel and Godly Models»; P. PERKINS, «Christology, Friendship and Status: The Rhetoric of Philippians», in K. H. RICHARDS (ed.), *SBL Seminar Papers 1987*, Atlanta (Scholars Press) 1987, 509-520; M. L. WHITE, «Morality between Two Worlds: A Paradigm of Friendship in Philippians».

paradigm for Christian believers [...] He is urging them to assume the same posture of self-sacrifical giving for the sake of others[15]. *Nomos Christou* is a way of describing this pattern of renouncing one's own privileges and interests for the sake of others. [16]

Anche se questo non è che l'abbozzo di un possibile sviluppo di questo lavoro, credo tuttavia fermamente nella possibilità che Fil sia tra le ultime lettere di Paolo vivente, composta a Roma, in attesa di un giudizio da parte del tribunale romano, che può avere esito negativo. La volontà espressa dalla lettera, la sua tenerezza, il suo andare alla "radice" di ogni comportamento etico, mi portano ad immaginare un uomo dinanzi alla propria morte, mosso dalla volontà di trasmettere *ciò che **più** conta*, per essere, anche lui tra quegli εἰλικρινεῖς καὶ ἀπρόσκοποι εἰς ἡμέραν Χριστοῦ, πεπληρωμένοι καρπὸν δικαιοσύνης τὸν διὰ Ἰησοῦ Χριστοῦ εἰς δόξαν καὶ ἔπαινον θεοῦ (1,10b-11)

Mi piace pensare che un uomo in quella situazione, a una comunità a lui cara come forse nessun'altra, non poteva scrivere una lettera diversa da quella che abbiamo oggi tra le mani. Forse terminare un lavoro che ha pure la pretesa di un rigore e di un'aderenza al testo con un'immagine simile – un po' romantica in verità – può sembrare fuori luogo, eppure credo che Paolo, giunto "al termine" dei suoi giorni possa averci donato con questa lettera uno sguardo sulla radicalità dell'essere (stato) discepolo di Gesù e di avere compreso esistenzialmente che *non c'è amore più grande di chi mette a disposizione la sua vita per gli amici* (Gv 15,13).

---

[15] E fa questo esattamente con la pericope che mette al centro Timoteo ed Epafrodito come *exempla* imitabili!

[16] R. B. HAYS, «Crucified with Christ: A Synthesis of 1 and 2 Thessalonians, Philemon, Philippians, and Galatians», in D. J. LULL (ed.), *SBL Seminar Papers 1988*, Atlanta (Scholars Press) 1988, 331. Cf. anche, specialmente per il riferimento al *Nomos Christou* di Gal 6,2 in questo contesto, dello stesso autore, «Christology and Ethics in Galatians: The Law of Christ», *CBQ* 49 (1987), 268-290.

Bibliografia

1. Commentari a Filippesi

Barth Karl, *L'Epistola ai Filippesi*, Torino (SEI) 1974.

Beare Francis W., *The Epistle to the Philippians*, London (A&C Black) 1959.

Benoit Paul, *Les épîtres de saint Paul aux Philippiens, à Philémon, aux Colossiens, aux Ephésiens*, Paris (Gabalda) 1959³.

Bockmuehl Markus, *The Epistle to the Philippians*, London (A&C Black) 1997.

Bonnard Pierre, *L'Épître de saint Paul aux Philippiens*, Neuchâtel (Delachaux et Niestlé) 1950.

Bruce F. F., *Philippians*, Peabody (Hendrickson) 1989.

Caird George B., *Paul's Letters from Prison*, Oxford (University Press) 1976.

Collange Jean-François, *L'Épître de Saint Paul aux Philippiens*, Neuchâtel (Delachaux & Niestlé) 1973.

Craddock Fred B., *Philippians*, Atlanta (John Knox) 1985.

Dibelius Martin, *An die Thessalonischer I-II; An die Philipper*, Tübingen (Mohr-Siebeck) 1937.

Ewald Paul - Wohlenberg Gustav, *Der Brief des Paulus an die Philipper*, Leipzig (Deichert) 1923.

FABRIS RINALDO, *Lettera ai Filippesi. Struttura, Commento e Attualizzazione*, Bologna 1983.
—————————, *Lettera ai Filippesi – Lettera a Filemone*, Bologna (EDB) 2000.

FEE GORDON D., *Paul's Letter to the Philippians*, Grand Rapids (Eerdmans) 1995.

FRIEDRICH GERHARD, *Der Brief an die Philipper*, Göttingen (Vandenhoeck & Ruprecht) 1965[10].

GNILKA JOACHIM, *La lettera ai Filippesi*, Brescia (Paideia) 1972.

HAWTHORNE GERALD F., *Philippians*, Waco (Word Books) 1983.

LIGHTFOOT JOSEPH B., *Saint Paul's Epistle to the Philippians*, London (Macmillan) 1869.

LOH I-JIN - NIDA EUGENE A., *A Translators Handbook on Paul's Letter to the Philippians*, Stuttgart (UBS) 1977.

LOHMEYER ERNST, *Die Briefe an die Philipper, an die Kolosser, und an Philemon*, Göttingen (Vandenhoeck & Ruprecht) 1930.

MARSHALL U. HOWARD, *The Epistle to the Philippians*, London (Epworth) 1992.

MARTIN RALPH P., *Philippians*, London (Tyndale) 1967.
—————————, *Philippians*, Grand Rapids (Eerdmans) 1980.

MICHAEL J. HUGH, *The Epistle to the Philippians*, London (Moffat) 1928.

MICHAELIS WILHELM, *Der Brief des Paulus an die Philipper*, Leipzig (A. Deichertsche Verlagsbuchhandlung D. Werner Scholl) 1935.

MÜLLER ULRICH B., *Der Brief des Paulus an die Philipper*, Leipzig (Evangelische Verlagsanstalt) 1993.

O'BRIEN PETER T., *The Epistle to the Philippians: A Commentary on the Greek Text*, Grand Rapids (Eerdmans) 1991.

OSIEK CAROLYN, *Philippians Philemon*, Nashville (Abingdon Press) 2000.

PITTA ANTONIO, «Lettera ai Filippesi», in LUCIANO PACOMIO – FLAVIO DALLA VECCHIA – ANTONIO PITTA (edd.), *La Bibbia Piemme*, Casale Monferrato (Piemme) 1995, 2835-2852.

SCHENK WOLFGANG, *Der Philipperbrief des Paulus*, Stuttgart (Kohlhammer) 1984.

SILVA MOISÉS, *Philippians*, Grand Rapids (Baker) 1988.

STAGG FRANK, «Philippians», in *The Broadman Bible Commentaries*, Nashville (Broadman Press) 1971.

VINCENT MARVIN R., *Critical and Exegetical Commentary on the Epistles to the Philippians and to Philemon*, Edinburgh (T&T Clark) 1897.

2. STUDI

ABEGG MARTIN, «Paul, 'Works of the Law' and MMT», *Biblical Archeological Review* 20.6, 52-82.

ACHTEMEIER PAUL J., «*Omne verbum sonat*: The New Testament and the Oral Environment of Late Western Antiquity», *JBL* 109 (1990), 3-27.

AHERN BARNABAS M., «The Fellowship of His Sufferings (Phil 3,10) – A Study of St. Paul Doctrine on Christian Suffering, *CBQ* 22 (1960), 1-32.

ALETTI JEAN-NOËL, *Comment Dieu est-il juste?*, Paris (Éd. du Seuil) 1991.
——————, *Épître aux Colossiens*, Paris (Gabalda) 1993.
——————, *La lettera ai Romani e la giustizia di Dio*, Roma (Borla) 1997.
——————, *Saint Paul Épître aux Éphésiens*, Paris (Gabalda) 2001.
——————, «Rm 1,18-3,20. Incohérence ou cohérence de l'argumentation paulinienne?», *Bib* 69 (1988), 47-62.
——————, «La présence d'un modèle rhétorique en Romains : Son rôle et son importance», *Bib* 71 (1990), 1-24.
——————, «La *dispositio* rhétorique dans les épîtres pauliniennes. Propositions de méthode», *NTS* 38 (1992), 385-401.
——————, «Paul et la rhétorique», in JACQUES SCHLOSSER (ed.), *Paul de Tarse*, Paris (Cerf) 1996, 27-50.

ALEXANDER LOVEDAY C., «Hellenistic Letter-Forms and the Structure of Philippians», *JSNT* 37 (1989), 87-101.

ANTIN PAUL, «*Mori lucrum* et *Antigone* 462, 464», *RechSR* 62 (1974), 259-260.

ATTRIDGE HAROLD W., *The Epislte to the Hebrews*, Philadelphia (Fortress Press) 1989.

AUBENQUE PIERRE (ed.), *Concepts et catégories dans la pensée antique*, Paris (Librairie Philosophique J. Vrin) 1980.

AUNE DAVID E., *The New Testament in Its Literary Environment*, Philadelphia (Westminster) 1987.

BARBAGLIO GIUSEPPE, *La Prima Lettera ai Corinzi*, Bologna (EDB) 1996.
——————, *La Teologia di Paolo. Abbozzi in forma epistolare*, Bologna (EDB) 1999.

BARCLAY JOHN M. G., « Mirror-Reading a Polemical Letter: Galatians as a Test case», *JSNT* 31 (1987), 73-93.

BARNES ELIZABETH, «Women in Ministry. A Matter of Disciplineship», *Faith and Mission* 4 (1987), 63-69.

BARTH MARKUS, *Ephesians 4-6*, New York (Doubleday) 1974.

BASEVI CLAUDIO – CHAPA JUAN, «Philippians 2.6-11: The Rhetorical Function of a Pauline Hymn», in S. E. PORTER – T. H. OLBRICHT (edd.), *Rhetoric and the New Testament: Essays from the 1992 Heidelberg Conference*, Sheffield (Sheffield Academic Press) 1993, 350-355.

BASSLER JOUETTE M., *God and Mammon: Asking for Money in the New Testament*, Nashville (Abingdon) 1991.
——————, «Paul's Theology: Whence and Whither?», in D. J. LULL (ed.), *SBL Seminar Papers 1989*, Atlanta (Scholars Press) 1989, 412-423.

BASSLER JOUETTE M. (ed.), *Pauline Theology. Vol. 1*, Minneapolis (Fortress Press) 1991.

BATEMAN HERBERT W., «Were the Opponents at Philippi Necessarily Jewish?», *BSac* 155 (1998), 39-61.

BAUMBACH GÜNTHER, «Die von Paulus im Philipperbrief bekämpten Irrlehrer», in K. W. TRÖGER (ed.), *Gnosis und Neues Testament*, Güthersloh (Mohn) 1973.

―――――, «Die Zukunftserwartung nach dem Philipperbrief», in R. SCHNACKENBURG – J. ERNST – J. WANKE (edd.) *Die Kirche des Anfangs. Für Heinz Schürmann*, Freiburg, Basel, Wien (Herder) 1977, 435-457

BAZZANELLA CARLA, «Aspetti pragmatici della ripetizione dialogica», in G. GOBBER (ed.), *La linguistica pragmatica*, Roma (Bulzoni) 1992, 433-454.

BEAUDE PIERRE-MARIE, «Saint Paul ou l'impossible effacement d'un encombrant épistolier», in L. PANIER (ed.), *Les Lettres dans la Bible et dans la Littérature*, Paris (Cerf) 1999, 135-145.

BENVENISTE ÉMILE, «Categorie di pensiero e categorie di lingua», in ID., *Problemi di Linguistica Generale*, Milano (Saggiatore) 1971, 79-91.

BERGMEIER ROLAND, «Weihnachten mit und ohne Glanz. Notizen zu Johannesprolog und Philipperhymnus», *ZNW* 85 (1994), 47-68.

BERRY KEN L., «The Function of Friendship Language in Philippians 4:10-20», in J. T. FITZGERALD (ed.), *Friendship, Flattery and Frankness of Speech: Studies on Friendship in the New Testament World*, Leiden (Brill) 1996, 107-129.

BETZ HANS D., *Der Apostel Paulus und die sokratische Tradition*, Tübingen (Mohr-Siebeck) 1972.
―――――, «On Self-praise (*De Laude Ipsius*)», in H. D. BETZ (ed.), *Plutarch's Ethical Writings and Early Christian Literature*, Leiden (Brill) 1978, 367-378.

BITZER LLOYD, «The Rhetorical Situation», *Philosophy and Rhetoric* 1 (1968), 1-14.

BLACK DAVID A., *Paul, Apostle of Weakness. Astheneia and its Cognates in the Pauline Literature*, New York (Peter Lang) 1984.
―――――, *New Testament Interpretation: Essays on Discourse Analysis*, Nashville (Broadman) 1992.

———————, «Paul and Christian Unity: A Formal Analysis of Philippians 2:1-4», *JETS* 28 (1985), 299-308.

———————, «The Discourse Structure of Philippians: A Study in Textlinguistics», *NT* 37 (1995), 16-49.

BLOMBERG CRAIG L., «The Structure of 2 Corinthians 1-7», *Criswell Theological Review* 4 (1989), 4-8.

BLOOMQUIST GREGORY L., *The Function of Suffering in Philippians*, Sheffield (Sheffield Academic Press) 1993.

BOCKMUEHL MARKUS, «A Commentator's Approach to the 'Effective History' of Philippians», *JSNT* 60 (1995), 57-88.

———————, «'The Form of God' (Phil 2:6). Variations on a Theme of Jewish Mysticism», *JTS* 48 (1997), 1-23.

BONNER STANLEY F., *Education in Ancient Rome*, London (Methuen) 1977.

BORMANN LUKAS, *Philippi. Stadt und Christengemeinde zur Zeit des Paulus*, Leiden (Brill) 1995.

BORNKAMM GÜNTHER, *Paolo Apostolo di Gesù Cristo*, Torino (Claudiana) 1977.

———————, «Der Philipperbrief als paulinische Briefsammlung», in *Neotestamentica et Patristica. Eine Freudesgabe O. Cullmann*, Leiden (Brill) 1962, 192-202.

BOUTTIER MICHEL, *L'Épître de Saint Paul aux Éphésiens*, Genève (Labor et Fides) 1991.

BOVATI PIERO, *Ristabilire la Giustizia. Procedure, vocabolario, orientamenti*, Roma (PIB Ed.) 1986.

BREWER RAYMOND R., «The Meaning of *Politeuesthe* in Philippians 1_{27}», *JBL* 73 (1954), 76-83.

BRIGGS SHEILA, «Can an Enslaved God Liberate? Hermeneutical Reflections on Philippians 2:6-11», *Semeia* 47 (1989), 137-153.

BROWN MICHAEL J., «Paul use of ΔΟΥΛΟΣ ΧΡΙΣΤΟΥ ΙΗΣΟΥ in Romans 1:1», *JBL* 120 (2001), 723-737.

BUCHANAN C. O., «Epaphroditus' Sickness and the Letter to the Philippians», *EQ* 36 (1964), 157-166.

BULTMANN RUDOLF, *Theologie des Neues Testaments*, Tübingen 1948.

BUSCEMI ALFIO MARCELLO, *Una Sinfonia. Gli inni di Paolo a Cristo Signore*, Jerusalem (Franciscan Printing Press) 2000.

BYRSKOG SAMUEL, «Co-Senders, Co-Authors and Paul's Use of the First Person Plural», *ZNW* 87 (1996) 230-250.

CAPIZZI NUNZIO, «Soteriologia In Fil 2:6-11?», *Greg* 81 (2000), 221-248.

CAPPER BRIAN J., «Paul's Dispute with Philippi: Understanding Paul's Argument in Phil 1-2 from his Thanks in 4.10-20», *TLZ* 49 (1993), 193-214.

CASSIDY RICHARD J., *Paul in Chains. Roman Imprisonment and the Letters of St. Paul*, New York (Crossroad) 2001.

CASTELLI ELIZABETH A., *Imitating Paul: A Discourse of Power*, Louisville (John Knox) 1991.

CERFAUX LUCIEN, «L'hymne au Christ – Serviteur de Dieu (Phil. 2,6-11 = Is. 52,13-53,12)», in *Recueil L. Cerfaux. Études d'exégèse et d'Histoire Religieuse*, Gembloux (Duculot) 1954, II 425-437.

CHRISTOU PANAIOTIS, «ΙΣΟΨΥΧΟΣ, Phil 2:20», *JBL* 70 (1951), 293-296.

CIPRIANI SETTIMIO, «Aspetti "Liturgico-Cultuali" nella Lettera ai Filippesi», in M. M. MORFINO (ed.), *Theologica III. Annali della*

Pontificia Facoltà Teologica della Sardegna. *Miscellanea Biblica in memoria di P. Silverio Zedda SI*, Cagliari (Piemme) 1994, 219-234.

CLASSEN C. JOACHIM, *Rhetorical Criticism of the New Testament*, Tübingen (Mohr-Siebeck) 2000.

COLLINS RAYMOND F., *First Corinthians*, Collegeville (The Liturgical Press) 1999.

COOK DAVID, «Stephanus Le Moyne and the Dissection of Philippians», *JTS* 32 (1981), 138-142.

CULPEPPER ALAN R., «Co-Workers In Suffering. Philippians 2:19-30», *RevExp* 77 (1980), 349-358.

DAHL NILS A., «Euodia and Syntyche and Paul's Letter to the Philippians», in M. L. WHITE – O. L. YARBROUGH (edd.), *The Social World of the First Christians*, Minneapolis (Fortress Press) 1995, 3-15.

DAILEY THOMAS F., «To Live or Die. Paul's Eschatological Dilemma in Philippians 1:19-26», *Int* 44 (1990), 18-28.

DALTON WILLIAM J., «The Integrity of Philippians», *Bib* 60 (1979), 97-102.

DAVIS CASEY W., *Oral Biblical Criticism. The Influence of the Principles of Orality on the Literary Structure of Paul's Epistle to the Philippians*, Sheffield (Academic Press) 1999.

DEISSMANN ADOLF, *Die neutestamentliche Formel «In Christo Jesu»*, Marburg (Univ. Diss.) 1892.
——————, *Neue Bibelstudien*, Marburg (Elwert) 1897.
——————, *Light from the Ancient East*, New York (George Doran) 1927.

DENNISTON JOHN D., *The Greek Particles*, Oxford (University Press) 1954^2.

DE SILVA DAVID A., «No Confidence in the Flesh. The Meaning and Function of Philippians 3,2-21», *TrinJ* 15 NS (1994), 27-54.

DE VOGEL CORNELIA J., «Reflections on Philipp. I 23-24», *NT* 19 (1977), 262-274.

DEWAILLY LUDOVIC-MARIE, «La part prise à l'Évangile (*Phil.* I,5)», *RB* 80 (1973), 247-260.

DI MARCO ANGELICO-SALVATORE, *Il chiasmo nella Bibbia, contributi di stilistica strutturale*, Torino (Marietti) 1980.
————, «ΚΟΙΝΩΝΙΑ ΠΝΕΥΜΑΤΟΣ (2Cor 13,13; Fil 2,1) - ΠΝΕΥΜΑ ΚΟΙΝΩΝΙΑΣ. Circolarità e ambivalenza linguistica e filologica», *FNT* 1 (1988), 63-75.

DODD CHARLES HAROLD, *New Testament Studies*, Manchester (University Press) 1953.

DONALDSON TERENCE L., «Zealot and Convert: The Origin of Paul's Christ-Torah Antithesis», *CBQ* 51 (1989), 655-682.

DOTY WILLIAM G., *Letters in Primitive Christianity*, Philadelphia (Fortress Press) 1973.

DOUGHTY DARRELL J., «Citizens of Heaven. Philippians 3.2-21», *NTS* 41 (1995), 102-122.

DROGE ARTHUR J., «*Mori Lucrum*: Paul and Ancient Theories of Suicide», *NT* 30 (1988), 263-286.

DROGE ARTHUR J. - TABOR JAMES D., *A Noble Death: Suicide and Martyrdom among Christians and Jews in Antiquity*, San Francisco (Harper Collins) 1992.

DUNCAN GEORGE S., «Paul's Ministry in Asia - The Last Phase», *NTS* 3 (1956-57), 211-218.

DUNN JAMES D. G., *La Teologia dell'Apostolo Paolo*, Brescia (Paideia) 1999.

———, «A New Perspective on Paul», *BJRL* 65 (1983), 95-122.

———, «In Quest of Paul's Theology: Retrospect and Prospect», in E. H. LOVERING Jr. (ed.), *SBL Seminar Papers 1995*, Atlanta (Scholars Press) 1995, 704-721.

———, «Once More, ΠΙΣΤΙΣ ΧΡΙΣΤΟΥ», in DAVID M. HAY – E. ELIZABETH JOHNSON (edd.), *Pauline Theology. Vol. 4*, Atlanta (Scholars Press) 1997, 61-68.

———, «Who did Paul think he was? A Study of Jewish-Christian Identity», *NTS* 45 (1999), 174-193.

DU PLESSIS PAUL J., *ΤΕΛΕΙΟΣ. The Idea of Perfection in the New Testament*, Kampen (J. H. Kok) 1959.

DUPONT-ROC ROSELYNE, «De l'hymne christologique à une vie de koinonía. Étude sur la lettre aux Philippiens», *EstBib* 49 (1991), 451-472.

EBNER MARTIN, *Leidenslisten und Apostelbrief: Untersuchungen zu Form, Motivik und Function der Peristasenkataloge bei Paulus*, Würzburg (Echter) 1991.

ECKERT JOST, «"Mit Furcht und Zittern wirkt euer Heil!" (Phil 2,12). Zur Furcht vor Gott als christlicher Grundhandlung», in J. J. DAGENHART (ed.), *Die Freunde an Gott unsere Kraft*, Stuttgart (Kath. Bib. Werk) 1991, 262-270.

ECKMAN BARBARA, «A Quantitative Metrical Analysis of the Philippians' Hymn», *NTS* 26 (1980), 258-266.

ECO UMBERTO, *I limiti dell'interpretazione*, Milano (Bompiani) 1990.

EDART JEAN-BAPTISTE, *L'Épître aux Philippiens, Rhétorique et Composition Stylitique*, Paris (Gabalda) 2002.

ELLIGER WINFRIED, *Paulus in Griechenland. Philippi, Thessaloniki, Athen, Korinth*, Stuttgart (Katholisches Bibelwerk) 1978.

ELLIS EARLE E., «Paul and his Co-Workers», in *Prophecy and Hermeneutic in Early Christianity*, Tübingen 1978, 3-22.

ENGBERG-PEDERSEN TROELS, *Aristotle's Theory of Moral Insight*, Oxford (Clarendon Press) 1983.
——————, *Paul and the Stoics*, Edinburgh (T&T Clark) 2000.

EZELL D., «The Sufficiency of Christ. Philippians 4», *RevExp* 77 (1980) 373-381.

FABRIS RINALDO, *Prima Lettera ai Corinzi*, Milano (Paoline) 1999.

FACCHINI TOSI CLAUDIA, *La ripetizione lessicale nei poeti latini. Vent'anni di studi (1960-1980)*, Bologna (Patron) 1983.

FAIRCHILD MARK R., «Paul's Pre-Christian Zealot Associations: A Re-examination of Gal 1.14 and Acts 22.3», *NTS* 45 (1999), 514-532.

FEUILLET ANDRÉ, «Mort du Christ et Mort du chrétien d'après les epîtres pauliniennes», *RB* 66 (1959), 481-513.
——————, «L'hymne christologique de l'épître aux Philippiens (II, 6-11). 1.», *RB* 72 (1965), 352-380.
——————, «L'hymne christologique de l'épître aux Philippiens (II, 6-11). 2.», *RB* 72 (1965), 481-507.

FINLEY MOSES I. (ed.), *La schiavitù nel mondo antico*, Bari (Laterza) 1990.

FIORE BENJAMIN, *The Function of Personal Example in the Socratic and Pastoral Epistles*, Roma (Biblical Institute Press) 1986.

FITZGERALD JOHN T., «Philippians in the Light of Some Ancient Discussions of Friendship», in J. T. FITZGERALD (ed.), *Friendship, Flattery, and Frankness of Speech. Studies on Friendship in the New Testament World*, Leiden (Brill) 1996, 141-160.

——————, «Philippians, Epistle to the», *ABD* V, 323.

FITZGERALD JOHN T. (ed.), «Engberg-Pedersen, Troels: *Paul and the Stoics*. A discussion», *Review of Biblical Literature*, 3 (2001), 10-41.

FITZMYER JOSEPH A., «To Know Him and the Power of His Resurrection» (Phil 3.10), in A. DESCAMPS – A. DE HALLEUX (edd.), *Mélanges Bibliques en hommage au R. P. Béda Rigaux*, Gembloux (Duculot) 1970, 411-426.
——————, «The Aramaic Background of Philippians 2:6-11», *CBQ* 50 (1988), 470-483.
——————, «The Consecutive Meaning of ἐφ' ᾧ in Romans 5.12», *NTS* 39 (1993), 321-339.

FLEURY JEAN, «Une société de fait dans l'Église Apostolique. Phil. 4:10 à 22», in *Mélanges Philippe Meylan II: Histoire du Droit*, Lausanne (Imprimerie Centrale) 1963, 41-59.

FORBES CHRISTOPHER, «Comparison, Self-Praise and Irony: Paul's Boasting and the Conventions of Hellenistic Rhetoric», *NTS* 32 (1986), 1-30.

FORTNA ROBERT T., «Philippians: Paul's Most Egocentric Letter», in R. T. FORTNA, B. R. GAVENTA (edd.), *The Conversation Continues. Studies in Paul and John*, Nashville (Abingdon Press) 1990, 220-234.

FOSTER PAUL, «The First Contribution to the πίστις Χριστοῦ Debate: A Study of Ephesians 3.12», *JSNT* 85 (2002), 75-96.

FRANCIS FRED O. – SAMPLEY J. PAUL, *Pauline Parallels*, Philadelphia (Fortress Press) 1984².

FRANCO ETTORE, *Comunione e Partecipazione. La koinōnia nell'epistolario paolino*, Brescia (Morcelliana) 1986.

FREDERIC MADELAINE, *La répétition. Étude linguistique et rhétorique*, Tübingen (Niemeyer) 1985.

FRIDRICHSEN ANTON, «ἰσόψυχος = ebenbürtig, solidarisch», *SO* 18 (1938), 42-49.

FUNK ROBERT, *Language, Hermeneutic and the Word of God: the Problem of Language in the New Testament and Contemporary Theology*, New York (Harper & Row) 1966.
——————, «The Apostolic Parousia: Form and Significance», in W. R. FARMER – C. F. D. MOULE – R. R. NIEBUHR (edd.), *Christian history and interpretation : studies presented to John Knox*, Cambridge (Cambridge University Press) 1967.

FURNISH VICTOR P., «The Place and Purpose of Philippians III», *NTS* 10 (1963/64), 80-88.

GAMBER KLAUS, «Der Christushymnus im Philipperbrief in Liturgiegeschichtlicher Sicht», *Bib* 51 (1970), 369-376.

GAMBLE Jr. HARRY, *The Textual History of the Letter to the Romans: A Study in Textual and Literary Criticism*, Grand Rapids (Eerdmans) 1977.

GARLAND DAVID E., «Philippians 1:1-26. The Defense and Confirmation of the Gospel», *RevExp* 77 (1980), 328-331.
——————, «The Composition and Unity of Philippians. Some Neglected Literary Factors», *NT* 27 (1985), 141-173.

GÄRTER MICHAEL, *Die Familienerziehung in der alten Kirche*, Köln (Bohlau) 1985.

GENEST OLIVETTE, «La lettre de Paul aux Philippiens, figure de l'épistémê chrétienne», in LOUIS PANIER (ed.), *Les Lettres dans la Bible et dans la Littérature*, Paris (Cerf) 1999, 165-175.

GEOFFRION TIMOTHY C., *The Rhetorical Purpose and the Political and Military Character of Philippians*, Lewiston (Mellen) 1993.

GIESEN HEINZ, «"Furcht und Zittern" vor Gott? Zu Philipper 2,12», *TGeg* 31 (1988), 86-94.

GIGLIOLI ALBERTO, «Mihi enim vivere Chritus est. Congettura al testo di Phil 1,21», *RivBib* 16 (1968), 305-315.

GLOMBITZA OTTO, «Mit Furcht und Zittern. Zum Verständnis von Phil 2,12», *NT* 3 (1959), 100-106.

—————, «Der Dank des Apostels. Zum Verständnis von Philipper iv 10-20», *NT* 7 (1964-65), 135-141.

GLOTZ GUSTAVE, «Hellenodikai», in C. DAREMBERG – E. SAGLIO (edd.), *Dictionnaire des antiquités grecques et romaines*, Paris (Hachette), 1900-1963, III, 1, 60-64.

GUILLEMIN ANNE MARIE, *Pline et la vie littéraire de son temps*, Paris (Les Belles Lettres) 1929.

GUNTHER JOHN J., *Paul: Messenger and Exile*, Valley Forge (Judson Press) 1972.

GUTHRIE GEORGE H., «Cohesion Shifts and Stitches in Philippians», in S. E. PORTER – D. A. CARSON (edd.), *Discourse Analysis and Other Topics in Biblical Greek*, Sheffield (Sheffield Academic Press) 1995, 36-59.

HADOT ILSETRAUT, *Seneca und die griechisch-römische Tradition der Seelenleitung*, Berlin (De Gruyter) 1969.

HARRISVILLE R. A., «ΠΙΣΤΙΣ ΧΡΙΣΤΟΥ: Witness of the Fathers», *NT* 36 (1994), 233-241.

HARVEY JOHN D., *Listening to the Text. Oral Patterning in Paul's Letters*, Grand Rapids (Baker) 1998.

HAULOTTE EDGAR, «Formation du Corpus du Nouveau Testament. Recherche d'un "module" génératif intratextuel», in C. THEOBALD (ed.), *Le Canon des Écritures*, Paris (Cerf) 1990, 255-439.

HAY DAVID M. (ed.), *Pauline Theology. Vol. 2*, Minneapolis (Fortress Press) 1993.

HAY DAVID M. - JOHNSON E. ELIZABETH (edd.), *Pauline Theology. Vol. 3*, Minneapolis (Fortress Press) 1995.
————, *Pauline Theology. Vol. 4*, Atlanta (Scholars Press) 1997.

HAYS RICHARD B., *La visione morale del Nuovo Testamento*, Cinisello Balsamo (Ed. San Paolo) 2000.
————, «Christology and Ethics in Galatians: The Law of Christ», *CBQ* 49 (1987), 268-290.
————, «Crucified with Christ: A Synthesis of 1 and 2 Thessalonians, Philemon, Philippians, and Galatians», in D. J. LULL (ed.), *SBL Seminar Papers 1988*, Atlanta (Scholars Press) 1988, 318-335.
————, «*Pistis* and Pauline Christology: What at stake?», in E. H. LOVERING (ed.), *SBL Seminar Papers 1991*, Atlanta (Scholars Press) 1991, 714-729.

HEIL JOHN PAUL, «The Chiastic Structure and Meaning of Paul's Letter to Philemon», *Bib* 82 (2001), 178-206.

HELEWA GIOVANNI, «Carità, discernimento e cammino cristiano. Una lettura di Fil 1,9-11», *Teresianum* 45 (1994), 363-404.

HENGEL MARTIN, *Between Jesus and Paul*, Philapelphia (Fortress Press) 1983, 9-11.
————, *Crocifissione ed espiazione*, Brescia (Paideia) 1988.
————, «Mors turpissima crucis. Die Kreuzigung in der antiken Welt und die „Torheit" des Wortes vom Kreuz», in J. FRIEDRICH - W. PÖHLMANN - P. STUHLMACHER (edd.), *Rechtfertigung. Festschrift für Ernst Käsemann zum 70. Geburtstag*, Tübingen (Mohr-Siebeck) 1976, 125-183.

HERIBAN JOZEF, *Retto* φρονεῖν *e* κένοσις. *Studio esegetico su Fil 2,1-5.6-11*, Roma (LAS) 1983.
—————, «Per me il vivere è Cristo», *PSV* 5 (1982), 211-223.
—————, «Inno Cristologico (Fil 2,6-11)», in A. SACCHI (ed.), *Lettere Paoline e Altre Lettere*, Leumann (LDC) 1996, 381-395.

HIJMANS BENJAMIN J., *Inlaboratus et Facilis: Aspects of Structure in Some Letters of Seneca*, Leiden (Brill) 1976.

HOFFMANN PAUL, *Die Toten in Christus. Eine religionsgeschichtliche und exegetische Untersuchung zur paulinischen Eschatologie*, Münster (Aschendorff) 1966.

HOLLOWAY PAUL A., *Consolation in Philippians. Philosophical Sources and Rhetorical Strategy*, Cambridge (Cambridge University Press) 2001.
—————, «Notes and Observations. *Bona Cogitare*: An Epicurean Consolation in Phil 4,8-9», *HTR* 91 (1998), 89-96

HOLSTEN CARL, «Der Brief an die Philipper», *Jahrbuch für protestantische Theologie* 2 (1876), 58-165.282-372.

HOOKER MORNA D., «Interchange in Christ», *JTS* 22 (1971), 349-361.
—————, «Philippians 2:6-11», in E. E. ELLIS – E. GRÄSSER (edd.), *Jesus und Paulus. Festschrift für Werner Georg Kümmel zum 70. Geburtstag*, Göttingen (Vandenhoeck & Ruprecht) 1978², 151-164.
—————, «ΠΙΣΤΙΣ ΧΡΙΣΤΟΥ», *NTS* 35 (1989), 321-342.

HOOVER ROY W., «The ἁρπαγμός enigma. A Philological Solution», *HTR* 64 (1971), 95-119.

HORSLEY RICHARD A., «The Slave Systems of Classical Antiquity and Their Reluctant Recognition by Modern Scholars», *Semeia* 83/84 (1998), 19-66.
—————, «Paul and Slavery: A Critical Alternative to Recent Readings», *Semeia* 83/84 (1998), 153-200.

HOWARD GEORGE, «The Faith of Christ», *ExpTim* 85 (1973-1974), 212-214.

HURTADO LARRY W., «Jesus as Lordly Example in Philippians 2:5-11», in P. RICHARDSON - J. C. HURD (edd.), *From Jesus to Paul: Studies in Honour of Francis Whright Beare*, Waterloo (Wilfrid Lurier University Press) 1984.

JAQUETTE JAMES L., *Discerning what counts. The Function of the Adiaphora Topos in Paul's Letters*, Atlanta (Scholars Press) 1995.
——————, «A not-so-noble death; figured speech, friendship and suicide in Philippians 1:21-26», *Neotestamentica* 28 (1994), 177-190.
——————, «Paul, Epictetus and Others on Indifference to Status», *CBQ* 56 (1994), 68-80.
——————, «Life and Death, *Adiaphora*, and Paul's Rhetorical Strategies», *NT* 38 (1996), 30-54.

JEREMIAS JOACHIM, «Zu *Phil II,7*; ἑαυτόν ἐκένωσεν», *NT* 6 (1963), 182-188.

JEWETT ROBERT, *Paul's Anthropological Terms. A Study of their Use in Conflict Settings*, Leiden (Brill) 1971.
——————, «The Epistolary Thanksgiving and the Integrity of Philippians», *NT* 12 (1970), 40-53.
——————, «Conflicting Movements in the Early Church as reflected in Philippians», *NT* 12 (1970), 362-390.

JONES MAURICE, «The Integrity of the Epistle to the Philippians», *Exp* 8/8 (1914), 457-473.

JUDGE EDWIN A., «Paul's Boasting in Relation to Contemporary Professional Practice», *AusBR* 16 (1968), 37-50.

KÄSEMANN ERNST, *Exegetische Versuche und Besinnungen*, Göttingen (Vandenhoeck & Ruprecht) 1986.
——————, «Kritische Analyse von Phil. 2,5-11», *ZTK* 47 (1950), 313-360.

KENNEDY GEORGE, *New Testament Interpretation through Rhetorical Criticism*, Chapel Hill (University of North Carolina Press) 1984.

KENNEDY H. A., «The Financial Colouring of Phil. 4,15-18», *ExpTim* 12 (1900-01), 43-44.

KILPATRICK GEORGE D., «Βλέπετε. Philippians iii. 2», in J. K. ELLIOTT (ed.), *The Principles and Practice of New Testament Textual Criticism. Collected Essays of G. D. Kilpatrick*, Leuven (University Press) 1990.

KIM CHAN-HIE, *Form and Structure of the Familiar Greek Letter of Recommendation*, Missoula (Scholars Press) 1972.

KIRSCHNER ROBERT, «Imitatio Rabbini», *JSJ* 17 (1986), 70-79.

KITTREDGE CYNTHIA BRIGGS, *Community and authority. The rhetoric of obedience in the Pauline tradition*, Harrisburg (Trinity Press International) 1998.

KOESTER HELMUT, *Introduction to the New Testament: vol. 2, History and Literature of Early Christianity*, Philadelphia (Fortress Press) 1982.
——————, «The Purpose of the Polemic of a Pauline Fragment (Philippians III)», *NTS* 8 (1962), 317-332.
——————, «1 Thessalonians – Experiment in Christian Writing», in F. F. CHURCH – T. GEORGE (edd.), *Continuity and Discontinuity in Church History: Essays presented to George Hunston Williams on the occasion of his 65th Birthday*, Leiden (Brill) 1979, 33-34.

KOPERSKI VERONICA, *The Knowledge of Christ Jesus My Lord. The High Christology of Philippians 3,7-11*, Kampen (Pharos) 1996.
——————, «Feminist Concerns and the Authorial Readers in Philippians», *LS* 17 (1992), 286-289.
——————, «Textlinguistics and the Integrity of Philippians: A Critique of Wolfgang Schenk's Arguments for a Compilation Hypothesis », *ETL* 68 (1992), 331-367.
——————, «The Early History of the Dissection of Philippians», *JTS* 44 (1993), 599-603.

KORNHARDT HILDEGARDT, *Exemplum: Eine bedeutungsgeschichtliche Studie*, Göttingen (Robert Noske) 1936.

KOSKENNIEMI HEIKKI, *Studien zur Idee and Phraseologie des griechischen Briefes bis 400 n. Chr.*, Helsinki (Finnischen Akademie der Wissenschaften) 1956.

KRAFTCHICK STEVEN J., «A Necessary Detour: Paul's Metaphorical Understanding of the Philippian Hymn», *HorBibT* 15/1 (1993), 1-37.

LAMBRECHT JAN, «Our Commonwealth is in Heaven», *LS* 10 (1984-85), 199-205.

LASSEN EVA MARIA, «The Use of the Father Image in Imperial Propaganda and 1 Corinthians 4:14-21», *TynB* 42 (1991), 127-136.

LAUSBERG HEINRICH, *Elementi di retorica*, Bologna (Il Mulino) 1969.

LEE J. M., «Philippians 1,22-3», *NT* 12 (1970), 361.

LEVINSON STEPHEN H., «A Discourse Study of Constituent Order and the Article in Philippians», in S. E. PORTER – D. A. CARSON (edd.), *Discourse Analysis and Other Topics in Biblical Greek*, Sheffield (Sheffield Academic Press) 1995, 60-74.

LINCOLN ANDREW T., *Paradise Now and Not Yet*, Cambridge (Cambridge University Press) 1981.

LOHMEYER ERNST, *Kyrios Jesus. Eine Untersuchung zu Phil. 2,5-11*, Heidelberg (Winter Universitätsverlag) 1928.

LONGENECKER BRUCE W., «ΠΙΣΤΙΣ in Romans 3.25: Neglected Evidence for the 'Faithfulness of Christ'?», *NTS* 39 (1993), 478-480.

LÜDERITZ GERT, «What is the Politeuma?», in J. W. VAN HENTEN – P. W. VAN DER HORST (edd.), *Studies in Early Jewish Epigraphy*, Leiden (Brill) 1994, 183-225.

LUTER A. BOYD – LEE MICHELLE V., «Philippians as Chiasmus: Key to the Structure, Unity and Theme Questions», *NTS* 41 (1995), 89-101.

LYONS GEORGE, *Pauline Autobiography. Toward a New Understanding*, Atlanta (Scholar Press) 1985.

MACCOBY HYAM, *The Mythmaker. Paul and the Invention of Christianity*, London (Weidenfeld & Nicolson) 1986.

MACKAY B. S., «Further Thoughts on Philippians», *NTS* 7 (1960/61), 161-170.

MADISON TIMOTHY E., «Philippians 1:21-23: hope that never ends», *RevExp* 92 (1995), 513-517.

MALHERBE ABRAHAM J., *Ancient Epistolary Theorists*, Atlanta 1988.
——————, «The Beasts at Ephesus», *JBL* 87 (1968), 71-80.
——————, «Paul's Self-Sufficiency (Philippians 4:11)», in J. T. FITZGERALD (ed.), *Friendship, Flattery and Frankness of Speech: Studies on Friendship in the New Testament World*, Leiden (Brill) 1996, 125-139.

MANZI FRANCO, «Fil 2,6-11 ed Eb 5,5-10: due schemi cristologici a confronto», *RivBib* 44 (1996), 31-64.
——————, «La dipendenza letteraria diretta di Fil 2,5-11 da Is 52,13-53,12», *RivBib* 47 (1999), 277-360.

MARROU HENRI I., *Histoire de l'éducation dans l'antiquité*, Paris (Seuil) 1948.

MARSHALL JAY W., «Paul's Ethical Appeal in Philippians», in S. E. PORTER e T. H. OLBRICHT (edd.), *Rhetoric and the New Testament:*

Essays from the 1992 Heidelberg Conference Sheffield (Sheffield Academic Press) 1993, 357-374.

MARSHALL PETER, *Enmity in Corinth: Social Conventions in Paul's Relations with the Corinthians*, Tübingen (Mohr-Siebeck) 1987.

MARTIN JOSEF, *Antike Rhetorik: Technik und Methode*, Munich (C. H. Beck) 1974.

MARTIN RALPH P., *Carmen Christi. Philippians 2:5-11 in recent interpretation and in the setting of early Christian worship*, Cambridge (Cambridge University Press) 1967.

―――――, *A Hymn of Christ*, Downers Grove (InterVarsity) 1997.

―――――, «The Form-analysis of Philippians 2,5-11», in F. L. CROSS (ed.), *Studia Evangelica Vol. II. Papers presented to the Second International Congress on New Testament Studies. Part 1*, Berlin (Akademie Verlag) 1964, 611-620.

MATLOCK R. BARRY, «Detheologizing the ΠΙΣΤΙΣ ΧΡΙΣΤΟΥ Debate: Cautionary Remarks from a Lexical Semantic Perspective», *NT* 42 (2000), 1-23.

―――――, «"Even the Demons Believe": Paul and πίστις Χριστοῦ», *CBQ* 64 (2002), 300-318.

MAYER BERNHARD, «Paulus als Vermittler zwischen Epaphroditus und der Gemeinde von Philippi. Bemerkungen zu Phil 2,25-30», *BZ* 31 (1987), 176-188.

MEEKS WAYNE A., *The First Urban Christians: The Social World of the Apostle Paul*, New Haven (Yale Univ. Press) 1983.

―――――, «Understanding Early Christian Ethics», *JBL* 105 (1986), 3-11.

―――――, «The Man from Heaven in Paul's Letter to the Philippians», in B. A. PEARSON (ed.), *The Future of Early Christianity*, Minneapolis (Fortress Press) 1991, 329-336.

MERKELBACH REINHOLD, «Zwei Beiträge zum Neuen Testament», *RheinMus* (134) 1991, 349-351.

METZGER BRUCE M., *A Textual Commentary on the Greek New Testament*, Stuttgart (Deutsche Bibelgesellschaft) 1994².

METZNER RAINER, «In aller Freundschaft. Ein frühchristlicher Fall freundschaftlicher Gemeinschaft (Phil 2.25-30)», *NTS* 48 (2001), 111-131.

MEYNET ROLAND, *L'analisi retorica*, Brescia (Queriniana) 1992.
—————————, *Jésus passe*, Roma – Paris (PUG Ed. – Cerf) 1999.
—————————, «L'analyse rhétorique, une nouvelle méthode pour comprendre la Bible», *NRT* 116 (1994) 641-657.
—————————, «I frutti dell'analisi retorica per l'esegesi biblica», *Greg* 77 (1996), 403-436.

MICHAEL J. HUGH, «The First and Second Epistles to the Philippians», *ExpTim* 34 (1922-23), 106-109.
—————————, «Work Out Your Own Salvation», *Exp* 9/12 (1924), 439-450.
—————————, «Paul and Job: A Neglected Analogy», *ExpTim* 36 (1924), 67-70.

MILLER ERNEST C., «Πολιτεύεσθε in Philippians 1.27: Some Philological and Thematic Observations», *JSNT* 15 (1982), 86-96.

MILLET PAUL, *Lending and Borrowing in Ancient Athens*, Cambridge (Cambridge University Press) 1991.

MINEAR PAUL S., «Singing and Suffering in Philippi», in R. T. FORTNA – B. R. GAVENTA (edd.), *The Conversation Continues. Studies in Paul and John*, Nashville (Abingdon Press) 1990, 202-219.

MITCHELL ALAN C., «"Greet The Friends by Name": New Testament Evidence for the Greco-Roman *Topos* on Friendship», in J. T.

FITZGERALD (ed.), *Greco-Roman Perspectives on Friendship*, Atlanta (Scholars Press) 1997, 225-262.

MOISER JEREMY, «The Meaning of *koilia* in Philippians 3,19», *ExpTim* 108 (1997), 365-366.

MOMIGLIANO ARNALDO, *Lo sviluppo della biografia greca*, Torino (Einaudi) 1974.

MONTAGUE GEORGE T., *Growth in Christ. A Study of Saint Paul's Theology of Progress*, Kirkwood (Maryhurst Press) 1961.

MORENO GARCÍA ABDÓN, *La sabiduria del espíritu: sentir en Cristo. Estudio de* phronema *-* phroneō *en Rom 8,5-8 y Flp 2,1-5*, Roma (PUG) 1995.

MORTARA GARAVELLI BICE, *Manuale di Retorica*, Milano (Bompiani) 1988.

MOULE CHARLES F. D., «Further Reflexions on Philippians 2:5-11», in W. W. GASQUE - R. P. MARTIN (edd.), *Apostolic History and the Gospel. Biblical and Historical Essays Presented to F. F. Bruce on his 60th Birthday*, Grand Rapids (Eerdmans) 1970, 264-276.

MÜLLER ULRICH B., «Der Christushymnus Phil 2,6-11», *ZNW* 79 (1988), 17-44.

MÜLLER-BARDORFF JOHANNES, «Zur Frage der literarischen Einheit des Philipperbriefes», *Wissenschaftliche Zeitschrift der Universität Jena* 7 (1957-58), 591-604.

MULLINS TERENCE Y., «Disclosure. A Literary Form in the New Testament», *NT* 7 (1964), 44-50.
——————, «Visit Talk in New Testament Letters», *CBQ* 35 (1973), 350-358.

MURPHY O'CONNOR JEROME, *Paul et l'art épistolaire*, Paris (Cerf) 1994.

—————, *Paul: A Critical Biography*, Oxford (Clarendon) 1996.

NAGATA TAKESHI, *Philippians 2,5-11. A Case Study in the Contextual Shaping of Early Christology*, Ann Arbor (Univ. Press) 1989.

NEUSNER JACOB et al. (edd.), *The Social World of Formative Christianity and Judaism*, Philadelphia (Fortress Press) 1988.

NEWTON MICHAEL, *The Concept of Purity at Qumran and in the Letters of Paul*, Cambridge (Cambridge University Press) 1985.

NORDEN EDUARD, *Die antike Kunstprosa vom VI. Jahrhundert V. Chr. bis in die Zeit der Renaissance*, Leipzig-Berlin (Druck und Verlag B. G. Teubner) 1915.

O'BRIEN PETER T., «The Gospel and Godly Models in Philippians», in M. J. WILKINS - T. PAIGE (edd.), *Worship, Theology and Ministry in the Early Church*, Sheffield (Sheffield Academic Press) 1992, 273-284.

OMANSON ROGER L., «A Note on the Translation of Philippians 1:3-5», *BT* 29 (1978), 244-245.

—————, «A Note on the Translation of Philippians 1:12», *BT* 29 (1978), 446-448.

O'NEIL JOHN C., «Hoover on *Harpagmos* Reviewed, with a Modest Proposal concerning Philippians 2,6-11», *HTR* 81 (1988), 445-449.

OTTO RANDALL E., «If Possible I May Attain the Resurrection from the Dead (Philippians 3:11)», *CBQ* 57 (1995), 324-340.

PALMER D. W., «"To Die is Gain" (Philippians 1,21)», *NT* 17 (1975), 203-218.

PANIKULAM GEORGE, *Koinōnia in the New Testament. A Dynamic Expression of Christian Life*, Roma (Biblical Institute Press) 1979.

PARRENT A. M., «Dual Citizens, Not Resident Aliens», *Sewanee Theological Review* 44 (2000), 44-49.

PATTERSON ORLANDO, *Slavery and Social Death*, Cambridge (Harvard University Press) 1982.
——————, «Paul, Slavery and Freedom: Personal and Socio-Historical Reflections», *Semeia* 83/84 (1998), 263-279.

PEDERSEN SIGFRED, «"Mit Furcht und Zittern" (Phil 2,12-13)», *StTh* 32 (1978), 1-31.

PEDERSEN SIGFRED (ed.), *New Directions in Biblical Theology*, Leiden (Brill) 1994.

PENNA ROMANO, *Lo Spirito di Cristo*, Brescia (Paideia) 1976.
——————, «Evoluzione dell'atteggiamento di Paolo verso gli Ebrei», in R. PENNA, *L'Apostolo Paolo. Studi di esegesi e teologia*, Cinisello Balsamo (Ed. Paoline) 1991, 332-366.
——————, «Un fariseo del secolo I: Paolo di Tarso», *RSB* 11 (1999) 2, 65-87.

PERDUE LEO G., «The Social Character of Paraenesis and Paraenetic Literature», *Semeia* 50 (1990), 5-39.

PERELMAN CHAÏM – OLBRECHTS-TYTECA LUCIE, *Trattato dell'Argomentazione. La nuova Retorica*, Torino (Einaudi) 1989².

PEREZ GORDO A., «Dónde se escribió la carta a los Filipenses?», *EstAgust* 27 (1992), 483-517.

PERKINS PHEME, «Christology, Friendship and Status: The Rhetoric of Philippians», in K. H. RICHARDS (ed.), *SBL Seminar Papers 1987*, Atlanta (Scholars Press) 1987, 509-520.
——————, «Philippians: Theology for the Heavenly Politeuma», in J. M. BASSLER (ed.), *Pauline Theology. Vol. 1*, Minneapolis (Fortress Press) 1991, 89-104.

PESCH RUDOLPH, *Paulus und seine Lieblingsgemeinde. Paulus – neu gesehen. Drei Briefe an die Heiligen von Philippi*, Freiburg (Herder), 1985.

PETERLIN DAVORIN, *Paul's Letter to the Philippians in the Light of Disunity in the Church*, Leiden (Brill) 1995.

PETERMAN GERALD W., *Paul's Gift from Philippi: Conventions of Gift-exchange and Christian Giving*, Cambridge (Cambridge University Press) 1997.
—————, «"Thankless thanks": the epistolary social convention in Philippians 4:10-20», *TynB* 42 (1991), 261-270.

PFITZNER VICTOR C., *Paul and the Agon Motif*, Leiden (Brill) 1967.

PILHOFER PETER, *Philippi I: Die erste christliche Gemeinde Europas*, Tübingen (Mohr-Siebeck) 1995.

PITTA ANTONIO, *Disposizione e Messaggio della lettera ai Galati. Analisi retorico-letteraria*, Roma (PIB) 1992.
—————, *Sinossi Paolina*, Cinisello Balsamo (Ed. San Paolo) 1994.
—————, *Lettera ai Galati*, Bologna (EDB) 1997.
—————, *Lettera ai Romani*, Milano (Paoline) 2001.
—————, «La fede e la "conoscenza di Cristo" (Fil 3,7-11), *PSV* 30 (1994), 171-182.
—————, «Paolo e il giudaismo farisaico», *RSB* 11 (1999) 2, 89-106.

POLLARD T. E., «The Integrity of Philippians», *NTS* 13 (1966-67), 57-66.

PORTER STANLEY E., *Idioms of the Greek New Testament*, Sheffield (Sheffield Accademic Press) 1994^2.
—————, «Word Order and Clause Structure in New Testament Greek. An Unexplored Area of Greek Linguistic Using Philippians as a Test Case», *FNT* 6 (1993), 177-206.

PORTER STANLEY E. – REED JEFFREY T., «Philippians as a Macro-Chiasm and its Exegetical Significance», *NTS* 44 (1998), 213-231.

RÄISÄNEN HEIKKI, *Paul and the Law*, Tübingen (Mohr-Siebeck) 1983.
—————, *Beyond New Testament Theology*, London (SCM) 1990.

RATHJEN B. D., «The Three Letters of Paul to the Philippians», *NTS* 6 (1959/60), 167-173.

REED JEFFREY T., *A Discourse Analysis of Philippians. Method and Rhetoric in the Debate over Literary Integrity*, Sheffield (Sheffield Academic Press) 1997.
—————, «The Infinitive with Two Substantival Accusatives, An Ambiguous Construction?», *NT* 33 (1991), 1-27.
—————, «Using Ancient Rhetorical Categories to Interpret Paul's Letters: A Question of Genre», in S. E. PORTER e T. H. OLBRICHT (edd.), *Rhetoric and the New Testament: Essays from the 1992 Heidelberg Conference*, Sheffield (Sheffield Academic Press) 1993, 292-324.
—————, «Philippians 3:1 and the Epistolary Hesitation Formulas: The Literary Integrity of Philippians, Again», *JBL* 115 (1996), 63-90.

REEVES RODNEY R., «To be or not to be? That is not the Question: Paul's Choice in Philippians 1:22», *PRS* 19 (1992), 273-289.

REICKE BO, «Unité chrétienne et Diaconie. Philip. II,1-11», in *Neotestamentica et Patristica. Eine Freudesgabe O. Cullmann*, Leiden (Brill) 1962, 203-212.

REINHARTZ ADELE, «On the Meaning of the Pauline Exhortation: *"mimētai mou ginesthe* – become Imitators of me"», *StRel* 16 (1987), 393-403.

REISER MARIUS, «Erkenne dich selbst! Selbsterkenntnis in Antike und Christentum», *TZ* 101 (1992), 81-100.

—————, «Love of Enemies in the Context of Antiquity», *NTS* 47 (2000), 411-427.

RENNER F., *"An die Hebräer", ein pseudoepigraphischer Brief*, Munsterschwarzach (Vier-Türme Verlag) 1970.

REUMANN JOHN, «Philippians 3.20-21 – A Hymnic Fragment?», *NTS* 30 (1984), 593-609.
—————, «The Theologies of 1 Thessalonians and Philippians: Contents, Comparison and Composite», in K. H. RICHARDS (ed.), *SBL Seminar Papers 1987*, Atlanta (Scholars Press) 1987, 521-535.
—————, «Churchoffice in Paul, especially in Philippians», in L. M. WHITE – O. L. YARBROUGHT (edd.), *The Social Word of the First Christians*, Minneapolis (Fortress Press) 1995, 3-15.
—————, «Philippians, especially Chapter 4, as a "Letter of Friendship": Observations on a Checkered History of Scholarship», in J. T. FITZGERALD (ed.), *Friendship, Flattery and Frankness of Speech: Studies on Friendship in the New Testament World*, Leiden (Brill) 1996, 83-106.
—————, «Philippians and Culture of Friendship», *TrinSemR* 19 (1997), 69-83.

RIESNER RAINER, *Die Frühzeit des Apostels Paulus: Studien zur Chronologie, Missionsstrategie und Theologie*, Tübingen (Mohr-Siebeck) 1994.

ROBERTS JOHN HENRY, «Pauline Transitions to the Letter Body», in A. VANHOYE (ed.), *L'Apôtre Paul. Personnalité, Style et Conception du Ministère*, Leuven (University Press) 1986, 93-99.

ROBINSON JOHN A. T., *Redating the New Testament*, Philadelphia (Westminster Press) 1976.

ROETZER CALVIN J., *The Letters of Paul*, London (SCM) 1983.

ROLLAND PHILIPPE, «La structure littéraire et l'unité de l'Épître aux Philippiens», *RevSR* 64 (1990), 213-216.

Ross J. M., «Some Unnoticed Points in the Text of the New Testament», *NT* 25 (1983), 59-72.

RUSSELL RONALD, «Pauline Letter Structure in Philippians», *JETS* 25 (1982), 295-306.

SALLER RICHARD P., *Personal Patronage under the Early Empire*, Cambridge (Cambridge University Press) 1982.

SAMPLEY J. PAUL, *Pauline Partnership in Christ: Christian Community and Commitment in Light of Roman Law*, Philadelphia (Fortress Press) 1980.

SANDERS BOYKIN, «Imitating Paul: 1Cor 4:16», *HTR* 74 (1981), 353-363.

SANDERS JACK T., «The Transition from Opening Epistolary Thanksgiving to Body in the Letters of the Pauline Corpus», *JBL* 81 (1962), 348-362.

SCHENK WOLFGANG, «Der Philipperbrief in der neueren Forschung (1945-1985)», in W. HAASE (ed.), *Aufstieg und Niedergang der römischen Welt. 2. Principat*, Berlin-New York (Walter de Gruyer) 1984, II 25.4, 3280-3313.
—————, «Der Philipperbrief oder die Philipperbriefe des Paulus? Eine Antwort an V. Koperski», *ETL* 70 (1994), 122-131.

SCHLOSSER JACQUES, «La communauté en charge de l'Évangile. A propos de Ph. 1,7», *RHPhR* 75 (1995), 67-76.

SCHMITHALS WALTER, «Die Irrlehrer Philipperbriefes», *ZTK* 54 (1957), 297-341.

SCHNIDER FRANZ - STENGER WERNER, *Studien zum Neutestamentlichen Briefformular*, Leiden (Brill) 1987.

SCHOON-JANSSEN JOHANNES., *Umstrittene "Apologien" in den Paulusbriefen: Studien zur rhetorischen Situation des 1. Thessalonicherbriefes, des Galaterbriefes, und des Philipperbriefes*, Göttingen (Vandenhoeck & Ruprecht) 1991.

SCHRAGE WOLFGANG, «Das apostolische Amt des Paul nach 1Kor 4,14-17, in A. VANHOYE (ed.), *L'Apôtre Paul*, Leuven (Un. Press) 1986, 103-119.

SCHÜTZ JOHN, *Paul and the Anatomy of Apostolic Authority*, Cambridge (Cambridge University Press) 1975.

SCHWEIZER EDUARD, «Dying and Rising with Christ», *NTS* 14 (1967-68), 1-14.

SELLEW PHILIPP, «Laodiceans and the Philippians Fragment Hypotesis», *HTR* 87 (1994), 17-27.

SEVENSTER JAN NICOLAAS, *Paul and Seneca*, Leiden (Brill) 1961.

SIBER PETER, *Mit Christus leben: eine Studie zur paulinischen Auferstehungshoffnung*, Zürich (Theologischer Verlag) 1971.

SKEAT THEODORE C., «Did Paul Write to 'Bishops and Deacons' at Philippi? A Note on Philippians 1:1», *NT* 37 (1995), 12-15.

SNYMAN ANDREAS H., «Persuasion in Philippians 4.1-20», in S. E. PORTER – T. H. OLBRICHT (edd.), *Rhetoric and the New Testament: Essays from the 1992 Heidelberg Conference*, Sheffield (Sheffield Academic Press) 1993, 325-337.

SÖDING THOMAS, «Erniedrigung und Erhohung. Erwägungen zum Verhältnis von Christologie und Mythos am Beispiel des Philipperhymnus (Phil 2,6-11), *ThPhil* 67 (1992), 1-28.

SPICQ CESLAS, *Notes de Lexicographie Néo-Testamentaire Tome II*, Fribourg (Éd. Universitaires) 1978, 710-719.

STOWERS STANLEY K., «Friends and Enemies in the Politics of Heaven: Reading Theology in Philippians», in J. M. BASSLER (ed.), *Pauline Theology. Vol. 1*, Minneapolis (Fortress Press) 1991, 105-121.
——————, «Paul and Slavery: A Response», *Semeia* 83/84 (1998), 295-311.

SUHL ALFRED, *Paulus und seine Briefe: Ein Beitrag zur paulinische Chronologie*, Gütersloh (Mohn) 1975.

SWIFT ROBERT, «The Theme and Structure of Philippians», *BSac* 141 (1984), 234-254.

TELLBE MIKAEL, «The Sociological Factors behind Philippians 3.1-11 and the Conflict at Philippi», *JSNT* 55 (1994) 97-121.

THEISSEN GERD, *Studien zur Soziologie des Urchristentums*, Tübingen (Mohr-Siebeck) 1983².

THOMSON IAN H., *Chiasmus in the Pauline Letters*, Sheffield (Sheffield Academic Press) 1995.

THORNTON CLAUS-JÜRGEN, *Der Zeuge des Zeugen: Lukas als Historiker der Paulusreisen*, Tübingen (Mohr-Siebeck) 1991.

THRAEDE KLAUS, *Grundzüge griechisch-römischer Brieftopik*, Munich (Beck) 1970.

THRALL MARGARET E., *Greek Particles in the New Testament. Linguistic and Exegetical Studies*, Leiden (Brill) 1962.

THURÉN LAURI, *Derhetorizing Paul. A Dynamic Perspective on Pauline Theology*, Tübingen (Mohr-Siebeck) 2000.

TREIYER ENRIQUE B., «S'en aller et être avec Christ (Philippiens 1/23)», *ÉTRel* 69 (1994), 559-563.

UDOH FABIAN E., «Paul's Views on the Law: Questions about Origin (Gal. 1:6-2:21; Phil. 3:2-11)», *NT* 42 (2000), 214-237.

VAN HENTEN JAN W. - AVEMARIE FRIEDRICH, *Martyrdom and Noble Death*, London-New York (Routledge) 2002.

VANHOYE ALBERT, *La structure littéraire de l'épître aux Hébreux*, Paris (Desclée de Brouwer) 1976.

——————, «La composition de 1 Thessaloniciens», in R. F. COLLINS (ed.), *The Thessalonian Correspondence*, Leuven (University Press) 1990, 75-86.

VANNI UGO, *L'ebbrezza dello Spirito. Una proposta di spiritualità paolina*, Roma (AdP) 2001.

——————, «Ὁμοίωμα in Paolo (Rm 1,23; 5,14; 6,15; 8,2; Fil 2,7). Una interpretazione esegetico-teologica alla luce dell'uso dei LXX. 1ª parte», *Greg* 58 (1977), 321-345.

——————, «Ὁμοίωμα in Paolo (Rm 1,23; 5,14; 6,15; 8,2; Fil 2,7). Una interpretazione esegetico-teologica alla luce dell'uso dei LXX. 2ª parte», *Greg* 58 (1977), 431-470.

——————, «Verso la struttura letteraria della lettera ai Filippesi», in L. PADOVESE (ed.), *Atti del V Simposio di Tarso su s. Paolo Apostolo*, Roma (Ist. Francescano di Spiritualità. Pont. Ateneo Antoniano) 1998, 61-83.

——————, «Antigiudaismo in Filippesi 3,2? Un Ripensamento», in L. PADOVESE (ed.), *Atti del VI Simposio di Tarso su s. Paolo Apostolo*, Roma (Ist. Francescano di Spiritualità. Pont. Ateneo Antoniano) 2000, 47-62.

VIGNOLO ROBERTO, «La fede portata da Cristo. "ΠΙΣΤΙΣ ΧΡΙΣΤΟΥ' in Paolo», in G. CANOBBIO (ed.), *La fede di Gesù*, Bologna (EDB) 2000, 43-67.

VOELZ JAMES W., «"Some Things Old, Some Things New". A Response to Wolfgang Schenk, *Die Philipperbriefe des Paulus*», *Semeia* 48 (1989), 161-169.

VOLLENWEIDER SAMUEL, «Die Waagschalen von Leben und Tod. Zum antiken Hintergrund von Phil 1,21-26», ZNW 85 (1994), 93-115.

WALSER GEORG, *The Greek of the Ancient Synagogue. An Investigation on the Greek of the Septuagint, Pseudoepigrapha and the New Testament*, Stockholm (Almqvist & Wiksell International) 2001.

WANDRUSZKA MARIO, «*"Repetitio e Variatio"*», in R. BAEHR (ed.) *Attualità della Retorica. Atti del I Convegno Italo-tedesco di Bressanone 1973*, Padova (Liviana) 1975, 101-111.

WANSINK CRAIG S., *Chained in Christ: The Experience and Rhetoric of Paul's Imprisonments*, Sheffield (Sheffield Academic Press) 1996.

WATSON DUANE F., «A Rhetorical Analysis of Philippians and Its Implications for the Unity Question», NT 30 (1988), 57-88.

WATSON FRANCIS, *Paul, Judaism and the Gentiles: A Sociological Approach*, Cambridge (Cambridge University Press) 1986.

WEAVER PAUL C., *Familia Caesaris: A Social Study of the Emperor's Freedmen and Slaves*, Cambridge (Cambridge University Press) 1972.

WEDDERBURN ALEXANDER J. M., «Some observations on Paul's use of the phrases 'In Christ' and 'With Christ'», JSNT (1985), 83-97.

WHITE JOHN L., *The Form and Function of the Body of the Greek Letter*, Missoula (Scholars Press) 1972.

―――――――, *Light from Ancient Letters*, Philadelphia (Fortress Press) 1986.

―――――――, «Introductory Formulae in the Body of the Pauline Letter», JBL 90 (1971), 91-97.

―――――――, «Saint Paul and the Apostolic Letter Tradition», CBQ 45 (1983), 433-444.

———, «Ancient Greek Letters», in D. E. AUNE (ed.), *Greco-Roman Literature and the New Testament*, Atlanta (Scholars Press) 1988, 85-105.

WHITE MICHAEL L., «Morality between Two Worlds: A Paradigm of Friendship in Philippians», in D. L. BALCH - E. FERGUSON - W. A. MEEKS (edd.), *Greeks, Romans and Christians*, Minneapolis (Fortress Press) 1990, 201-215.

WICK PETER, *Der Philipperbrief: Der formale Aufbau des Briefs als Schlüssel zum Verständnis seines Inhalts*, Stuttgart (Kohlhammer) 1994.

WIEDEMANN THOMAS E. J., *Slavery. Greece and Rome New Survey*, Oxford (Univ. Press) 1987.

WILES GORDON P., *Paul's Intercessory Prayers. The significance of the Intercessory Prayer Passages in the Letters of St. Paul*, Cambridge (Cambridge University Press) 1974.

WITHERINGTON III BEN, *Friendship and Finances in Philippi: The Letter of Paul to the Philippians*, Valley Forge (Trinity Press International) 1994.

WONG TERESIA YAI-CHOW, «The Problem of Pre-existence in Philippians 2,6-11», *ETL* 62 (1986), 267-282.

WRIGHT BENJAMIN G. III, «‹Ebed/Doulos: Terms and Social Status in the Meeting of Hebrew Biblical and Hellenistic Roman Culture», *Semeia* 83/84 (1998), 83-109.

WRIGHT NICHOLAS T., «ἁρπαγμός and the Meaning of Philippians 2:5-11», *JTS* 37 (1986) 321-352.
———, «Putting Paul Together Again. Toward a Synthesis of Pauline Theology», in J. M. BASSLER (ed.), *Pauline Theology. Vol. 1*, Minneapolis (Fortress Press) 1991, 183-211.

ZERWICK MAXIMILIAN, *Graecitas Biblica Novi Testamenti exemplis illustratur*, Roma (PIB) 1966[5].

INDICE DEGLI AUTORI

ABEGG M. 95
ACHTEMEIER P. J. 82, 86
AHERN B. M. 112
ALETTI J.-N. 18, 28, 36-37, 53, 76, 109, 110, 136, 146, 191, 199, 222, 224, 228
ALEXANDER L. C. 21, 158
ANTIN P. 41
ATTRIDGE H. W. 87
AUBENQUE P. 57
AUNE D. E. 175, 181
AVEMARIE F. 46

BAEHR R. 199
BALCH D. L. 126
BARBAGLIO G. 61, 73, 122, 205, 214
BARCLAY J. M. G. 91
BARNES E. 143
BARTH K. 50, 59, 68, 76, 110, 112, 117, 129, 140, 141, 180, 216
BARTH M. 190
BASEVI C. 125
BASSLER J. M. 16, 21, 92, 110, 154, 208, 228, 229
BATEMAN H. W. 91
BAUMBACH G. 117, 136
BAZZANELLA C. 199
BEARE F. W. 152, 155, 180, 188, 194
BEAUDE P.-M. 127, 216
BELIGNI F. 25
BENOIT P. 152
BENVENISTE É. 56
BERGMEIER R. 68
BERRY K. L. 157
BETZ H. D. 34, 100, 216
BITZER L. 193
BLACK D. A. 12, 29, 56, 139, 143, 160, 171, 182, 196, 205
BLOMBERG C. L. 172

BLOOMQUIST G. L. 22, 23, 24, 36, 61, 100, 111, 140, 142, 144, 160, 182, 206
BOCKMUEHL M. 2, 9, 19, 20, 23, 29, 31, 36, 38, 39, 42, 52, 59, 61, 62, 68, 71, 77, 80, 83, 86, 95, 105, 108, 110, 113, 121, 128, 140, 141, 142, 144, 145, 149, 150, 163, 165, 168, 176, 178, 187, 201, 203, 216, 227
BONNARD P. 194
BONNER S. F. 190
BORMANN L. 19, 21, 125, 131, 158, 180, 192
BORNKAMM G. 106, 153
BOUTTIER M. 50
BOVATI P. 47, 146
BREWER R. R. 49
BRIGGS S. 69
BROWN M. J. 69
BRUCE F. F. 9, 163, 187, 190
BUCHANAN C. O. 154, 196
BULTMANN R. 77
BUSCEMI A. M. 63
BYRSKOG S. 18

CAIRD G. B. 152
CANOBBIO G. 110
CAPIZZI N. 134
CAPPER B. J. 125, 154, 156
CARSON D. A. 29, 37
CASSIDY R. J. 45-46, 176, 193, 226
CASTELLI E. A. 122
CERFAUX L. 65
CHAPA J. 125
CHRISTOU P. 188
CHURCH F. F. 220
CIPRIANI S. 198
CLASSEN C. J. 149

COLLANGE J.-F.   7, 19, 20, 29, 39, 50, 51, 52, 54, 56, 76, 77, 82, 110, 117, 120, 129, 134, 140, 141, 146, 152, 153, 176, 180, 187, 189, 203, 216
COLLINS R. F.   24, 122
COOK D.   86
CRADDOCK F. B.   8, 9, 22, 75, 100, 102, 141, 201, 216
CROSS F. L.   65
CULPEPPER A. R.   178, 181, 200, 204, 207

DAGENHART J. J.   77
DAHL N. A.   60, 143
DAILEY T. F.   41
DALLA VECCHIA F.   10
DALTON W. J.   153, 168, 204
DAREMBERG C.   115
DAVIS C. W.   8, 53, 173-174, 178-179, 211, 217
DE HALLEUX A.   112
DEISSMANN A.   61, 155
DENNISTON J. D.   59
DESCAMPS A.   112
DE SILVA D. A.   92, 97
DE VOGEL C. J.   41
DEWAILLY L.-M.   25
DIBELIUS M.   9, 65, 72, 153, 203
DI MARCO A.-S.   56, 177
DODD C. H.   155
DONALDSON T. L.   103
DOTY W. G.   145, 181
DOUGHTY D. J.   86, 97, 102, 104, 216
DROGE A. J.   41, 42, 46
DUNCAN G. S.   21
DUNN J. D. G.   92, 102, 110, 208, 228
DU PLESSIS P. J.   117
DUPONT-ROC R.   170-171

EBNER M.   158
ECKERT J.   77
ECKMAN B.   65
ECO U.   91
EDART J.-B.   3, 10, 23, 27, 40, 44, 104, 107, 118, 130, 142, 150

ELLIGER W.   131
ELLIOTT J. K.   94
ELLIS E. E.   134, 186
ENGBERG-PEDERSEN T.   12-13, 33, 57, 59, 102, 126, 137, 162, 214-215, 216
ERNST J.   136
EWALD P.   194
EZELL D.   148

FABRIS R.   3, 8, 19, 21, 22, 23, 31, 40, 63, 68, 82, 83, 86, 91, 100, 111, 122, 126, 132, 136, 141, 147, 148, 149, 162, 186, 188, 190, 193, 194, 199, 204, 216
FACCHINI TOSI C.   199
FAIRCHILD M. R.   103
FARMER W. R.   76
FEE G. D.   8, 9, 21, 23, 24, 30, 32, 34, 35, 38-39, 52, 54, 56, 65, 77, 78, 82, 95, 98, 99, 100, 110, 111, 114, 117, 118, 119, 121, 126, 129, 140, 141, 142, 144, 148, 149, 157, 162, 168, 176, 178, 183, 187, 188, 199, 204, 207, 214, 216
FERGUSON E.   126
FEUILLET A.   41, 69, 71
FINLEY M. I.   69
FIORE B.   34, 64, 90, 122, 123, 207, 212, 215
FITZGERALD J. T.   51, 58, 76, 124, 125, 137, 157, 158, 162, 188, 205, 227
FITZMYER J. A.   65, 112, 113, 162
FLEURY J.   156
FOERSTER W.   72
FORBES C.   100, 102
FORTNA R. T.   48, 87, 110, 201, 203
FOSTER P.   110
FRANCIS F. O.   18
FRANCO E.   56, 112, 163
FRÉDÉRIC M.   199
FRIDRICHSEN A.   187
FRIEDRICH J.   71
FRIEDRICH G.   152
FUNK R.   76, 179-180
FURNISH V. P.   8, 14

GAMBER K.   65

GAMBLE H. Jr. 181
GARLAND D. E. 7, 41, 92, 97, 143, 153, 154, 200, 205
GÄRTER M. 190
GASQUE W. W. 68
GAVENTA B. R. 48, 202
GENEST O. 150
GEOFFRION T. C. 53, 60, 92, 128, 160, 206
GEORGE T. 220
GIESEN H. 77
GIGLIOLI A. 41
GLOMBITZA O. 77, 154, 163
GLOTZ G. 115
GNILKA J. 8, 19, 31, 35-36, 39, 52, 68, 73, 83, 110, 113, 117, 120, 122, 129, 134, 141, 148, 152, 163, 188, 194, 196, 203
GOBBER G. 199
GRÄSSER E. 134
GUILLEMIN A. M. 89
GUNTHER J. J. 21
GUTHRIE G. H. 37-38, 140, 141

HADOT I. 89
HARRISVILLE R. A. 110
HARVEY J. D. 173
HAULOTTE E. 171
HAWTHORNE G. F. 4, 21, 23, 25, 26, 31, 35, 39, 52, 54, 56, 61, 74, 76, 78, 81, 97, 100, 104, 110, 112, 113, 115, 117, 119, 120, 121, 127, 130, 133, 134, 141, 149, 154, 155, 163, 176, 187, 189, 194, 195, 202, 203, 216
HAY D. M. 228
HAYS R. B. 99, 110, 213, 230-231
HEIL J. P. 211
HELEWA G. 29
HENDRIX H. L. 131
HENGEL M. 71, 102
HERIBAN J. 41, 61, 63, 214
HIJMANS B. J. 123
HOFFMANN P. 136
HOLLOWAY P. A. 30, 125, 150, 185, 193, 196-197, 208

HOLSTEN C. 153
HOOKER M. D. 99, 110, 134, 214, 230
HOOVER R. W. 68
HORSLEY R. A. 69
HOWARD G. 110
HURD J. C. 214
HURTADO L. W. 214
HUTTER U. 49

JAQUETTE J. L. 41, 44, 162, 164-165, 215
JEREMIAS J. 69
JEWETT R. 8, 23, 187, 189
JOHNSON E. E. 228
JONES M. 99
JUDGE E. A. 122

KÄSEMANN E. 61, 72, 73, 99
KENNEDY G. 125
KENNEDY H. A. 155
KILPATRICK G. D. 94
KIM C.-H. 183
KIRSCHNER R. 216
KITTREDGE C. B. 158
KOESTER H. 21, 85, 129, 220
KOPERSKI V. 2, 86, 107, 157
KORNHARDT H. 212
KOSKENNIEMI H. 89, 123, 193
KRAFTCHICK S. J. 213

LAMBRECHT J. 132, 135
LASSEN E. M. 122
LAUSBERG H. 22
LEE J. M. 41
LEE M. V. 12, 140, 146, 171-172, 204, 206, 211
LEVINSON S. H. 29
LIGHTFOOT J. B. 10, 19, 189
LINCOLN A. T. 132, 135, 136
LOH I.-J. 7, 38, 39, 141
LOHMEYER E. 9, 21, 63, 153
LONGENECKER B. W. 110
LOVERING E. H. Jr. 110, 228
LÜDERITZ G. 132
LULL D. J. 229, 231

LUTER A. B. 12, 140, 146, 171-172, 204, 206, 211
LYONS G. 34, 92

MACCOBY H. 102
MACKAY B. S. 6, 193
MADISON T. E. 41
MALHERBE A. J. 20, 21, 162
MANZI F. 63, 68, 69, 73
MARROU H. I. 190
MARSHALL J. W. 230
MARSHALL P. 93, 159
MARSHALL U. H. 56
MARTIN J. 184
MARTIN R. P. 8, 63, 65, 68, 180
MATLOCK R. B. 110
MAYER B. 153, 180
MEEKS W. A. 92, 126, 227, 230
MERKELBACH R. 68
METZGER B. M. 163
METZNER R. 205
MEYNET R. 13, 177
MICHAEL J. H. 7, 39, 78, 152, 154, 194
MICHAELIS W. 9, 121
MILLER E. C. 49
MILLET P. 164
MINEAR P. S. 201, 204
MITCHELL A. C. 158
MOISER J. 130
MOMIGLIANO A. 34
MONTAGUE G. T. 117
MORENO GARCÍA A. 57
MORFINO M. M. 198
MORTARA GARAVELLI B. 14, 22, 161
MOULE C. F. D. 68, 76, 99
MÜLLER U. B. 42, 73, 76, 117, 153
MÜLLER-BARDORFF J. 153
MULLINS T. Y. 34, 181
MURPHY O'CONNOR J. 20, 21

NAGATA T. 73
NEUSNER J. 92
NEWTON M. 166
NIDA E. A. 7, 38, 39, 141
NIEBUHR R. R. 76

NORDEN E. 65

O'BRIEN P. T. 8, 23, 25, 27, 32, 39, 52, 53, 56, 62, 73, 77, 81, 82, 92, 95, 102, 110, 112, 113, 115, 117, 126, 128, 134, 141, 144, 147, 148, 149, 157, 165, 167, 168, 176, 178, 187, 188, 203, 214, 227, 230
OLBRECHTS-TYTECA L. 200
OLBRICHT T. H. 125, 145, 159, 230
OMANSON R. L. 25, 35
O'NEIL J. C. 68
OSIEK C. 8, 126, 141, 190, 194
OTTO R. E. 113

PACOMIO L. 10
PADOVESE L. 22, 95
PAIGE T. 203
PALMER D. W. 41
PANIER L. 127, 150
PANIKULAM G. 56, 87, 100, 112
PARDINI A. 25
PARRENT A. M. 132
PATTERSON O. 69
PEARSON B. A. 230
PEDERSEN S. 77, 228
PENNA R. 39, 50, 96, 102, 103, 208
PERDUE L. G. 15, 64, 124, 199
PERELMAN C. 200
PEREZ GORDO A. 21
PERKINS P. 208, 230
PESCH R. 153, 157, 180
PETERLIN D. 20, 60, 125, 131
PETERMAN G. W. 22, 157, 158, 159, 166, 168
PFITZNER V. C. 114
PILHOFER P. 131
PITTA A. 10, 18, 20, 22, 23, 28, 76, 91, 98, 101, 112, 133, 141, 160, 161, 175, 196, 216
PÖHLMANN W. 71
POLLARD T. E. 7, 88, 100, 122
PORTER S. E. 26, 29, 37, 59, 99, 107, 117, 125, 145, 159, 172, 211, 230

RÄISÄNEN H. 227
RATHJEN B. D. 153, 193
REED J. T. 1, 5, 6, 9, 18, 25-26, 145, 157, 172, 176, 183, 211
REEVES R. R. 41
REICKE B. 56
REINHARTZ A. 122
REISER M. 93, 164
RENNER F. 87
REUMANN J. 19, 125, 134, 157, 229
RICHARDS K. H. 229, 230
RICHARDSON P. 214
RIESNER R. 21
ROBERTS J. H. 30
ROBINSON J. A. T. 21
ROETZER C. J. 145
ROLLAND P. 12, 88, 168, 169-170, 201
ROSS J. M. 31
RUSSELL R. 222

SACCHI A. 61
SAGLIO E. 115
SALLER R. P. 158
SAMPLEY J. P. 18, 125, 154, 156, 204
SANDERS B. 122
SANDERS J. T. 34
SCHENK W. 2, 108, 111, 143-144, 149, 157, 163, 180, 181, 188, 192
SCHLOSSER J. 18, 25
SCHMITHALS W. 153
SCHNACKENBURG R. 136
SCHNIDER F. 175
SCHOON-JANSSEN J. 92, 157
SCHRAGE W. 122
SCHRENK G. 78
SCHÜTZ J. 104
SCHWEIZER E. 41
SELLEW P. 86
SEVENSTER J. N. 162
SIBER P. 111
SILVA M. 8, 194, 200
SKEAT T. C. 19
SNYMAN A. H. 159
SÖDING T. 73
SPICQ C. 49, 56, 149

STAGG F. 205
STENGER W. 175
STOWERS S. K. 15, 69, 92, 124
STRATHMANN H. 49
STUHLMACHER P. 71
SUHL A. 152
SWEETLAND D. M. 156
SWIFT R. 168

TABOR J. D. 46
TELLBE M. 91
THACKERAY H. ST.J. 50
THEISSEN G. 92
THEOBALD C. 171
THOMSON I. H. 15, 199
THORNTON C.-J. 21
THRAEDE K. 123
THRALL M. E. 3
THURÉN L. 111
TREIYER E. B. 41
TRÖGER K. W. 117

UDOH F. E. 91

VAN DER HORST P. W. 132
VAN HENTEN J. W. 46, 132
VANHOYE A. 24, 30, 33, 107, 122, 170
VANNI U. 22, 70, 72, 95, 217
VIGNOLO R. 110
VINCENT M. R. 7, 19, 31, 39, 50, 68, 77, 120, 149, 150, 153, 165, 176, 187, 189
VOELZ J. W. 144
VOLLENWEIDER S. 41, 42

WALSER G. 66
WANCKE J. 102
WANDRUSZKA M. 199
WANKE J. 136
WANSINK C. S. 45
WATSON D. F. 10, 23, 29, 53, 125, 141, 145, 159, 184, 200-201, 203
WATSON F. 92
WEAVER P. C. 176
WEDDERBURN A. J. M. 115
WHITE J. L. 20, 181, 220

WHITE M. L.   20, 60, 126, 143, 157, 158, 230
WICK P.   10-11, 86, 137, 168, 211, 223
WIEDEMANN T. E. J.   69
WILES G. P.   23, 167, 168
WILKINS M. J.   203
WIRE A. C.   156
WITHERINGTON III B.   53, 130, 158, 206

WOHLENBERG G.   194
WONG T. Y.-C.   68
WRIGHT B. G. III   69
WRIGHT N. T.   21, 68, 100

YARBROUGH O. L.   20, 60, 143

ZERWICK M.   40, 54

Finito di stampare
nel mese di Ottobre 2003

presso la tipografia
"Giovanni Olivieri" di E. Montefoschi
00187 Roma • Via dell'Archetto, 10, 11, 12
Tel. 06 6792327 • E-mail: tip.olivieri@libero.it